藏在故宫里的

中国史

张程 —— 著

中国人民大学出版社
·北京·

故宫里只有600年明清史？不，故宫里有一部5000年中华文明史！

故宫不仅是明清历史的亲历者，集中展示了明清器物和建筑的精华，而且聚拢了5000年中华文明的文物精粹，它们是中华文化皇冠上的明珠，是中华历史留给我们的宝贵遗存。

本书遴选具有代表性的故宫文物，从这些器物和建筑着眼，介绍一件件文物的历史内涵、时代背景和它们背后的人物故事，串联起一部源远流长、绚丽多姿的中国史。

全书主要以时间为顺序，兼及专题，用讲故事的方式，勾勒出每个时代的历史、每个主题的变迁，为读者展开一幅活起来的历史画卷……

张程

浙江临海人，职业编辑、创作活跃的历史写作者。阅读与写作兴趣集中在从朝贡制度研究切入中国政治制度史，目前聚焦制度变迁与传统社会运行。发表有《明清紫禁城的家风与国运》《「中国之治」的制度史遗产》《看看当年苏联老大哥》等文章，出版有《故宫传》《衙门口》《制度与人情》《清朝反贪大案》和「乱世三部曲」等图书。

文明初啼

从原始部落到大秦帝国

当文明的火种出现在元谋的丛林、燕山的洞穴和河姆渡的水边，中华文明的胚胎在岁月的滋养中酝酿成型。从"满天星斗"到"多元一体"的文明起源模式，文明的涓涓细流逐渐汇聚成滔滔江河。"多元"是客观描述，"一体"是要害。中原文明在中华文明的发展中居于核心地位，发挥着主导作用。

故宫所藏夏商周三代的文物，大部分是在帝制时期各地搜罗进献入宫的，小部分是近现代考古发现后调拨而来的。前者有散氏盘、毛公鼎、秦石鼓文等记录先秦祖先政治与文化发展的至宝，后者有春秋莲鹤方壶、宴乐渔猎攻战纹铜壶等闪耀着青铜文明之光的镇馆之宝。在一桩桩一件件文物的见证下，中华民族从原始部落迈向大秦帝国……

文明初啼

从原始部落到大秦帝国

红山大玉龙

中华文明的曙光

　　六七千年前，一个风和日丽的日子，西辽河流域的丰沃大地上，生命沿着固有的轨迹暖洋洋地前行。

　　中华民族的先民，有的成群奔跑在草原和山林之中，追逐着野兽；有的埋首采集灌木丛中的野果、干货。几根粗木围住的简陋圈舍旁，有人开始饲养没有吃完的野兽。其中有一种头颅硕大、尖嘴獠牙，背脊鬃毛刚硬扎手、实际底层细毛非常柔软的四脚小兽，是先民们热衷驯养的野兽。多年后，这些小兽成为中国人驯服最成功的家畜——猪。

　　西辽河的人类聚落，一派繁忙景象。不过，有一个格格不入的身影，安静地坐在角落里，似乎什么都没有做。再仔细一看，他的手在侍弄着一块石头。那块粗糙的石头，在他的手里逐渐改变形状、增加色泽，脱胎换骨成为这个温暖的世界的新产物。当然，这需要一段相当长的时间。在一个看似悠闲之人的不懈劳动以及一段专注时光的综合作用之下，一件玉器诞生了。

当一个人能够专注于一件不能吃不能穿的无用之物，人类的伟大进步就蕴含其中。

他掌握了一项基本生存之外的技艺，而他所处的社群既愿意也有能力养活这样的人。

在暖阳下研磨石头的手艺人，属于一个庞大的人类社群。在他每天劳作的村落外，远处有用石头垒成的多层的大型祭坛，以及用于祈祷祭祀、寻求内心平静的神庙。在祭坛和神庙周围，散布着多个大大小小的村落。人们的祖先就长眠在村落附近，甚至就在村落里面。有的死者拥有数以十计的陪葬陶器、玉器，有的死者却只剩一具蜷缩的枯骨。这说明，这名石头手艺人隶属的大社群，已经有了社会分工、贫富分化，产生了明显的等级。数千年后，这块土地叫作赤峰。1935 年，人们在今内蒙古赤峰东郊红山后首次发掘出该社群的遗址，便将它命名为"红山文化"。

这名远古手艺人的作品，幸运地战胜了数千年的时光，如今完好地保存在故宫博物院。

该件玉器由一整块黄绿色的闪石玉雕琢而成，其形象应该是一只身体柔软弯曲的动物，整体呈长圆柱形，身体弯曲成 C 字形。它的头部雕琢最细，最前端的吻长而前凸，鼻子上翘，保留着远古野猪的特征；创作者用几道简练的阴线纹刻画出嘴及下颚；头部上方的梭形长眼凸出，边缘用单阴线勾出轮廓；脑后长鬃飘逸，神气生动，边缘呈刃状；身躯光滑，无肢无爪，无角无

红山大玉龙

鳞，躯体似蛇，却更显遒劲有力。今人判断，这是一条玉龙。

玉龙高 25.5 厘米，横向最宽 21.8 厘米，曲长 60 厘米，身躯直径 2.2 至 2.4 厘米不等。

当年，红山文化的手艺人生产了相当数量的玉龙。每一条玉龙都是独一无二的，但形状大体相同。《红山文化玉龙》一文比较系统地介绍了红山玉龙的存世情况、形状特征，将玉龙分为兽首龙、猪首龙和鸟首龙 ❶。故宫所藏的玉龙便属于猪首龙，猪首形象来源于当时人们驯养的野猪，表明饲养业在红山人的经济生活中占据了重要地位。红山文化玉龙造型为昂首、弯背、卷尾，整体大致呈圆形，首尾相接或相对。首尾相连者呈环形，首尾之间有小缺口者呈玦形，首尾之间缺口较大者呈 C 字形。

红山文化玉龙都有穿孔，便于系挂。在远古技术条件下，孔是两面对钻而成的。神奇的是，如果用绳系挂穿孔悬置，首尾正好水平平衡。古人是如何寻找平衡点的，尚不得而知。兽首龙的穿孔位于颈部，靠近头部；猪首龙的穿孔位于背部，处于身体中部；鸟首龙的穿孔位于颈部的翅膀前部，接近头部，完全符合物理规律。

六七千年前，红山文化的上层权贵佩戴着玉龙，相信它们能沟通现世与上天，拉近自己与神灵的距离，便利自己得到灵魂的启迪。即便死后，人们也佩戴玉龙，继续在另一个世界寻求玉龙的护佑。除了饰物说，也有人认为玉龙是红山文化祭祀的礼器。龙，是红山人的吉祥物，是红山文化的图腾。

龙是中华民族的图腾，中华儿女认为自己是龙的传人。

素朴简洁的红山玉龙，与后世繁复威严的龙的形象，存在较大差异。在红山文化里，无论兽首龙、猪首龙，还是鸟首龙，都无角、无背脊、无鳞、无肢、无足、无爪，属于比较原始的动物形象。远古人类无法解释人生中的恐惧与迷茫，便将心灵寄托给神灵。神灵在现实中的体现便是图腾。可是，没有人真正见过神灵，每个人都有自己的理解。所以，图腾往往成为各个灵魂求同存异、妥协折中的结果。远古文化的图腾集纳各种人类信仰的现实元素，还会在发展过程中根据人群聚合、形势变化而变化。

最终定型的中国龙，是原始文明在历史的砧板上反复捶打的结晶，是先前图腾优胜劣汰、浪里淘沙的结果。犹如河流，奔腾不息，条条支流汇入主干，呼啸着奔向大海，海纳百川。红山文化玉龙就似河流的上游，处于中国龙的形成阶段。赤峰地区骄傲地自称为中国龙文化的发源地，显然是把红山玉龙作为中国龙文化的源头。

或许是后世长城的影响力过于强大，有人以长城为界，将长城以南地区视为中华文化的主流，将长城以北称为塞外或塞北，似乎后者是中华文化的支流，是依附于前者、受惠于前者的。西辽河流域就在塞外的苦寒之地。发现红山玉龙的赤峰地区，长期是少数民族活跃区域，先后养育了东胡、鲜卑、契丹、蒙古等民族。辽代五京之首的上京、最大的陪都中京，都在赤峰境内。而红山文化大量生产玉龙，发展出成熟的龙文化，就与上述认知相悖了。赤峰似乎不可能是中国龙文化的源头。

关于中华文明的起源，主流观点是"满天星斗""多元一体"。文明的火种散落在神州大地的各个角落，并不存在先后主次之分，宛如满天的星辰。各个远古文明在频繁接触中，在贸易与战争中，融合与发展并举，形成了更先进、更强大的文明。核心价值观和共同的文化心理，也在文明的进化过程中得到锤炼和巩固。汉族作为多元中的一元，发挥主导作用，在千百年历史中把"满天星斗"的多元文明凝聚成大家共同的文明。中华文明最终诞生了。

中国龙，就是这种"多元一体"文明史观的体现。最终的龙形象，融合了诸多原始文明的图腾，是变化的、多元的。长城不是文明的界线。辽河上游的红山文化，江淮地区的凌家滩文化，长江下游的良渚文化，长江中游的屈家岭、石家河文化等是目前中国人公认的远古文明的区域中心。而龙文化不约而同地出现在这几个地区，表明了神州大地的先民有着某种共同的原始认知，也说明了中华文明的交融在远古即已萌动。红山文化出土的彩陶，与中原地区的仰韶文化有着共同的特征；红山玉器具备商周玉器的主要题材，如龙、虎、龟、鸟、鱼等，都说明塞北和中原的远古文化血脉相连 ❷。原始文明的涓涓细流，最终汇聚成中华文明的洪流。

红山文化，汩汩细流，尚处于新石器时期、氏族社会阶段。之后，西辽河畔的先人部落，由零星走向联合，部落联盟再产生政权形式，参与文明的纷争，最终融入更宏大的社群，在更先进的文化中实现永生。这个演化的过程，最典型的记载是

《后汉书·南蛮西南夷列传》对武陵地区巴人（巴郡南郡蛮）的描述：

> 巴郡南郡蛮，本有五姓：巴氏、樊氏、瞫氏、相氏、郑氏。皆出于武落钟离山。其山有赤、黑二穴，巴氏之子生于赤穴，四姓之子皆生黑穴。未有君长，俱事鬼神。乃共掷剑于石穴，约能中者，奉以为君。巴氏子务相乃独中之，众皆叹。又令各乘土船，约能浮者，当以为君。余姓悉沉，唯务相独浮。因共立之，是为廪君。乃乘土船，从夷水至盐阳。盐水有神女，谓廪君曰："此地广大，鱼盐所出，愿留共居。"廪君不许。盐神暮辄来取宿，旦即化为虫，与诸虫群飞，掩蔽日光，天地晦冥。积十余日，廪君伺其便，因射杀之，天乃开明。廪君于是君乎夷城。

　　当地蛮人的五姓，犹如西辽河流域的诸多人类部落，没有统一的领袖，文化也还处于"事鬼神"的低级阶段。最终，来自巴氏部落的务相凭借武力，凝聚了五个部落，组成了部落联盟。务相就是巴人有名有姓的第一任领袖，在部落联盟成立后称廪君。一个"君"字，既是尊称，也是权力的象征。作为领袖，廪君有拓展部落联盟生存空间、为联盟谋求更好发展的义务。于是，他率领武装人员乘船出发了，来到了一处土地广阔、盛产鱼盐的新领土。无奈，新领土并非处女地，已经有了人类社群及其领袖（"盐水神女"）。在传说故事般的文字背后，隐藏着廪君战胜神女、鸠占鹊巢的事实。廪君以武力射杀了神女，建立了夷城。下一步，廪君率领的巴人部落联盟自然是以夷城为核心据点，建立了强大的政权，最终发展壮大为中华文明的一个著名分支：巴国文明。

远古文明缺乏文字，因此不是信史，才有了盐神化身为虫、遮蔽日月，廪君射杀神女的传说。红山文化的诸多部落，没有诞生廪君这样的领袖人物联合大家，也没有留下确切的发展轨迹，只留下了诸多的文物供人解读。

红山文化遗物中，玉龙是中国发现的数量最多的新石器时代玉器，形象清新、功能明确。现存的红山玉龙数量较多，赝品、仿品也不少，一般认为在红山文化玉器被确认以前（也就是20世纪80年代以前）已经见于著录的玉龙多为真品。

1971年，赤峰当地一位农民在翁牛特旗三星他拉村北山岗地表以下50至60厘米处挖掘出一件玉龙，捐献给旗文化馆，后为国家博物馆借调入藏。这件玉龙由岫玉精制而成，造型细腻、色彩厚重，是最先确定的红山玉龙，入列第三批禁止出国（境）展览文物。该玉龙已经成为国家博物馆的镇馆之宝。此外，辽宁省博物馆、天津市历史博物馆、故宫博物院、台北"故宫博物院"等处乃至私人收藏家都收藏有红山玉龙。前述故宫博物院所藏红山大玉龙是现存最大的一件玉龙。该玉龙原为著名古玉研究专家和收藏家傅忠谟先生收藏。1992年，故宫博物院收购了傅先生收藏的396件玉器，其中就有包括大玉龙在内的3件红山文化玉器。

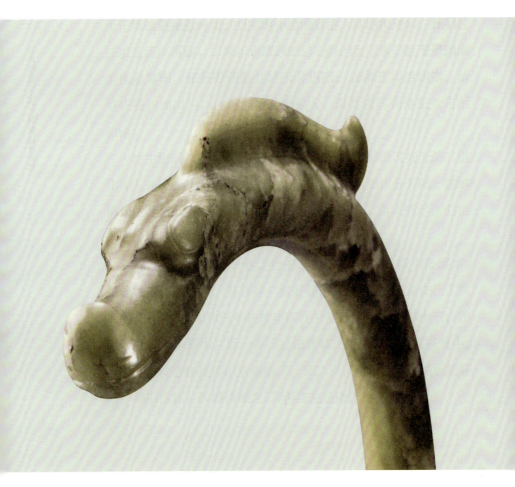

红山大玉龙局部

故宫里的红山大玉龙，是一条嗷嗷待哺的原始龙，是一条"婴孩期"的中国龙，见证着远古中国的历史，凝聚着远古中国人的想象与期望。

中华文明的曙光，正穿透大玉龙，照向我们。

❶ 索秀芬，李少兵 . 红山文化玉龙 . 内蒙古师范大学学报（哲学社会科学版），2010（9）：61-63.
❷ 滕海键 . 红山文化与崇龙 . 赤峰学院学报（汉文哲学社会科学版），2018（9）：11-16.

散氏盘

——西周如何办理土地证？

　　横亘在中国南北分界线的秦岭山脉，蜿蜒到如今陕西宝鸡市南部，出现了断裂，与从西边绵延而来的陇山形成一个控扼南北的关隘，名为大散关。这个名字源于三千年前生活在此地的一个古老部落——散宜氏。

　　散宜氏部落早在夏朝就已形成，在宝鸡南部一带繁衍生息，后来支持商汤灭夏。商王朝建立后，王室曾与散宜氏联姻。商朝末年，散宜氏部落的散宜生，与东边的周国交往密切，名列"文王四友"之一。周文王遭商纣王囚禁时，散宜生还参与了营救行动。散宜氏部落后来进化为国家，就是散国。散国的国民很可能擅长炼麻织麻，甲骨文的"散"字就由"树"和"攴"组成，含有编织粗糙的布料——麻缕——的意思。散国的核心疆域在今宝鸡市南部、秦岭北麓的凤翔一带，境内主要河流为汧水。

汧水上游有一个夨国。夨国南依秦岭，北濒渭水，东南与散国以汧水为界。两国一衣带水，夨国核心疆域在今陇县、千阳县，强盛时向东扩张到眉县、周至县等地，国力远比散国强大。

周厉王时期（公元前 877 年—前 841 年），夨国发动了对散国的侵略战争，进攻散国城邑。最终，散国取得了胜利，正义的弱者战胜了邪恶的强者。战后，夨国赔偿散国两块领土，一块是眉田，另一块是井邑田。两国重新划定了疆界，夨国将割地地图送给散国保存，作为领土变更的依据。散国举办了隆重的交接仪式，不仅有两国相关人物郑重盟誓，还邀请了周王室派人作为见证。

这显然是一次值得夸耀久远的历史事件，相关盟誓更是一份值得载入史册的外交文书。意犹未尽的散国君臣决定让它如同日月一般永存，如同江河一般长流。他们采取了三代贵族最普遍的做法：铸青铜器，铭文其上。

青铜，是夏商周时期能够人工生产的最坚硬的材质；青铜器，人们相信它的坚硬能如日月江河一样隽永长存。

铜和铅或锡的结合，或者三者的合金，便是青铜。青铜硬度适中，熔点较低，是古人熔铸器皿的最初原料。中国在夏代就进入了青铜时代，诞生了发达的青铜器生产技术。人们采集矿石，不远千百里地运往冶炼工场，送入炼炉，调配当时最强大的燃料将一块块石头冶炼为炙热流淌的铜水。在此之前，人们已经用黏土制作成目标器皿的模样，称为"外模"。再用黏土覆盖在外模上，制作一个"范"。接着，将外模削去青铜器所需厚度，成为

"内模"。最后将"内模"和"范"都推进火炉烧制成陶器。陶模、陶范之间存在的空当，就是滚烫的铜水需要浇筑的空间。"模范"语义，或许便典出于此。铜水冷却后，人们敲碎陶制模范，就得到了青铜器的粗样。技艺精湛的工匠们将粗样打磨、精修后，就产生了最终的作品。

青铜器的此种制作方法，称为"范铸法"。绝大多数的青铜器，都是范铸作品。范铸法技术要求较低，但缺点也相对明显。比如，外范通常不是一个整体，而是分成多块覆盖在内模上，在"合范"时难免存在错位，也不可能做到绝对的严丝合缝。因此，很多青铜器的拼接处留有铸痕，甚至出现纹饰衔接错位的瑕疵。又比如，繁复的纹饰不易打磨，器底一般也不打磨，所以青铜器表面存在粗细不均的现象。再比如，陶器的缺陷会给青铜器表面带来气泡、杂质等问题。所以，复杂精细的青铜器不适合用范铸法制作。

古人及时发明了"脱蜡法"：先用蜡制作目标青铜器的蜡样，因蜡的可塑性远远强于黏土，人们可以制造非常精细的蜡样。在蜡样外反复浇淋细泥制成外范，再通过加热融化蜡样，从范下预留的小孔中流走蜡水，形成一个空范。这个空范就是目标青铜器的模样。人们浇入铜水，敲碎外范，留下的铸件经清理、打磨加工后就得到了青铜器成品。更复杂精细的器皿，就要在脱蜡的基础上结合焊接、雕镂等技术，综合制作而成。

从采矿、冶炼，到范铸、脱蜡，再到精细打磨，无不需要耗费大量的人力、物力和时间，青铜器的生产注定是对资源掌控能力和统治能力的检验。青铜器体现着当时的文明程度，正因如此，人类早期的岁月得名"青铜时代"。

每一件青铜器都是独一无二的，每一件青铜器都是贵族的专享。

不过，脱蜡法的历史只追溯到了春秋战国时期，散国君臣还只能范铸青铜器。他们采用"盘"的形式来承载这段历史。

盘在实用阶段是盛水器，通常与匜配合使用，是商周贵族"沃盥之礼"的重要器皿。商代青铜盘敞口、圈足、无耳，变化体现在口缘和圈足的纹饰上。西周青铜盘形制变化较大，腹部变浅、增设双耳，有的盘有宽流和鋬手，有的在圈足下增加了附足，提升高度。此时的青铜器渐渐脱离实用，变为礼器，变得繁复精密。现存湖北省博物馆的曾侯乙尊盘就是现存最繁复的青铜盘，是一件令人惊叹的艺术品，已经完全脱离了实用范畴。这类青铜器"藏礼于器"，被称为"礼器"或"彝器"。

散国制造的青铜盘高20.6厘米，口径54.6厘米，底径41.4厘米，腹深9.8厘米。器皿圆形浅腹，双附耳，高圈足，腹饰夔纹，间以三个兽首，圈足饰兽面纹，体现了从实用器向纯礼器转变的趋势。

青铜盘的价值不仅在于器物本身，也在于铭文。由于青铜器高昂的成本和坚固的材质，贵族们把它们当作记录国家大事的载体。尤其是青铜礼器上的铭文，日渐增多，保留了许多宝贵的历史资料。崭新的青铜器散发着明亮显贵的金色光芒，周朝把铜也叫作金，这些铜器上的铭文就叫作金文。金文是中国文字在甲骨

散氏盘

散氏盘铭文拓本

文和篆书之间的过渡形式。金文出现在青铜礼器鼎和乐器钟上的字数最多，所以也叫作钟鼎文。此外，"钟鼎"也是青铜器的代名词，"钟鸣鼎食"形容的就是贵族的生活。

散国制造的青铜盘，盘内底部铸有铭文19行、357字。这篇铭文记述了矢国偿付给散国田地一事，是一篇领土变更的盟誓，也是一篇土地所有权契约，类似于现在的土地所有权证书。全文可分为四大部分。首句"用矢扑散邑，迺即散用田"概括了这次历史事件，引出了下面的矢国割地赔偿。接着两段是割地树封的履勘纪录，保留了西周后期土地制度的第一手资料。紧接着，"矢人有司履田"之后是参与勘界和盟誓人员的详细名单。最后是盟誓立契的实景：在豆国新宫东廷，矢国割让的两块土地上的官员，鲜、且旅以及西宫襄、武父，相继盟誓守约，誓言分别为："我既付散氏田器，有爽，实余有散氏心贼，则爰千罚千，传弃之。""我既付散氏湿田、畛田，余有爽变，爰千罚千。"之后，将土地地图交给矢氏执守，史正仲农则执左券作为文书的认证。从西周直到明清，土地图籍始终是中国人表达臣服和权益变更的核心象征。

正是这篇铭文，将散矢战争和领土变更记录保存了三千年。也正是因为这篇铭文，后人将此盘称为"散氏盘"或"矢人盘"。

散氏盘铭文还有重要的书法价值。文字线条圆润凝练，字形扁平，古朴生动；章法错落有致，文字呼应随势生发，字形开张，潇洒飘逸。纵观全文，最大的一个感受是古朴厚重之气扑面而来，但是又不呆板、笨钝。散氏盘铭文是西周青铜铭文艺术的杰作。

青铜铭文的铸造方法，众说纷纭，至今没有定论。有一种说法是，铭文是用黏土提前粘贴在内模上的，浇铸成型后可能有所修整。这是铸铭法。还有一说是刻铭法，也就是在青铜器粗样上镌刻文字。在青铜上刻铭，就需要材质更坚硬的金属。考虑到钢铁冶炼技术要到战国才成熟，战国以前青铜铭文极可能是铸铭的，战国后刻铭居多。散氏盘的铭文应该是铸造出来的，经历了铸冶、修理和后世的捶拓之后，依然保持完好，传递着生产者的思想，不能不称赞其技艺之高超。遗憾的是，青铜器仅仅铭印铸造贵族的信息，那些技艺高超的工匠注定无名。后人无从知晓这些艺术家兼书法家的具体信息。

至此，散国新得土地的"土地证"就算办理完成了。

散氏盘制成后，作为国之重器，传承着散国的辉煌、骄傲与期盼，一如当时诸国的通常做法。

一件件带有铭文的青铜器，犹如后世的纪念碑，又似明清的皇史宬，闪耀着青铜时代的光芒。

如今，我们对散国的全部了解都来源于青铜铭文。这既是后人的遗憾，也验证了前人的先见之明。疆土会分崩离析，为人吞并，珍宝会流散损毁，烟消云散，可是坚硬的青铜、深刻的铭文会静静地躲藏在某个角落，向发现者传递铸造者的诉说。除了散氏盘，现在发现的与散国有关的青铜器还有"散季簋""散伯簋""散伯车父鼎"等。其中，"散伯簋"铭文"散白乍矢姬宝，万年永用"，记载了散伯将女儿嫁往矢国的历史；"散伯车父鼎"

是散伯为妻子姞氏铸造的青铜鼎。从这些铭文中，我们可以得知散国的爵位是伯爵，散伯与夨国、姞姓、姜姓都有联姻。夨国的历史，同样凝结在了青铜器上。现存的夨国青铜器较多，有卣、盘、戈、方彝、簋等十余件，但没有可以与散氏盘相提并论的精品。两国存续的确切时间与国家的最终结局，后人不得而知。我们猜测，散国、夨国都并入了秦国，它们的领土与人民成为秦国争雄天下的基础之一；散伯的后人在亡国之后，以国为姓，这就是后世散姓的由来。

我们对商朝与西周的认识，全靠青铜器的出土与解读。金文保留了彼时的信史。

自东周后，随着科学技术的发展、生产能力的提高，青铜器更广泛地出现在人们的生活中，金文随之进入全盛时期。彼时的金文开始铭刻在青铜器外侧，书写的范围也从征战婚嫁等家国大事，扩展到田猎、战功、音阶等。金文从记录家国大事的载体，变为贵族抒发情感、记录人生的工具。随着竹简、布帛作为书写载体出现，青铜器和铭文的记录功能趋向衰弱。尤其是秦朝建立后，秦始皇诏令书同文，统一文字为小篆，且不再刻铭文于钟鼎之上，金文迅速没落。对金文的最后打击是钢铁的出现并快速普及。青铜器为铁器所代替，附着其上的金文的命运也就可想而知了。不过，雅古的中国人在秦汉以后还有模仿金文、在铁器上铸铭的，也有仿制先秦青铜器及其铭文的。此时的金文作为文人雅好，不再是信史文字和家国大事的载体了。

散氏盘也从高高的庙堂跌入黄土，埋藏在陕西凤翔的地下，直到清朝乾隆年间重见天日。

它那耀眼的金色光芒已经消失，身躯沾染了污垢和铜绿。古老的铭文看上去如此奇怪，与当时的文书无异于天壤之别。但是，人们丝毫不怀疑散氏盘具有的历史价值，视其为先秦的吉器、文化的渊薮。嘉庆年间，散氏盘入贡内府，此后历经道光、咸丰、同治、光绪、宣统五朝。

虽然深藏内宫，文化界和收藏界却一直流传着散氏盘的传说。青铜盘短暂现世时期的拓本，都成了人们竞逐的藏品，多有文人题跋。散氏盘和毛公鼎、大盂鼎、虢季子白盘并称"晚清四大国宝"。毛公鼎我们将在后面详述，大盂鼎记载了周康王册命贵族盂之事，虢季子白盘讲述的是虢国贵族子白荣立战功获得周王嘉奖的事迹。

讽刺的是，清朝六代皇帝都不重视此盘，也不鉴赏，以致无人知晓散氏盘具体收藏情况。英法联军火烧圆明园后，社会流传散氏盘毁于圆明园的烈焰之中。人们转而收藏散氏盘的仿品。不过，清廷内务府于 1924 年在清点养心殿库房时，发现了散氏盘；此后故宫博物院成立，鉴定此盘就是传说中已被烧毁的散氏盘真品。抗战爆发，散氏盘随故宫文物南迁，1949 年运抵台湾，现藏于台北"故宫博物院"，成为其镇馆之宝。

毛公鼎——西周中兴的瞬间

共和元年，即公元前 841 年，是中国历史的一个关键年份。

这一年，中华民族的信史开始了。之后的近三千年，这块土地上每一年发生的大事都清晰可查、绵延不绝。

当年，"暴君"周厉王在国人暴动中，被放逐于彘（今山西霍州）。

夏商周奴隶社会，人一出生就决定了终生的身份、地位乃至职业。血缘决定命运，这是奴隶社会的一大特点。另一大特点是世卿世禄，贵族阶层以宗法制为基础建立世袭政权。天子是天下的大宗，为九州共主，嫡长子继承天子之位；其他儿子裂土分封，成为诸侯，诸侯的非嗣子成为卿、大夫、士，他们组成贵族阶层，在各自的封地内发号施令。国人则是贵族和奴隶之间的自由民阶层。整个治理体制建立在权利与义务的均衡之上。诸侯向天子贡献方物，听从天子的征调差遣，而天子要维持天下秩序、调解纷争、征伐蛮夷等。破坏均衡的一方，是整个体制的敌人。

共和元年的国人暴动，就是天下讨伐破坏权利与义务均衡的一方的政治事件。

该事件的流行版本是，周厉王垄断山泽物产，聚敛民财，且监视国人，强力压制反对声音。天下怨声载道，诸侯拒绝朝见天子，国人敢怒不敢言，道路以目，最终群起推翻暴君。仔细分析，这是一个相当可疑的版本。没有人天生就是暴君，周厉王之所以聚敛，是要集中财力征讨四方。理论上，普天之下莫非王土，山川河泽本来就是天子家产。当时盛行的井田制也是国有土地所有制。周厉王此举遵循合法的逻辑。可惜，西周发展到周厉王时期，王室势力渐弱，国有土地制度松动，贵族和私人圈占土地，势力渐强。原本的势力均衡开始发生倾斜。

周厉王面临的难题是，虚弱的王室如何恢复天下往日的均势？

他征讨不法，他垄断财产，都是既往逻辑的自然延伸。然而，与往日不同的诸侯贵族不愿意再回归过去了，当然也就不会配合周厉王的回归行动。于是，一场以国人名义发动的、国人冲锋陷阵的暴动发生了……厉王出逃后，诸侯贵族出面稳定了局面，一说由"共伯和"摄行权力，得名"共和行政"；一说由周公、召公共同主政，又称"周召共和"。天子权移臣下。

共和行政十四年（公元前 827 年），失败的周厉王驾崩于彘。

诸侯贵族拥立太子姬静即位，史称周宣王。

周宣王面临的局面比其父更困难，积重难返，且还有父王遭逐而终的惨痛教训。他如何面对强大的贵族势力？如何应对国有制度的裂痕？又会从父亲的失败改革中获得什么样的经验教训？

每年春天，周天子要亲行"籍田礼"，作为臣民新一年耕耘的表率，也暗含着天下田亩都是天子所有的意思。周宣王废除了籍田礼，默认了贵族和百姓占有私田的现实。一个小小的举动表明了自己与父亲执政理念的不同，也迅速安定了人心。周宣王没有像父亲那样固执于原有的政治秩序，而是顺应时势，希望能破解王室的困局。而最大的困局就是，周宣王如何获得诸侯贵族们的支持？

周宣王登基不久，毛国（在今陕西岐山、扶风一带）的国君姬音便前往京城朝见天子。

毛国，王畿之内的封国，周王室的同姓诸侯及重要藩屏。毛国与周王室，系出一脉，源远流长。《逸周书·克殷》记载周武王灭商登基的情景：

> 百夫荷素质之旗于王前，叔振奏拜假，又陈常车，周公把大钺，召公把小钺，以夹王，散宜生、泰颠、闳夭皆执轻吕以奏王，王入，即位于社，太卒之左，群臣毕从，毛叔郑奉明水，卫叔封傅礼，召公奭赞采，师尚父牵牲，尹逸策曰："殷末孙受德，迷先成汤之明，侮灭神祇不祀，昏暴商邑百姓，其章显闻于昊天上帝。"武王再拜稽首，膺受大命革殷，受天明命，武王又再拜稽首，乃出。

"毛叔郑"便是毛国的始封国君，是周文王第十三子、周武王的同母弟，在开国大典上扮演了重要的角色。西周灭商后，大封宗室为诸侯，建国屏障王室。其中，"管蔡郕霍，鲁卫毛聃，郜雍曹滕，毕原酆郇"十六个姬姓诸侯，都是周文王的儿子，其中前八国国君是周武王同父同母的弟弟、周文王的嫡子，后八位是周文王的庶子。他们或居天子近前，或扼守要地，是周王室掌控天下的重要依托。毛叔郑，位居第七，爵位是伯爵。

毛国所封的岐山、扶风一带，是西周的龙兴之地。公元前12世纪末至前11世纪初，周族领袖古公亶父率领族人移居此地，营建城郭，惨淡经营。周人壮大东迁后，该地依然是周人的重要政治中心。周武王将故土重地封赐给毛叔郑，足见对毛国的倚重。

毛公姬音，就辈分而论，是周宣王姬静的族叔。后人不知道君臣叔侄二人面谈了什么，能够确定的是毛公姬音告辞后，踌躇满志，下令铸造一尊青铜大鼎，铭文其内，来夸耀君臣相得之情。

鼎是最著名的青铜器。它原本是炊器，在食物以烹煮为主的先秦，青铜鼎是贵族阶层主要的炊具。青铜器礼用合一，体形硕大的鼎很快发展为礼器，成为明尊卑定贵贱的载体。青铜鼎的规制体现了使用者的身份、地位和权威，列鼎成了一门学问："天子九鼎，诸侯七，大夫五，元士三。"在奴隶制繁盛的西周，鼎迎来了高光时刻。贵族们的朝议欢宴都有青铜鼎的身影，他们的喜怒哀乐也习惯铭刻在青铜鼎上。返回封国的毛公姬音，选择铸鼎铭文来记录新天子与自己的约定。

毛国君臣铸造了一个高 53.8 厘米、腹深 27.2 厘米、口径 47.9 厘米、重 34.5 千克的鼎。该鼎采取西周时期较普遍的形制，口饰重环纹一道，敞口，双立耳，半球腹，三蹄足，造型浑厚凝重，饰纹简朴古雅，看似矮短又不掩庄重有力的观感。根据以铸造者定名的惯例，后人称之为毛公鼎。

真正让毛公鼎脱颖而出，成为西周青铜鼎代表的，是它内壁的铭文。

毛公鼎铭文接近五百字（由于对文字鉴别有异，铭文有 497 字、499 字、500 字三说），是现存青铜器铭文中最长的一篇。姬音在文中记述了周宣王请求自己勤于王事，协助天子治理国家大小政务，最后颁赏厚赐，他深感荣幸，铸鼎传示子孙。该篇铭文叙事完整，内容可分成五大部分（文中将姬音尊称为"父歆"）❶：

王若曰：父歆，丕显文武，皇天引厌厥德，配我有周，膺受大命，率怀不廷方，亡不觐于文武耿光。唯天将集厥命，亦唯先正略又剟辟，属谨大命，肆皇天亡，临保我有周，丕巩先王配命，畏天疾威，司余小子弗，邦将曷吉？迹迹四方，大从丕静。呜呼！惧作小子溷湛于艰，永巩先王。

周宣王即位之初，亟思振兴朝政。他向毛公姬音追述了开国的周文王、周武王的丰功伟绩，表达了要继承祖宗余绪、中兴周王室的雄心壮志。这既是周宣王的自我宣示，也是在向毛公姬音打"感情牌"——毕竟姬音也是周文王的子孙，周宣王的事业同样是姬音的事业。

> 王曰：父歆，余唯肇经先王命，命汝辥我邦，我家内外，蠢于小大政，粤朕立，虩许上下若否。宁四方死毋童，祭一人才立，引唯乃智，余非庸又昏，汝毋敢妄宁，虔夙夕，惠我一人，雍我邦小大猷，毋折缄，告余先王若德，用印昭皇天，縺恪大命，康能四国，俗我弗作先王忧。

周宣王随后对毛公姬音委以重任，将保卫王室、沟通上下、协理政务等事都托付给姬音，希望他真正发挥藩屏作用。他尤其要求毛公姬音多劝谏自己，不要思虑太多缄默不言。

> 王曰：父歆，余之庶出，入事于外，专命专政，蓺小大楚赋，无唯正闻，引其唯王智，乃唯是丧我国，历自今，出入专命于外，厥非先告父歆，父歆舍命，毋又敢专命于外。

周宣王就纳谏一事展开述说，认为大小政务都称颂天子英明，是亡国之兆，要求姬音今后尤其要重视朝野内外大政小情的制定与施行。

> 王曰：父歆，今余唯縺先王命，命汝亟一方，弘我邦我家，毋顝于政，勿雍建庶口。毋敢龏橐，龏橐乃侮鳏寡，善

效乃友正，毋敢湛于酒，汝毋敢坠在乃服，恪夙夕，敬念王畏不赐。女毋弗帅用先王作明刑，俗女弗以乃辟圅于艱。

周宣王接着希望毛公姬音做诸侯的楷模，光大国家和宗族。在诸侯言行方面，周宣王提出了详细的要求：不要荒怠政事，不要轻辱庶民，不要欺负鳏寡，要约束下属不要酗酒。创业不易，守业更难，周宣王要求毛公姬音守好祖业。诸侯人人恪尽职守，天下自然太平无事。

王曰：父歆，已，曰及兹卿事僚、太史僚，于父即君，命女摄司公族雩三有司、小子、师氏、虎臣，雩朕褱事，以乃族干吾王身，取专卅孚，赐汝秬鬯一卣，祼圭瓒宝，朱市、恩黄、玉环、玉瑹、金车、绎较、朱器弘斩、虎冟、熏裹、右厄、画辅、画轐、金甬、错衡、金童、金豙、涷爱、金簟第、鱼箙、马四匹，攸勒、金钩、金膺、朱旂二铃，易汝兹关，用岁于政。

接着，周宣王授予毛公姬音具体的权限：指挥卿事僚、太史僚，兼管公族和三有司、小子、师氏、虎臣等，捍卫王室的军事权力等。为了加强毛公的权威，周宣王赏赐了他诸多物品，包括秬鬯、圭瓒宝器、朱市、恩黄、玉环、玉瑹、金车等。由于年代过于久远，我们已经无法知道这些物品的具体样貌，可以确定的是它们都是当时罕见的物品。比如，秬鬯是用黍米等酿造的酒，

毛公鼎

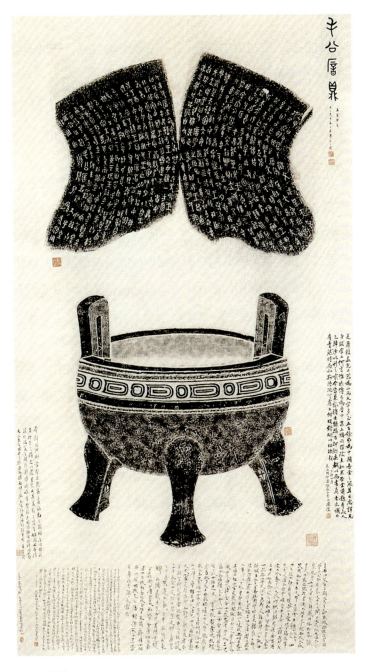

毛公鼎拓片

是原始形式的酒。在当时的物质水平下，酒是奢侈品，只用于祭祀、赏赐诸侯等重要场合。

毛公对扬天子皇休，用作尊鼎，子子孙孙永宝用。

对于周宣王的器重与委托，毛公姬音视若大事。也许是出于报答天子的目的，也许是例行公事，他铸鼎铭文，传于子孙。

毛公鼎铭文在政治与历史价值之外，还是西周金文的典范，具有重要的书法价值。铭文笔法圆润精严，线条浑凝拙朴，章法纵横疏朗，自然而不做作，饱含庄重肃穆之情，又呈现出一派天真烂漫的意趣。

毛公鼎的铭文，似乎给人周宣王将国家大政都委托给毛公姬音，将毛公姬音视作王室栋梁，毛公姬音即将成为西周中兴的主持者的感觉。事实上，周宣王的器重和嘱托更像是例行公事。周宣王继位后，政治上任用召公、虢公、尹吉甫、仲山甫、程伯休父、申伯、韩侯等大臣辅佐朝政。辅政重臣中并不包括毛公姬音（当然也可能是姬音早逝）。周宣王军事上借助诸侯国军队，陆续讨伐猃狁、西戎、淮夷、徐国、楚国等（毛国极可能出兵支持周宣王的军事征伐）。周宣王顺应社会客观发展，在周王室和诸侯贵族之间找到了新的平衡，且在前期取得了若干场军事胜利。周王室的权威得以回升，诸侯虔诚朝贡天子，史称"宣王中兴"。

毛公鼎是宣王中兴的重要见证。

遗憾的是，宣王中兴昙花一现。周宣王对王朝的顽疾治标不治本，他的纵横捭阖只是技术层面的，并没有深入权力结构和生产发展的深层。由于频繁的征伐，尤其是后期讨伐楚国全军覆没后，周宣王的中兴"伟业"现出了原形：兵役繁多、徭役沉重，老百姓不堪重负，诸侯的不臣之心肆意生长。周宣王晚期，天子权威跌向谷底，诸侯蛮夷战和不定……

宣王中兴终究只是西周王室的自我粉饰，是旧制度的回光返照。当周宣王之子周幽王继位后，掩盖不住的败象借由周幽王的胡作非为，以"烽火戏诸侯"的戏剧形式表现了出来。奴隶制度的鼎盛时期——西周王朝，在烽火中告别了历史舞台。周宣王的孙子周平王将坚定地向东搬迁，开启一个叫作春秋战国的新时代。

毛国随同周王室东迁，告别故土迁往河南一隅（今河南新乡原阳县，后为郑国所吞并）。在仓皇东迁大潮中，西周贵族纷纷抛弃笨重的青铜器。毛公鼎也在战乱中没入黄土，埋葬了周宣王和姬音的雄心壮志。

从西汉开始，陕西岐山、扶风一带陆陆续续出土了大批西周青铜器，出土面积集中在方圆几十公里内，后人将这个区域称为"周原"。大盂鼎、虢季子白盘、散氏盘等都是此地出土的国宝，此外还有青铜马车、铸铜工场遗址等。周原是中国名副其实的"青铜器之乡"。

道光二十三年（1843 年），毛公鼎在岐山——古老毛国的故地——重见天日。它先是流入文物市场，为清末大臣端方收入家藏。端方死于革命，家族迅速中落，无力保有毛公鼎。英俄等外国势力盯上了这件国宝。当时的爱国人士就呼吁保护毛公鼎，原北洋政府的阁员兼收藏家叶恭绰购得此物。抗战爆发后，毛公鼎几经易手，差点被日本侵略者夺走，幸亏叶恭绰、叶公超叔侄拼死保护才得以保全。叶家因生活困顿，将毛公鼎典押给银行，富商陈永仁出资赎出，并于 1946 年捐献给政府。1949 年，毛公鼎随同故宫博物院的大批珍贵文物运至台北。如今，毛公鼎是台北"故宫博物院"的镇馆之宝。

❶ 学术界对该铭文具体内容尚存在争议，本书所附铭文仅供参考。

春秋莲鹤方壶

郑国的绝响

1923 年，河南省新郑县城郊的一户李姓财主在后院打井。谁也没有料到，黄土地上一件普通的活计，最终唤醒了一个消失在历史深处的古老王国，开启了一个辉煌文化复原的序幕。

黄土之下，难以确数的青铜器将在时隔 2 000 多年后，再一次在阳光之下惊艳众人……

新郑，是一个延续了将近 3 000 年的地名。洧水（今双洎河）与溱水（今黄水河）环抱着肥沃的农耕区域，斜交于此。西周末期，该地区散布着东虢、郐等小国。城邑之间保留着大片自由的处女地，大象、狼、野猪、飞鸟徜徉在原野和水域，出猎的贵族、狼狈的旅客、奔跑的野人邂逅在关隘与通衢。

周幽王三年（公元前 779 年），一个名叫姬友的周王室贵族携带甲兵、工匠、人口来到了洧溱二水交汇处，驻扎了下来，开始夯土筑城池。姬友将此城称为"郑父之丘"。郑，是他的封国。姬友是周厉王的幼子、周宣王的弟弟，受封于郑，封地在陕西棫林，史称郑桓公。郑桓公敏锐地预感到了王朝将倾、乱世降至，提前将人口和势力向洛水之东转移，从东虢、郐等国争取到 10 余座城邑，又新筑"郑公之丘"作为核心城池。之后，郑桓公返回陕西，不幸在犬戎之乱中因护卫王室而殉国。

郑桓公之子郑武公护卫继位的周平王，东迁洛阳，中国历史进入东周。郑国也随着王室东迁，放弃故土，完全迁徙到东方。郑武公灭东虢、郐国，以父亲筑造的新城为都。为区别西方的旧国，新都定名"新郑"。

郑国迅速成为东方一霸，新郑区域不复往日的疏野，人烟逐渐稠密，阡陌日益纵横。新郑随之成为大都市，是中原核心城池之一。今日的考古挖掘发现新郑基本依洧溱交汇处的三角形地形而建，城市呈不规则的长方形，东西长约 5 000 米，南北宽约 4 500 米，周长约 20 公里，城内面积 16 平方公里。夯土城墙最高达 16 米，基部宽 40 ~ 60 米。这是已知的世界上同时期最恢宏的城池之一。公元前 375 年，韩哀侯灭郑国，迁都新郑，韩国继承了郑国的历史文化。新郑作为"战国七雄"之一的首都，继续活跃在中原大地。它的国都史长达 550 年之久，因为先后为郑、韩两国首都，得名"郑韩故城"。

郑韩故城承载着郑韩两国的记忆，见证了两个古国的兴衰沉浮。

1923 年的打井，让郑韩故城的一角戏剧般地重见天日。往下打到 10 多米，工人即发现了青铜器，之后越发掘，出土的文物越多。累计出土完整的青铜器近百件，另有玉器、陶器等数百件文物。其中有列鼎 9、列鼎 7 各一套，九鼎为天子专享的礼器，非寻常贵族所用，但考虑到东周礼崩乐坏，它们极可能是某位僭越的当地诸侯携带往生另一个世界的。据此，人们判断这座墓地的主人极可能是郑国中后期的某位国君。民国学术界将这个郑韩故城的揭幕之地称为"郑公大墓"，将其中出土的礼器称为"新郑彝器"。

新郑彝器中最引人注目的是两件精美绝伦的青铜莲鹤方壶。

壶是盛器，在春秋时代盛酒或水，也作为礼器或明器。这两个方壶器体巨大，是迄今发现的最大的青铜壶。其中一件高 117 厘米，重 64 千克，另一件高 122 厘米、宽 54 厘米，重 64 千克，完全不具备实用性，生产出来作为礼器或者陪葬品的可能性极大。尽管青铜器皿成本高昂，非百姓庶民所能承担，天然带有贵族专享的特质，但这两个大壶的使命纯为彰显诸侯权威。

除了壶体巨大，莲鹤方壶周身雕有繁复的传统纹饰，四面以蟠螭纹为主体花纹 ❶，配合凶猛的走兽形象。贵族政治擅长调用夸张可怖、神秘威严的走兽形象来烘托气氛，为己所用。兽面 +蟠螭是商周青铜器的标配组合，凸显厚重庄严的风格。莲鹤方壶继承了商周青铜器的风格，延续了商周贵族对青铜器的喜好。

如果将莲鹤方壶视作一件典型的商周青铜器，就大错特错了。

方壶的炫目之处，在于它裹挟着新时代的新风呼啸而来。莲鹤方壶很容易将观者的目光聚焦到壶顶。那里有双层并列的 10 组青铜莲花瓣，每一片莲瓣都是镂空的。双层镂雕莲瓣中间是活动的壶盖，上面停栖着一只展翅欲飞、引颈高吭的仙鹤。郭沫若先生据此将此壶取名为莲鹤方壶。他非常推崇这跃动的仙鹤："此鹤突破上古时代之鸿蒙，正踌躇满志，睥视一切，践踏传统于其脚下，而欲作更高更远的飞翔。"

莲鹤方壶所处的春秋时代，礼崩乐坏，王冠落地，士散于野，贵族政治开始向贤能政治过渡。在剑与火的烈焰之中，平民的身影日渐活跃。一个百家争鸣、百花齐放的新时代，一个自由竞争、宽松联动的新时代，悄然来临，将对神州大地和中华民族产生深远影响。那怒放的莲花、跃动的仙鹤，呼应着时代新风，在传统的青铜器之上改写着传统。"庄严、静穆之感的气质开始淡出，那微鼓的腹部使整个青铜器形成了优美的曲线，那镂空外侈的瓣状造型更使得青铜器有种向外绽放的态势，显得青铜器清新、自由，而那外侈的尖状的莲瓣状环带纹正好与欲欲待飞的仙鹤的态势构成轻盈、向上之关系，这更使得青铜器散发着时代的自然趣味与自由的气质，仿佛是要冲破传统束缚，飞向更加广阔的天空。"❷ 莲鹤方壶洋溢着时代的气息，是它最醒目之处，也是它最大价值所在。

目光下移，壶颈两侧各有一条龙形的怪兽攀附在壶壁。怪兽身上鳞纹精密，尾端上卷，躯干起伏，回首反顾，竖起两个扁平向外的兽角，可以作为把手。这两条怪兽身体瘦长，体态悦动，似乎要夺器跳出。腹部四周攀附着四条小兽，长尾，双翼，两角

莲鹤方壶

卷曲，身体更加起伏，也是回首反顾的姿态，仿佛在追赶两条龙形大兽的步伐。

莲鹤方壶并非直接落地，最下部有两只伏虎状承器。伏虎身体鳞纹精密，四肢趴地，双角成枝，仿佛倾其全力承托重器颇为吃力，最后张口吐舌、侧首向外，带有浓浓的喜感。

仙鹤也好，龙形怪兽、小兽、伏虎也好，都成长于莲鹤方壶之上，又生机勃勃、灵动踊跃，似乎想脱离方壶，奔向更高、更远的新鲜的远方。

莲鹤方壶由分铸焊接法的新工艺生产，体现了春秋时期青铜器铸造的最高水平。早期的青铜器几乎都是整体铸造的，这也是青铜器成本高昂的重要原因。但是，莲鹤方壶的仙鹤、龙兽等是与壶体分开铸造的。春秋时期，精密的青铜器铸件分开铸造，然后用熔化后的低熔点金属把各铸件焊接在一起。分铸焊接法大大降低了大型青铜器的生产难度，同时推动了规格化、标准化生产，有利于生产更复杂的铸件，创造恢宏精美、结构复杂的艺术作品。莲鹤方壶是当时青铜器生产高科技的结晶，综合采用了圆雕、浅浮雕、细刻、焊接等多种技艺，体现了郑国精湛的手工业水平，特别是青铜器铸造的领先水平。

莲鹤方壶诞生了，它是郑国国君荣耀的象征，是国家综合实力的勋章，更是整个青铜时代的骄傲。不知道它是耸立在国君的视野之内，还是直接送入坟墓陪伴国君？

在莲鹤方壶的时代，新郑的发展步伐始终不息。宫殿、宗庙拔地而起，铸铜、铸铁、制玉、制骨等作坊遍布各处，数以十计的贵族坟墓、王室陵墓在城内外层层叠叠。一道南北向的夯土墙将城池从中分为东西两部分，西城是官室、官府等政治属性区域，东城是工商业区域和百姓居所。发现莲鹤方壶的郑公大墓就位于新郑西城的南部。

郑公大墓之后，郑韩故城的全貌徐徐揭开，在之后将近 100 年的时间里考古挖掘始终没有停止。令人惊讶的是，如今的新郑市与春秋战国的新郑高度重叠。新郑市几乎覆盖在郑韩故城之上。更令人惊讶的是，考古挖掘证明了一个自由繁荣的新郑的存在，一个崭新的时代呼之欲出。西周"工商食官"，之前人们以为当时的工商业全是官营的，西周没有出现个体手工业。郑韩故城的考古成果证明私营制陶作坊的存在。而陶器，恰恰是庶民生活的刚需。私营制陶作坊又证明了新郑存在一个官营事业无法满足的陶器市场，间接证明了当时平民阶层的壮大。郑韩故城还出土了战国牛肋骨墨书账簿，这是迄今发现的唯一的战国民间会计账簿。账簿详细记载了卤牛肉、新鲜牛肉的收支流水。牛肉在当时是高级肉食，详细的账簿记载表明一个高消费需求的存在，而高消费是消费金字塔的顶端。一本牛肉账簿，只是揭露了新郑繁华市场消费的"冰山一角"。

两千年前，新郑发出的条条指令、进出城池的络绎不绝的商品、吸纳创新的科技与文化，如同一条条无形的丝线，越织越密，逐渐汇成一张网络，笼罩在中原腹心之地。

这张网络支撑起一个繁荣昌盛的国家——郑国（韩国）。郑国经济繁荣、法制健全、政治宽松、文化发达，是春秋战国时期

莲鹤方壶局部

的重要角色，是中国法制和法家思想的重要起源地。郑国四通八达，便于对外交往，也置身四战之地，境内烽烟四起。与重农抑商的后世王朝不同，郑国重商逐利，同时在外交上纵横捭阖，在更大的列强之间艰难维持着脆弱的平衡。值得一说的是，郑国执政大夫子产铸刑书，在历史上第一次公布了成文法，相当程度上限制了贵族权力，大大推动了法治。不毁乡校、愿闻庶人议政、开放言路，民主宽松的环境孕育出了发达的文化，孔子"听郑卫之音，则不知倦"。吞并郑国的韩国，继承了郑国的繁华与高科技。韩国在"战国七雄"中地窄、人不众，却能频繁参与攻伐混战，很大一个原因是"天下之强弓劲弩皆从韩出"，韩国的剑也异常锋利，"当敌则斩坚甲铁幕"。劲弩和利剑，与"前辈"莲鹤方壶一脉相承。

自由繁华的韩国，在公元前 230 年为高度集权的秦国所吞并。秦国在韩国旧地置颍川郡。建立在强力控制和资源汲取基础上，讲究整齐划一、全民皆兵的秦国体制最终战胜了生产出清新灵动的莲鹤方壶的郑韩。中原大地最终沿着秦制的道路发展，郑韩路径成了绝响。

新郑的地位急速下降，加之剥离了之前奠定繁荣的精神内核，不可避免地走向衰败。最终，曾经繁华的城池敌不过沧海桑田的洪荒之力，湮没在了历史尘埃中，直至 1923 年的打井活动发生……

伏虎做底、龙兽在侧、飞鹤立首、展翅欲飞的莲鹤方壶，随同这座繁华都市和身后的中原古国葬身黄土，重见天日后依然惊艳了后人。它附带的时代信息和精神内涵，成功穿越了时光、触发了人心。

新郑彝器出土后，命运多舛，分分合合，最后安身河南、北京等地的博物馆。其中较小的一座莲鹤方壶成为日后河南博物院的镇馆之宝，而较高的一座进入故宫博物院，丰富了紫禁城的青铜器藏品。

新中国成立后，国务院仿制莲鹤方壶，作为外交礼品赠送给他国领导人和贵宾。莲鹤方壶的精美与内涵，成为人类共同的认知。

2002年，国家文物局发布《首批禁止出国（境）展览文物目录》。莲鹤方壶名列其中，是当时故宫博物院唯一一个享此"殊荣"的文物。

---

❶ 蟠螭是传说中一种没有角的龙，张口、卷尾、蟠屈，是早期众多龙属蛇状的神怪之物之一。蟠螭纹是青铜器上常见的主要装饰纹样，常常连续排列。

❷ 姚相君. 莲鹤方壶中"莲花纹样"设计来源新解. 艺术工作，2019（1）：93-96.

少虞剑

宝剑不朽，只会埋没

　　春秋后期，吴国贵族季札出使晋国，途经徐国。徐国国君非常喜爱季札的佩剑，心有所求却不便言语。季札因为使命在身，而佩剑是贵族的重要配饰，虽然有心相赠，却不便送出。遗憾的是，等他出使晋国返回，徐君已逝。季札脱剑要赠予嗣君。从者劝止："此吴国之宝，非所以赠也。"吴国铸剑技术高超，所铸宝剑是诸侯争霸的关键要素之一。季札的随从显然觉得将国家重要科技成果相赠，并非良策。季札认为自己原本就有意赠剑，"今死而不进，是欺心也。爱剑伪心，廉者不为也"。于是解下佩剑递给嗣君。徐国嗣君说："先君无命，孤不敢受剑。"季札就带剑去徐君墓地，挂在一旁树上，潇洒而去。

　　徐国人歌颂季札道："延陵季子兮不忘故，脱千金之剑兮带丘墓。"

季札封地在延陵，也称"延陵季子"。为什么时人会视佩剑为"千金之剑"呢？

剑，人类最早发明的兵器之一。江苏邳州市曾出土一把帕岩玉制环形短剑，造于新石器晚期，是中国现存最古老的宝剑。刀剑同源，区别只在于双刃单刃之分。三代的战争，主要形式是车战，弓箭、戈、矛、戟等远距离杀伤武器是战士的主要装备，加上贵族风气兴盛，近身肉搏相当罕见。故剑极少在战争中使用，更多地成为佩饰、礼器或偶尔使用的自卫工具。

在三代乃至很长时期内，佩剑是中国人权力和地位的象征。

春秋时期，"兵不厌诈"的战争现实推动铸剑大发展。近战增多，贵族之风淡去，青铜剑作为兵器的作用重新凸显。剑身变长，大大扩展了斩击范围；剑格出现，大大提升了突刺的效果，剑的功能趋于完善。春秋早期，管仲建议的强国之策就包括"美金以铸剑戟，试诸狗马；恶金以铸锄夷斤斸，试诸壤土"，可见各国已经投入优质的青铜铸造宝剑。

季札所在吴越之地是中国剑的成熟之地。吴越多丘陵江湖，不适宜车战而宜于步兵鏖战，剑早早地作为进攻利器存在于江南。旺盛的需求带来了技术的进步，吴越铸造的青铜剑，坚韧无比、锋利无敌，威震诸侯。

欧冶子、干将、莫邪等名垂史册的铸剑能手和诸多华夏名剑在此时出现。《越绝书·宝剑》记载，越王勾践拥有五把青铜宝剑，分别是胜邪、纯钧、湛卢、鱼肠、巨阙，风吹断发，削铁如泥，相传是欧冶子大师的杰作。后世视欧冶子为中国铸剑始祖，传说他首先认识到了钢铁的优势，铸造出了中国第一把铁剑。《吴越春秋·阖闾内传》记载，吴王阖闾请铸剑大师干将铸作名剑二枚，一曰干将、一曰莫邪（莫邪是干将妻子的名字）。干将铸剑，采五山之铁精、六合之金英，等到天气和温度合适之日，莫邪断发剪爪，投于炉中，由童女童男三百人鼓橐装炭，金铁乃濡，铸成宝剑。可见，当时的铸剑工场规模不小，对物资要求很高，在相当程度上体现了诸侯国力。当然，国力强盛未必就能掌握高超的冶铸科技。各诸侯国纷纷觊觎吴越利剑及其技术。吴国名剑鱼肠剑是侠客专诸刺杀吴王僚的兵器，一场著名刺杀事件的主角之一。阖闾死后，将鱼肠剑携往地下。秦始皇统一中国后，为了求取鱼肠剑，竟下令挖掘阖闾陵墓，但凿山求剑无所得，洞凿处成了深洞，此地成为如今的风景名胜——虎丘剑池。在各诸侯国中，只有与吴越相邻且地貌相同的楚国，铸剑技术后来居上。高超的铸剑技术，是楚国成为战国枭雄的原因之一。而其他国家，比如徐国，自然对吴越宝剑垂涎不已。季札挂剑，是贵族风尚的体现，也隐含着科技背景因素。

伴随岁月流逝，那些风吹断发削铁如泥的宝剑也没入了历史的尘埃，渐渐成为传说。诸侯贵族争抢一时的名剑，湛卢、鱼肠、太阿、干将……逐渐与"十步杀一人，千里不留行"的侠客们一道，事了拂衣去，深藏身与名。后人难以得见利剑的真容，更增溢了名剑的风采。

1923 年，山西浑源县出土了一批春秋时期青铜器，其中竟然有一把少虞剑。千古名剑终于重见天日！

少虞剑，长 54 厘米，宽 5 厘米，重 0.88 千克，现藏故宫博物院。

此剑锋尖已断，脊在两从间凹陷，从宽斜，前锷狭，厚格呈倒凹字形，圆茎无箍，圆形首。剑格饰有错金嵌绿松石兽面纹，剑首饰有错金云纹。错金是古人发明的装饰青铜器、玉器的精细技法，兴盛于春秋中晚期，广泛流行于战国两汉时期的青铜器上。错金法在青铜剑上的应用，表明铸剑行业始终站在时代科技的制高点，是诸侯政权调配资源的重点领域。

错金纹饰的制作，大致有两种方法。第一种是镶嵌法。先在青铜剑的母范上预留凹槽，青铜器铸成后还要对凹槽进行加工錾凿，通常是根据事先画好的纹饰錾刻浅槽，这道工序称为刻镂或镂金。然后是镶嵌金丝或金片，镶嵌完毕后用厝石将丝片与器皿表面磨得自然光滑，达到严丝合缝、几乎不可分辨的地步。第二种是涂画法，较少使用。这种方法是先将黄金碎片放在坩锅内加温后混入汞，熔解为混合液体，制成"泥金"。再把泥金涂抹在纹饰上或者预铸的凹槽内。最后温烤蒸发汞，剩下的黄金就凝固在纹饰上了。涂画法的技术要求更高，发明较晚。少虞剑身上的错金纹饰应该是镶嵌进去的。

少虞剑的剑脊两面均有错金铭文，每面 10 字，共计 20 字。文曰："吉日壬午，乍为元用，玄镠铺吕。朕余名之，胃之少虞。"

玄镠、铺吕分别是铸剑的金属原料锡与铜，二者是青铜器的主要原料。"胃"通"谓"。铭文大意为：在壬午这个吉日，我用

少虡剑

锡与铜铸造了这把好剑，起名为少虞。按照《广韵》的解释，虞同"虞"。飞虞，一种鹿头龙身的天上神兽。这种解释或许最贴合少虞剑命名的本意。

少虞剑是我国出土的第一把自有剑名的青铜剑。现在考古发现，存在多把"少虞"名号的青铜剑。一种说法是，同铭剑为3把，因为少虞剑是越王授予晋国韩、赵、魏三位大夫的"令牌"。春秋晚期，礼崩乐坏，天子暗弱，诸侯霸主号令天下。晋国的赵襄子、魏襄子、韩庄子掏空了公室，已经成为事实上的诸侯。当时的诸侯霸主越王便赐予三人尚方宝剑，表示对他们诸侯的认同。少虞剑代表越王的权威，从东南烟瘴之地千里迢迢来到了三晋大地。这也解释了为什么吴越利剑会出现在千年之后的山西境内。数年后，公元前403年，姗姗来迟的周威烈王正式封韩赵魏三家为诸侯。三家分晋是划分春秋与战国的标志性事件，而少虞剑是这个历史事件的重要证物。

1991年，在山西原平又发现一柄少虞剑，剑锋已残，与故宫所藏相比铭文少"吉日"和"铺吕"4字，其他处都相同。再加上法国吉美博物馆藏、美国纳尔逊－阿特金斯美术馆藏各一把少虞剑，已知同铭剑共4把。可能越王"批量"铸造了多把少虞剑，作为代表越王权威的信物分赠各处。

少虞剑虽然略有缺损，但整理之后依然锋利，遇到强光便闪耀出金属的光芒，一如其跨越千年的命运。一柄春秋时期的青铜剑，怎么常保光芒的呢？由于找不到少虞剑相关科研报告，我们可以从同时期的另一件国宝——越王勾践剑的检测报告中寻找答案。

　　越王勾践剑，春秋中期青铜剑，中国剑的始祖之一。它深埋地下2 400多年，出土时剑锋寒气逼人、锋利依旧。对越王勾践剑的检测表明，它是铜、锡以及少量铝、铁、镍、硫组成的青铜合金。剑身含铜量为80%～83%、含锡量为16%～17%。各部位功能不同，合金比例也不同：剑脊需要韧性，因此含铜量高，不易折断；剑刃需要锋利，因此含锡量高，硬度大；剑身的黑色菱形花纹经过硫化和精磨处理，防止锈蚀。需要特别指出的是，当时越国的铸剑事业掌握了金属铬盐处理技术，在越王勾践剑表面镀了一层极薄的铬，厚度0.1毫米左右。正是这层铬进一步保护了青铜剑，使得宝剑深埋地下却能锋芒依旧。此外，外部的掩埋条件也保护越王勾践剑千年如新。比如，黑漆木制剑鞘紧紧保护着勾践剑，含氧量很低的中性土层包裹着勾践剑，且埋藏的环境与外界基本隔绝，这些也是这件国宝没有生锈的重要原因❶。同为越王生产、国君佩戴的宝剑，少虞剑的制作技艺和埋藏条件极可能与越王勾践剑相同，其锋芒因此才能跨越千年不朽。

　　东汉以后，宝剑采用最新的钢铁材质，更加坚韧锋利，但随着骑兵、火器成为战场的主角，宝剑逐渐退出了战争舞台和实用领域，恢复为自卫兵器和佩戴礼器。发展到唐代，佩剑主要成为文人墨客、贵戚官僚的佩饰，用以抒发凌云壮志、表现尚武豪情。十八般兵器，剑最受中国人钟爱。王侯百官、文士侠客、商贾庶民，莫不以持之为荣。

　　剑，兵中王者，又因为带着君子之气，得到了"百兵之君"

的美称。

从李白"拔剑四顾心茫然"的豪情迷茫，到陆游"孤剑床头铿有声"的报国之志，再到辛弃疾"醉里挑灯看剑，梦回吹角连营"的慷慨激昂，只有刚柔并蓄的宝剑，才能承载中国人如此细腻丰富的豪情壮志。剑与人，从征战疆场到立身治国，二者的故事流传至今。

宝剑的另一种锋芒，光耀在中华民族的历史长河之中，虽埋没而不朽。

❶ 白木 . 勾践剑何以千古不锈？. 精武，2006（3）：58-59.

宴乐渔猎攻战纹铜壶

青铜器上的文明之光

　　宴乐渔猎攻战纹铜壶，故宫博物院藏精品战国青铜器。该器以纹饰得名，缩口、斜肩、鼓腹、矮圈足，肩上有二兽首衔环耳，高31.6厘米，口径10.9厘米，腹颈21.5厘米，重3.54千克。

　　该器造型简洁朴素，看似平平无奇，细看则纹饰精美，尤其以壶身上的宴乐渔猎攻战纹图最为著名。我们来细看这些纹饰。

　　青铜纹饰从壶口到圈足由五条规则的斜角云纹带划分为四大区域，以双铺首环耳为中心，形成左右基本对称的相同画面。由于当时的生产条件不可能实现标准化生产，每件战国青铜器依然是独一无二的手工作品，所以不可能做到完全对称。

　　最上部的壶颈部为第一区。该区纹饰又分上下两层、左右两组，主要表现战国奴隶们的采桑、狩猎等生产活动。

　　采桑画面非常醒目，有妇女坐在桑树上采摘桑叶，有妇女在

宴乐渔猎攻战纹图壶

树下运送桑叶，一派忙碌景象。狩猎画面分布在上下两层：上层人物似乎在排队，对准箭靶，依次试射；下层人物则以野兽为箭靶实射，有野兽倒地，已成猎物。有观点认为这幅场景是奴隶主贵族在行射礼。奴隶主贵族是否会亲自射杀野兽，需要存疑，而采桑注定是奴隶们的工作，奴隶主不太可能与劳作的奴隶出现在同一幅画面中，因此第一区的纹饰应该是奴隶生产的画面。

　　铜壶上腹部为第二区。该区纹饰又分为左右两组：一组表现奴隶主贵族宴乐的场景，还可细分为上下两层；另一组表现的是奴隶主贵族弋射的场景。

宴乐场景中，上层，贵族在亭榭上敬酒如仪；下层，亭榭下方有两位奴仆在圆鼎处准备美食，一旁的簴虡上悬有钟磬，旁边立有建鼓和铜钲，三人敲钟，一人击磬，一人持二桴（鼓槌）敲打鼓和钲，还有一人持号角吹奏音乐。下层的载歌载舞，显然是为上层的主人们服务的。先秦礼乐无小事，礼乐制度是彰显尊卑贵贱的重要载体，是维护宗法政治的重要工具，具有敏感的政治意义。什么样的贵族使用什么规制的礼乐，是有严格规定的。春秋战国的许多贵族，越来越明目张胆地在宴乐中僭越礼仪，使用超越规制的舞乐。孔夫子痛心疾首，称之为"礼崩乐坏"。它的背后是正常政治秩序的崩溃以及和平社会生活被破坏。一些诸侯彻底突破礼乐制度的限制，表达渴望强大和称霸中原的雄心壮志。而寻常贵族卿士则融合宫廷舞乐与民间娱乐，不再纠结于严苛的制度，营造出了更为丰富多彩的生活场景。本铜壶第二区的宴乐场景，大体也是上述现实的反映。

弋射场景中，密布鸟兽鱼鳖，或飞或游，诱惑着喜爱狩猎的贵族们。四个贵族仰身用缯缴弋射。弋射意为射鸟，缯缴是一种拴着丝绳的短箭，射出后能收回重复利用。如果缯缴射中猎物，尤其是飞鸟和小型猎物，射手可以便捷地找到猎物。旁边一人，立于船上，持弓欲射。奴隶主贵族的弋射，与上一区的狩猎是有本质区别的。以生存为目的的狩猎，首选陆地上的大型野兽，是不会选择带有娱乐和炫技色彩的弋射的。同时，射礼是先秦贵族

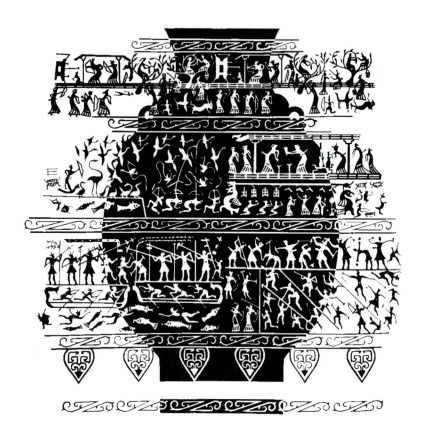

宴乐渔猎攻战纹饰

的"六艺"之一。周朝官学要求贵族学生掌握六种基本才能：礼、乐、射、御、书、数。《周礼》有云："养国子以道。乃教之六艺：一曰五礼，二曰六乐，三曰五射，四曰五御，五曰六书，六曰九数。""通五经贯六艺"是对先秦贵族很高的评价。

腹部主体为第三区，表现的是激烈的水陆攻战场景。该区纹饰又分为陆战、水战两组。

陆战一组表现的是城池攻防战。创作者用横线和竖线表示城墙，用斜线表示攻城的云梯。守城者依托城墙顽强抵抗，攻城方勇敢攀爬云梯，双方展开激烈的短兵相接，不断有人从城墙上跌落。水战一组表现的是兵船交战场景。两艘大船各张旌旗，尾部有人击鼓，全船鼓噪而进。船头上，敌我双方也在进行激烈的白刃战；船舱里，士卒们在奋力划桨，整齐划一、前屈后翘。与陆战不同，船上的战斗大多使用长兵器，比如车战时常用的长戈，以及不久前大规模出现在战场上的长矛，它们更适应船战的需要。船下，鱼鳖游动，蛙人潜水。这一区域界面最宽、人物最多、场面最丰富，也最热血、最富动感。创作者以丰富的社会阅历和杰出的制作工艺，在金属表面刻画了一幅惊心动魄的战争场面。铜壶无声，但相信观者的耳边会不时响起战士们的厮杀呐喊。

战国的烽火硝烟，推动了战争艺术的极大发展。贵族时代的车战，变成了大规模的混合兵种作战。车兵、步卒、骑兵、水兵等同时出现在战场上，与作战形式相配套，矛、枪、戈、斧、弓箭等粉墨登场。战车的数量大大减少，长矛、弓箭占据越来越大的份额，发挥越来越重要的作用。车战时期，战车对决是战场的主力，如今，城池攻防战成为战斗主体。战国战争不再是贵族捍卫荣誉的决斗，而是争夺城池、疆域和人口的你死我活的血战。当然，战争观念和理论也随之演化。

铜壶底部是第四区。一排比较规整的垂叶纹装饰，给铜壶带来了敦厚稳重感。

有人统计，宴乐渔猎攻战纹铜壶共有 178 个人物、94 只鸟兽鱼虫，形象地再现了 2 300 年前的中国社会画卷。整个布局密而不乱、详略得当，繁复的内容安排得恰到好处。

铜壶纹饰由金银错工艺制作而成。工匠们在铜器上嵌金银，再磨光错平。铁器在战国时期的发明，使得在青铜器上刻画精密花纹成为可能。这也是判断宴乐渔猎攻战纹铜壶年代的一大依据。该铜壶发现于 1935 年出土的河南省汲县山彪镇一号墓。该墓出土的青铜器中还有一对水陆攻战铜鉴，铜器表面的战争纹饰与宴乐渔猎攻战纹铜壶的战斗场面类似。那么，这些作品是哪里生产的呢？

与故宫博物院所藏宴乐渔猎攻战纹铜壶形制、图案基本相同的另一件铜壶，出土于 1965 年的四川成都百花潭。成都是先秦蜀国的核心区域。蜀国地处长江流域，据有山川平原，又水道纵横、湖波遍布，水陆两军都很发达，存在水陆战斗的可能；蜀国据有的天府之国生产蚕桑，是中国丝绸、刺绣的重要产区。种种要素都指向蜀国是宴乐渔猎攻战纹铜壶的产地。据推测，随着蜀国与中原交往密切，尤其是战国中期后为秦国所吞并，宴乐渔猎攻战纹铜壶作为战利品来到了中原，并成为随葬品。或者，因为商品贸易的繁荣和统一市场的出现，它成为西南与中原之间的贸易品。

将铜壶产地定为蜀国，还有一个原因是蜀国人民热情奔放，热爱生活，该地区或许是中国最"巴适"、最适合生活的地方。这正好与宴乐渔猎攻战纹饰表现出的热闹生活、火热世俗相吻合。

商周时期的青铜器纹饰多是抽象的带有神秘色彩的兽面纹、蟠螭纹。到了战国，青铜器纹饰开始展现人们真实的生活与战斗场景——那些人生中最常见的场景。青铜器走出了传统宗教与政治的束缚，转而采纳刻画生活和保存历史的真实纹饰。当人们对自然的驾驭增强、对精神的探索深入，他们越来越自信，不再需要借助神秘的纹饰来祈求保佑与祝福，不再畏惧坚硬冰冷的规章制度，而是为现实服务，拥抱真实的生活。人，而不是神灵或者礼法制度，成为艺术表现的主体。宴乐渔猎攻战纹铜壶上出现了真实社会中的人群——当然，是群体而非个体。战国时期的中国人还没有强大到可以独自面对世界，还没有意识到每个人、每个唯一的个体都可以成为艺术创作的对象。当个人形象出现在艺术品上时，中国人将迎来新的进步。

宴乐渔猎攻战纹铜壶就是中华文明这一进步的鲜明例证，是现存青铜器中极具代表性的礼器，也是中国美术史上的艺术珍品。它略显暗淡的表面闪耀着中华文明进步的光芒。

后人要认识战国社会，绕不开宴乐渔猎攻战纹铜壶。

秦石鼓文

巨石奇遇 | 存文脉

　　大唐贞观元年（627 年），在岐州陈仓北阪（今陕西宝鸡市石鼓山）的一场发现，串联起了千年中国文化史。

　　一位牧羊人在山坡荒草丛中发现了 10 块怪异的花岗岩巨石。这些巨石形似大鼓，两端平整、中间微凸，高约 90 厘米，直径约 60 厘米，每个重约 1 吨。拭去巨石上的泥土，石头腹部四周露出了大量神秘文字，文字奇古，笔法朴茂，当地无人能识。很快，天降异物的消息不胫而走，百姓闻风而至，纷纷焚香跪拜，认为这些石头能给人带来福运。文人墨客随后慕名而来，在每尊巨石上各整理出大篆四言诗一首❶，共计 10 首，当时尚存 718 字。他们拓下了这些古诗，因这些文字刻在石鼓状巨石上，因此得名"石鼓文"。

　　石鼓文的发现很快成为当时文化界的一大盛事。人们根据其发现地称为陈仓石鼓、陈仓石碣或岐阳石鼓等。又因为这些大篆诗歌记叙了游猎内容，又称为猎碣。

石鼓文是已知中国最早的石刻诗文，堪称石刻之祖，又是现存发现的最早的篆书，堪称篆书之宗。清代康有为誉之为"中华第一古物"。

石鼓文的 10 首游猎四言诗分别是《吾车》《銮车》《田车》《而师》《酃雨》《吾水》《汧沔》《作原》《吴人》《马荐》。其格律用词、音韵与《诗经》中的《小雅·吉日》《小雅·车攻》《秦风·小戎》《秦风·驷驖》等篇极为相似，由此推断它们是先秦作品。尽管人们对具体词句的理解存在分歧，但 10 首诗的主要意思是明确的。《吾车》记述秦公出猎；《田车》描绘了登原游猎的盛况；《銮车》记述秦公游猎经虢城，人群如障，热闹喧嚣。《酃雨》描述了秦公及随从涉汧河时，从低处看到的情景；《作原》描绘了在山上整修原地的场景；《吴人》记述虞人为秦公献祭而奔忙；《吾水》歌颂了水清道平的美好；《而师》是秦公的述志诗；《马荐》记述打猎而归时路遇之情景。10 首诗描绘了狩猎的出行、惊险与欢乐，也详述了车辆、驾马的精壮，狩猎勇士的勇猛、兽群的惊恐，还涉及汧水的鱼跃、祭祀的准备、道路的平通等。它们"应是秦在战国时期奋发崛起时，为了表现国力的强盛，及矢志东进开拓的气概，特从其先祖秦诗中精选这十首，以诗明志。可以说，石鼓诗是以景抒情、以景述志，是秦国人在一统天下之前的一组东进序曲，一组唱响天下、雄视东方六国的胜利交响组曲"❷。

显而易见，这十尊石鼓的价值集中在石鼓文上。

这些古朴文字，无视无情的时光，从先秦出发，默默传递着饱满的历史讯息。

首先，石鼓文是先秦历史，尤其是关中地区历史的原生态资料。石鼓文提供了两千多年前关中地区山水、动植物、气象方面的第一手记录，是研究该地区动物、植被、气候变化的珍贵材料；石鼓文保留了先秦社会生活的原始资料，张扬了秦人的自强、自信、奋发、进取的精神，为秦国历史文化研究提供了宝贵价值。石鼓文中出现的太祝等西周官职证明秦国继承了西周官制，体现了秦人对先进文化的吸纳和周秦文化的融合。

其次，石鼓文展示了《诗经》中的佚诗。《诗经》由孔子遴选、编辑而成，没有囊括所有先秦诗歌。从文学史角度来看，佚诗有极高的文学、文化价值。

再次，石鼓文展现了汉语古文字功能的价值。石鼓文是从商周金文到秦小篆一千多年间发展、流变中保存下来的珍贵的文字。它忠实继承了西周金文的审美意识，是金文大篆到小篆的过渡。石鼓文是我国现存最早的一组石刻文字。在甲骨文发现之前，中华民族奉石鼓文为本民族最古老的文字。

最后，石鼓文体现了书法之美。石鼓文每字方寸有余，字体齐整统一，笔笔中锋，笔锋奇劲如"金绳铁索"。康有为评价石鼓文如"金钿委地，芝草团云，不烦整裁，自有奇采"。历代学篆者莫不奉之为正宗，勤加临习，正是因为石鼓文具备了书法审美的时代神韵。

秦石鼓

御制重刻秦石鼓文

关于石鼓文的确切年代，一千多年来一直没有定论，现在基本认为是战国晚期文物。石鼓发现后，留在了原地。且不说风吹日晒，最大的遗憾是在之后的 100 多年中一直没有人意识到十尊大石的排序蕴含着重大意义，始终没有标注石鼓的布局或顺序。之后几经迁徙，石鼓的排序确定更是难上加难。

石鼓被发现 100 多年后，遭逢安史之乱的唐肃宗来到了岐州。慕石鼓之名，唐肃宗下令将十尊石鼓运下陈仓山，迁往凤翔城南的行在，君臣共赏石鼓。不料几个月后，叛军逼近凤翔，君臣出逃。临逃前，石鼓被仓促掩埋在荒野之中。安史之乱平定后，地方官吏重新挖掘了石鼓，814 年郑余庆就任凤翔尹，将曝于荒野的石鼓移送到了凤翔孔庙固定存放。文化重器，陈列于孔庙，称得上物当其所。

遗憾的是，重见天日的石鼓蚀迹斑斑，字迹残缺不全。更令人扼腕的是，"作原"石鼓莫名消失在了荒野之中，十鼓只余其九。剩余的九尊石鼓在凤翔孔庙也不安生，在唐末随着凤翔孔庙在战火中毁为废墟而被盗运一空，重新遁迹于草莽。

宋仁宗是又一位久仰秦石鼓大名的皇帝，他下令查访陈仓石鼓的下落。时任凤翔知府司马池——也就是司马光的父亲——费尽心力找到了全部十尊石鼓，包括那尊唐末便失踪的"作原"石鼓。十尊石鼓运送到了汴梁，可惜的是几年后宋仁宗君臣和名家学者们辨别出"作原"是伪造的。真正的"作原"石鼓，藏身何处呢？

1052 年，金石收藏家向传师来到凤翔寻访"作原"石鼓下落，努力无果后随机找了一家客栈安歇。他幸运地发现了客栈后院的磨刀石有蹊跷。那块大石头已经在岁月和屠刀的双重研磨下变得非常光滑了，却仍保留着几分石鼓的风貌。磨刀石上尚有一些古文字依稀可辨。向传师确认这就是那一尊失踪200多年的"作原"石鼓。该石鼓极可能在荒野中为乡民发现，上半部分被乡民削去，中间掏成凹状用来捣米，而上面断裂开的两道边用来磨刀。珍贵的石鼓文则磨去了大半，仅余下半部的4行文字。

十尊石鼓团圆了，正式移入北宋的太学保存。书画水平远优于治国水平的宋徽宗，是石鼓文的狂热崇拜者，他下令将十尊石鼓搬进保和殿与自己朝夕相伴。为了体现秦石鼓的尊贵，也为了更好地保护上面的文字，宋徽宗在石鼓文的槽缝之间填注黄金，为其装了金身。石鼓得到了前所未有的优待。

可叹的是，这种优待并没有维持几年，靖康之变发生了！金兵攻入汴梁，掳走了北宋宗室、人才和宝物，其中就包括十尊石鼓。不过，金人不懂石鼓的价值，看中的只是鼓身的黄金。他们以为这是金鼓，视为珍宝，不远千里运到了燕京（今北京）。从此以后，石鼓一直没有离开过北京。金人很快发现了自己的误解，剔去石鼓上的黄金后便将它们弃之荒野。这是秦石鼓的第三次遗失。

又是百年时光飞逝，石鼓文虽然还在文人士大夫的热议中，却始终只是传说。王朝更替，蒙古人占据了北京城，出身凤翔的汉族大臣王檝在某次机缘巧合之下，在一处废墟之中发现了十尊石鼓。这又是石破天惊的一次发现。王概修复庙学，再次将石鼓陈列于庑下。元朝中期，朝廷又将石鼓安置在国子监大成殿门内，左右各五尊，还用砖石围成坛来保护它们。元明清三代，石鼓都陈列在中国的最高学府——国子监，陪伴在孔圣人画像跟前。这或许是一个文化圣物最应该存在的位置。

乾隆皇帝是石鼓文又一位狂热的"粉丝"。他喜欢研究把玩石鼓文，并仿照韩愈的《石鼓歌》也作了一首，称石鼓为"千秋法物"，表示"吾愿兴贤得真宝"。乾隆皇帝是一位擅长将文化政治化的皇帝，也是一位统治高手。"吾愿兴贤得真宝"，这七个字概括了他对石鼓文的设想，即借助石鼓宝物来做"文治"的文章，表明朝廷广纳贤才、稽古右文的态度。为了保护好已经有两千多年历史的原鼓，乾隆皇帝仿刻了两套石鼓。仿刻的石鼓，仅得原鼓之形而未得其实，其文字质量大为逊色，且十尊鼓大小形状完全一样，精致匠气过于明显。它们被俗称为"乾隆石鼓"。这两套"乾隆石鼓"，一套放置在国子监大成门外，与门内的原鼓相呼应；另一套放置在热河文庙。

日寇大肆侵华、民族危机加剧的 20 世纪 30 年代，民国政府考虑将北平文物南迁。十尊石鼓告别了国子监，随故宫国宝一起踏上了迁徙长途。先南迁至上海，后转到南京。日寇逼近南京后，石鼓又经河南辗转运到重庆。抗战胜利后，石鼓先从重庆运回南京，再运回北京交由故宫博物院保管。这一系列的辗转迁徙，是在道路不畅、土匪横行、日军空袭等重重困难中实现的，再考虑到石鼓巨大的体积和重量，其间险象环生，事故不断。运载石鼓的汽车还经历了两次翻车事故，石鼓都侥幸没有毁失。

平津战役后期，国民党政权仓皇逃离，筹划将大批国宝文物转运至台湾。秦石鼓便在转运名单中，而且已经运抵机场了。由于石鼓重量巨大，导致飞机超载，飞行员拒载，十尊石鼓便临时留在了机场。还没等商定转运方案，北平和平解放，石鼓永远留在了大陆。1950年，秦石鼓返回故宫博物院，陈列于箭亭。

石鼓命运多舛，在一千多年的失而复得、得而复失中，十尊石鼓遭到了不同程度的损坏。石鼓材质是花岗石层岩，长期的风雨侵蚀造成石皮和石骨两层逐步分离，加之人为椎拓等因素，各鼓刻有文字的石皮逐步剥落。石鼓在刚发现的贞观年间存字718字，到元代剩下386字，至乾隆五十五年只存310字了。现在的十尊石鼓，除"汧沔""吾车"二鼓文字保存较完整外，其余石鼓字迹多有磨灭，只留只言片语。"马荐"鼓更是一字不存。

一个文明，如果没有文化传承，再强盛的军队、再恢宏的建筑也终将沦为过眼云烟；一个文化，如果没有文字流传，再深刻的思想、再丰富的内容都是海市蜃楼、纸上谈兵。中华文明是世界上唯一没有中断的文明，汉字在其中居功甚伟。汉字跨越了空间、战胜了时间，在民族精神文化的传承中起到了中轴作用。先秦石鼓及其刻字，便是记录汉字的关键性文物，也是中华文明传承有序的重要证物。后人要庆幸先人选择了石刻这种方式。历史证明，石头是最长久、最有效的保存载体。

　　文为国家基石，秦石鼓堪称镇国之宝。故宫博物院专门在宁寿宫建设石鼓馆，独立展示这十尊石鼓。

---

❶ 据故宫博物院原注，石鼓文有些字形与籀文相同。籀文也称大篆，传说是周宣王时太史籀所造。籀文形体齐整稳定，春秋时期已在秦国流行，流行过程中进一步简化和线条化。
❷ 彭曦 . "中华第一宝物"石鼓文研究 . 海峡教育研究，2014（2）：52-55.

秦并六国，开大一统之新局，奠定了东起大海、西至陇西、南到南海、北达长城的中华文明核心区域，也奠定了中华文明的基调。大一统的基调为两汉王朝忠实继承并发扬光大，又经历了魏晋南北朝的风吹雨打，步入隋朝后更加稳固、更加茁壮。这一阶段的中国犹如一个懵懂的少年，在诱惑和迷茫中秉持本性，健步向前。

见证中华文明青春期的故宫文物，在金属器、碑刻之外，多了瓷器和绘画。从秦汉到隋朝的政争战乱、民族交融和个体的悲欢离合，都凝结在秦始皇诏文权的刻痕里、池阳令张君碑的笔画间，更萦绕在青釉堆塑谷仓罐的堆砌上、元绪家族墓志的官爵里。当展子虔徜徉在隋朝的青山绿水间，中国历史也走进了风和日丽的春光里……

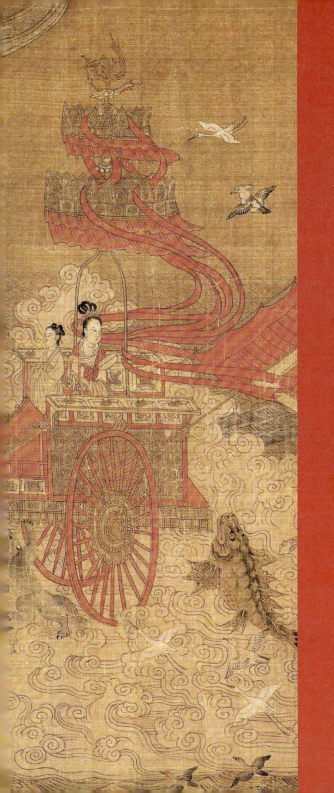

青春年代

穿越两汉
魏晋南北朝

秦始皇诏文权

把统一铭刻到每一寸土地

公元前 221 年，中国历史的关键时间点。

这一年，秦军攻破齐国，俘虏齐王田建，齐国灭亡。若干个诸侯国经过春秋战国 500 多年的鏖战，最终秦国笑到了最后，成为大分裂的终结者。一个重新统一、本质却截然不同的新王朝登上历史舞台，一个崭新的时代随之拉开了帷幕。历史上热议的"周秦之变"，塑造了之后的中国社会，使得集权专制的大一统帝国成为中国历史的常态。

这一年，初生的大秦帝国马不停蹄开疆拓土。大将蒙恬率领三十万得胜之师随即北上，迎击不断南侵的匈奴人。不久之后，一条延绵曲折的长城横空出世。它不仅是中原王朝与北方少数民族政权的分界线，还是农耕文明与草原文明的分界线，更是民族交流融合的关键区域。在南方，五十万大军跨过长江、湘江，深入岭南征服百越。秦军开凿了世界上最早的运河之一——灵渠，将岭南地区纳入了大一统的疆域。东到大海、西至陇西、南起南海、北达长城的广袤区域，正式成为中华文明的核心区域。

大秦帝国欣欣向荣，如日中天。大功告成的秦始皇嬴政并没有安享功业，他设想的是一个万年帝国，自为始皇帝，后世以数计世，二世、三世至于万世，希望国祚传之无穷。万年帝国框架初具，如何灌注内核，使大一统帝国基业长青，是摆在秦始皇和所有中国人面前的大难题。

分裂的时间实在过于漫长，中国各地的文字、车马、钱币乃至度量衡都各不相同。种种现实差异如同浅沟深壑持续割裂着国家肌体，不填平它们，帝国就没有真正统一，人民就依然生活在一座座孤岛之上。将中国的方方面面纳入一体化的框架之中，不仅是统一的标志，也是统一的内在需求。秦始皇以一贯雷厉风行的作风，将郡县制覆盖全国，将地方权力集中朝堂，再配合推行"币同形，度同尺，权同衡，书同文，车同轨"政策。

一条条整齐划一的高规格道路——秦直道，笔直地延伸向帝国的四面八方，把有形的国土连接成一体；一个个度量衡的标准件随同秦始皇的诏书发送到天南海北每一处郡县，把深度的差别消泯于无形。

现藏故宫博物院的秦始皇诏文权，是世界计量史上空前绝后的珍品，是秦始皇大一统伟业的见证者，是统一大潮之中的助推者之一。

权，古代标记重量的衡器，有说是天平的砝码，也有认为是杆秤的秤砣。衡量重量的方式不同，但本质并没有变。秦汉的权，有铢、两、斤、钧、石多种标准。一石为四钧、一钧为三十斤、一斤为十六两、一两为廿四铢。其中，秦代一斤约为如今的 250 克，一石约为 30 千克。这是秦朝向天下明确的重量单位。至今，中国民间还在采用秦始皇规定的"斤"的标准。秦权有铜、铁、陶多种材质，多为半球形，少数有瓜棱，一般分为权身与权柄鼻钮（铁环拉手）两部分。

故宫所藏秦权通高 5.3 厘米，径 4.7 厘米，重 260 克，铜质，圆台形，上有鼻钮。该器应当是当年秦始皇颁发给地方的一斤重标准件，在岁月侵蚀中锈迹斑斑，导致重量略有差异。

秦权的价值不仅在于是国家颁发的重量标准，更在于其身上铭刻有秦始皇的诏书。秦权权体一般环刻铭文，其铭文大多雷同，为秦始皇或秦二世诏书，或兼而有之。故宫藏秦权身上有 18 道瓜棱，棱间刻有秦始皇廿六年诏书 14 行，文曰：

廿六年，皇帝尽并兼天下，诸侯黔首大安，立号为皇帝，及诏丞相状绾，法度量，则不壹，歉疑者皆明壹之。

这些铭文是统一文字后颁布统一度量衡的通用公文法令。秦始皇廿六年即公元前 221 年，吞并六国后的秦始皇向四方万民公布统一大政。"黔首"是秦朝对百姓的称呼。秦始皇信

秦始皇诏文权

仰"五德终始"之说，认为秦得水德，以黑为上，秦朝尚黑，衣服旄旌节旗都尚黑。百姓用黑布包头，称作"黔首"。"立号为皇帝"则是志得意满的秦始皇的创举，他认为自己功业超越"三皇五帝"，"王"的称号已不适应自己至高无上的权势地位，因此融合远古传说中最尊贵的"三皇五帝"称号于一体，号称"皇帝"。秦始皇是中国的第一位皇帝。"宰相状绾"指的是两位宰相，"状"是丞相隗状，"绾"是丞相王绾。隗状在《史记》中记作隗林，战国末期楚国人，入秦官至丞相高位——这也表明秦国开放包容，吸纳了诸多外国贤才，是秦国一统六国的重要原因。王绾生卒年不详，似乎是隗状之后的秦国丞相，也是秦朝建立之时的丞相。秦国统一中国后，隗状奉命与王绾共同主持统一度量衡等事宜。君臣推行了集权专制制度和大秦律法，颁布了明确和整齐划一的度量衡标准。秦始皇命令把统一的号角铸刻在量衡标准器或者刻在铜版上，然后再嵌在量衡器上，颁发到各郡县，把统一的讯息铭刻到帝国的每一寸土地。

秦始皇诏文权是国家的标准器皿，是单位质量的衡量凭证；是天下一统的镇物、标语和宣讲机，是简洁明了、家喻户晓的国家象征。

再切入一个角度，诏文文字本身就是大一统的证物。诸侯国在分裂对峙中发展出了各自的文字系统，国家统一后，秦始皇命令李斯等人整顿文字，"罢其不与秦文合者"。新的文字改革方案是以秦国篆书为主体，把小篆作为标准文字；淘汰先前诸侯国的通行文字；规定行文要由右往左写，公文法令和图书典籍都照此书写。至此，中国结束了"文字异形"的状况。秦始皇诏文权所铭刻的文字，正是中国最初的统一文字。文字是思想文化的载体，是民族精神传统的记录，秦始皇统一文字的功绩，永远不会被遗忘。

相传秦权的文字和秦刻石的文字，都是秦朝丞相李斯的作品。然而，现存秦权、诏版、刻石实物上的秦始皇诏书不尽相同，再考虑到彼时没有标准化生产的条件，李斯不可能以一己之力亲手创作这么多作品。当时朝廷传递到各地郡县的度量衡标准件应该数以百计，它们上面应该都铭刻有秦始皇廿六年的诏书。现实的做法是，朝廷工匠以及各地民众复制了这些诏书。这些普通人创作的统一文字，质朴率直，往往行笔快捷、笔势方折、露锋不含蓄、构图率意自然，另有一番美感。它们可算是有别于官方风格的民间书法。

与秦权类似，秦初的标准件还有统一体积的量器，比如升、斛、斗，质地有铜和陶。铜量器有方形、椭圆形，带有单柄，器壁上刻印诏书。折合现代单位，秦代每升约为 200 毫升。此外，一些秦权、秦斗上没有铭刻文字，而是镶嵌诏版。诏版，是镌刻帝王诏书的金属版。秦代诏版与秦权文字相同，有刻秦始皇廿六年诏书，有刻秦二世同类诏书，或二诏合刻。由于金属材质坚硬，诏版文字为刀刻，笔画方折，写法草率，不像石刻、青铜器那般流畅。现存诏版有长方形和方形，厚度在两三毫米之间，四角有带洞孔的边耳，方便镶嵌使用。可以想见，制作、传递度量衡标准件和诏版是秦朝朝堂中若干部门或官吏的日常工作之一，它们是秦朝统一的结果，也是巩固统一的利器。

可惜可叹，15年后，秦朝就覆灭在农民起义的熊熊烈焰之中，秦始皇期望的万世帝国只传了两世。但是，秦朝留下了丰硕的历史遗产。千年之下皆秦政，集权统一已经深植于中国的政治土壤。向地方颁发度量衡标准件以维护统一的做法，也为之后的朝代所继承。随着度量衡标准日益融入日常，深入人心，此类器具魏晋之后日渐稀少。

从西汉开始，各地便陆续出土秦权。秦权的铭文，有的仅有秦始皇廿六年诏，有的兼有始皇诏和二世诏；有的还铭刻地点、重量等信息；有的没有诏文，仅有重量、使用机构等信息。这些秦权有以所刻诏文命名的，比如"二十六年诏权""元年诏权"；有以重量命名的，比如"八斤权""十六斤权"；有以材质命名的，比如"秦铁权"；有以所刻地名命名的，比如"美阳权""大巴权""旬邑权""平阳铁权"等，应该是当年朝廷颁发给美阳、大巴等地的标准衡器。河南博物院现藏有"秦代单诏铁权"，铁质、半球状、实心、平底。因为铁质的缘故，该铁权器身及底部锈迹斑驳。不过，腹部的秦始皇廿六年诏文依稀可辨。该器重约30千克，为秦制的120斤，即1石重。

随着秦权发现增多，晚清开始兴起了一股拓印、解读秦权的风潮，学者阮元、端方、陈介祺、吴大澂、罗振玉等对秦权、诏版或传赏收藏，或研究著述。

历史的智慧蕴含在铜权之中，大一统的精神传递在文字之间。

秦始皇诏文权以皇威加持法典、以金属明定标准，是秦朝推行大一统的伟大创举。两千多年中华大一统，实有赖于此。

汉池阳令张君碑 | 一名汉朝官员的人生 *

　　光绪二十六年至二十七年（1900—1901 年），河南修武县出土了一块残碑，高 102 厘米，铭文存 9 行、157 字。文物贩子闻风而动，一看其古朴刚硬的刻字，就判定这是汉魏古碑。而存字宛如新刻，劲力十足，又是古碑中的精品。遗憾的是，残碑破损严重，大致可判定是碑文前半篇的下半截。因为首行刻"西乡侯之兄"等字，这块残碑一度被命名为"魏西乡侯兄残碑"。

　　几经辗转，该残碑入藏故宫博物院。

　　天下残碑无数，能够找到同碑残片的概率微乎其微。残碑复原，是上天的恩赐，也是一桩不大不小的文化事件。西乡侯兄碑就有幸被上苍选中了。

　　1935 年春，北京古玩店尊古斋出售一块残碑，石高 42 厘米，铭文存 5 行、41 字。行家发现其铭文风格与 30 多年前发现的西乡侯兄碑极为相似。经过比对，第二块残碑首行有"□□养皓以道自终春秋"等字，其中"春秋"二字仅存左半部分，与上述第一块残碑的"春秋"二字的右半部分相合。由此认定，这两块残碑原本在同一块石头上。两块残碑合并，可以推出原碑宽82厘米。它们共同组成了一块未知碑文的下半截。

除这两块残碑外，马子云于1938年在一家书店翻出了一张汉残石拓本，有完整的5行、70字，字体与西乡侯兄碑碑文很像。马子云购买后，将拓本与前述两块残碑的拓本整合。购得的拓本首行有不清晰的"□□定卸□足卸疾辞命不应辟"等字，其中"疾辞命不应辟"六字只存左半部分，与第一块残碑的"疾辞命不应辟"六字的右半部分相合。这证明它是同一块碑文的左上部分。至此，西乡侯兄碑已经发现了三个残缺的部分。可惜的是，该拓本的原石已佚，至今仍找不到踪迹，且未见第二份拓本，马子云购得的就是孤本了。

两块残石、一份孤本，就是我们找到的这块古碑的全部。

历史的张力，将一块古碑击得支离破碎，两千年后再陆续呈现在人们面前。这是难得一见的考古发现。

原碑最开始是从中直裂为左右二片。左侧的半片又横断为三块，我们所发现的是最下面那块的原石和最上面那块的拓本，中间狭长的小块则遍寻不得。右侧的半片又横断为两块，我们所发现的是下面的长块，上面那块不知道湮没在何处。五块合在一起，才能缀合成完整的碑文。但随着发现的部分越来越多，即便缺失了两块残石，我们也依然可以猜测碑文的大概内容。两块残

汉池阳令张君碑残片

碑原石合并，整理出残文如下：

……西乡侯之兄冀州刺史之考也盖张仲兴周室……缵乃祖服体明性喆宽裕博敏孝友恭顺著于……之咸位南面竞德国家犹昔八虞文王是咨世……书悦古今兄通声称爰发牧守旌招主簿……理左右□宜器有特达计拜郎中除茂陵侯……唱实和为俗所仇君耻侉比愠于群小换序……复换征羌崇保障之治违勿剗之化开义遏……罚折中户四既盈礼乐皦如帝简其奉迁池……虽姜公树迹雚檀流称步骤逾否君参其中……养晧以道自终春秋……光国之名殁宜见录……追惟烈祖钦述高风……辞佚自后共身体而就……颂其名当究王爵景命

根据最早发现的原石，方家认为碑文中的“西乡侯”是三国时期的魏西乡侯张既，并定碑名为“魏西乡侯兄残碑”。随着另两个部分的发现，人们综合书法风格和史实考证，普遍认为碑文中的“西乡侯”为东汉桓帝时期的张敬，故改碑名为“汉池阳令张君碑”。

那么，主人公张君有着什么样的人生，又有什么样的社会观感呢？

残碑起首的“冀州刺史之考”，有人辨认为“冀州刺史之孝”，综合其他存世汉碑文字，当为“考”字无疑。墓主人是西乡侯的哥哥、冀州刺史的父亲，也可知他的身份远不如弟弟和儿子，所以需要用至亲的官衔来标显自己。

汉池阳令张君碑拓片

具体的张姓冀州刺史，已经无法考证。西乡侯张敬，东汉晚期人，为汉桓帝身边的尚书。尚书本为皇帝身边保管典籍的小官。汉武帝推行"内外朝"制度，以内制外。内朝由皇帝左右的亲信、宾客构成，也称中朝；外朝是由丞相、公卿构成的制度化的官僚体制，也称外廷。西汉早期，皇帝与丞相参议政务，处理国家大事。汉武帝为加强君权、削弱相权，转而依靠内朝势力在宫廷内做出决策。尚书渐及文书行政，掌握实权，有取代九卿行政之势（至唐朝正式成为具体的行政首长）。在东汉末期激烈的外戚与宦官争斗中，尚书发挥了重要作用。延熹二年（159 年）八月，汉桓帝诛外戚、大将军梁冀，事后以功封中常侍单超等五人为县侯，尚书令尹勋等七人为亭侯。七亭侯中就有张敬，封爵为山阳西乡侯。但是，张敬没能常保富贵，受封六年后于延熹八年即遭黜爵。

这条核心史实为我们推测主人公的生平，提供了基准。

因为残缺，此碑竖立年月未见。碑文称"西乡侯"，则应该立于延熹二年与八年之间，即在 159 年至 165 年。主人公的卒年也在此时间段内。

随后的"张仲兴周室"开始，应该是叙述张氏的宗族谱系。其家族以张仲为始祖。张仲生活在西周共和行政前后。周厉王为国人暴动所放逐，病死外地。周宣王继位后，面临复杂局面，举贤用能，征伐戎狄，成就斐然，历史上称为"宣王中兴"。张仲便是辅佐周宣王的贤臣之一。他在历史上的声誉看来不错，且越来越好。拥有西乡侯、冀州刺史这样官宦的家族都以张仲为始祖，可见他在东汉声望之崇高。元朝之后，官民崇祀"文昌帝君"，认为张仲就是文昌帝君在西周的化身。文昌帝君是掌管功名利禄及善行之神，明清各地普建文昌阁尊奉文昌帝君。

东汉魏晋是门阀社会，讲究谱系、门第，认为崇高的祖先与后人的优秀品行之间有某种神秘的必然联系。碑文就夸赞主人公"体明性喆，宽裕博敏，孝友恭顺"，这是相当突出的品质。碑文以家系起笔，再及个人品行，是汉晋碑文的格式行文。

东汉时人们入仕途径以征辟、察举为主。官员有权委任僚属，称为"辟"。辟用的主要标准就是道德品质出众。我们的主人公就因此成为"牧守旌招主簿"。汉晋时期，各级主官辟用主簿协助处理文书、管理印信。主簿通常是主官的亲信，后来越来越受到重用，渐渐主管衙门事务、参预机要，类似于现代的办公室主任。出任主簿一职的人，必须兼具行政能力与长官的信赖，通常容易得到历练和升迁。张君极可能工作出色，得到了主官的举荐，通过"察举"来到了皇帝身边。这个皇帝大概率是汉桓帝刘志。按照惯例，州郡举荐到朝廷的人才，经考察合格，先出任郎官，随侍皇帝几年后转任具体职官。郎官相当于察举人才的见习职位。张君也遵循这条仕途路径，"拜郎中"，在首都洛阳工作了几年。

之后，张君"除茂陵侯□"。官员第一次授职称"除"；茂陵是汉武帝的陵墓，也是咸阳附近的陵县。两汉朝廷在先帝陵寝周边安置官吏、移民，设置县级政区，称为陵县。东汉时期有"茂陵侯"，其封地称"茂陵侯国"，依然是县级政区。张君的第一个正式官职便是茂陵的县令。后面的内容则缺失了。

茂陵地处畿辅重地，县令地位相当重要，工作环境也相应复杂。豪强巨室盘根错节，考验着行政长官的政治智慧。张君显然没有处理好与地方势力的关系，遭到了反对势力的攻击，碑文云："为俗所仇，君耻侪比，慍于群小。"他的仕途遭受了打击，"换序□……复换征羌"。

换，是东汉官员人事制度之一，指郡县官员因为政绩出众或者人地两不相宜，可以调整到更好或者更适合的同级岗位上。张君则是调整到了次级县当官。马子云考证，碑文上的"序□"是"序彰"县。存世有《序彰长田君碑》等，可见存在这个县。汉代的大县长官称县令，小县长官称县长。田君碑称"序彰长"，可证这是一个小县，也符合张君仕途遭遇挫折的事实。"征羌"也是一个县级的侯国，东汉名将来歙平定羌人有功，封爵为征羌侯，其封地就是征羌侯国，大约在今河南漯河市召陵区。十分幸运的是，北京故宫收藏有东汉"征羌国丞"瓦纽铜印，印面为2.2厘米见方的正方形，高1.7厘米。印文为汉篆字体，白文，两竖行排列，右上起顺读"征羌国丞"四字。它便是张君当年副手的官印。征羌县隶属汝南郡，其与颍川郡同处中原腹心，汝颍豪强集团是东汉王朝的核心支持力量。征羌的地位，显然比序彰上了一个大台阶。张君调任要地大县，可见政绩相当受肯定，体现在碑文中便是"崇保障之治，违勿剗之化"。

之后的碑文有"帝简其庸，迁池□□"等字。东汉的县名首字带"池"字的，只有左冯翊的池阳县（在今陕西泾阳县和三原县）。宦海沉浮数年，张君又回到了畿辅要地。池阳令的品秩大约为千石，高于征羌令，所以用了"迁"字。或许是健康状况恶化，或许是厌倦了仕途，张君出任池阳令后即称疾不出，"养晧以道，自终君秋"，官职止步于此。此碑据此得名"汉池阳令张君碑"。

张君后事、子嗣因碑文残缺而不可考。较大的那块残碑出土于河南修武县，该地在张君当时分属河内郡修武县、山阳县。张君极可能安息于此。修武县也可能是张君家族的聚居地。

通览碑文，张君是一位东汉精英家族出身、行政履历丰富、仕途命运多舛的中层官员。

碑文的神奇之处，就在于它传递了两千年前一个普通官员的人生，一定意义上助他"不朽"。这也是其家族花费不菲来厚葬刻碑的主要目的。此墓碑也确实为后人提供了诸多宝贵信息。

墓碑源于周代坟墓中的大木，因为木质易朽，后来改为石制。战国至西汉时期，出现了许多纪功刻石、墓前石雕、坟坛、墓表、墓碣等雕刻物。它们成为后世墓碑的源头。进入东汉，社会盛行厚葬，天下人事死如生，刻碑随葬之风盛行，碑刻数量剧增。随葬墓室者为墓志铭，竖立地表者为神道碑，二者内容既重合又有差异。神道碑是给生者看的，带有纪功碑的遗风。汉池阳令张君碑就是一块神道碑。隶书也在东汉时期从平民文字一跃而成庙堂体，渐趋成熟，笔法严谨，体势纷繁。两相结合，汉碑迅至鼎盛，保存了大量碑刻书法、历史和社会内容，光彩夺目，久传不衰。

那些用隶书镌刻的碑文，有的文字多达上千字，至少也有百余字，通常记载墓主的姓名、职官、功绩、生卒以及立碑人、书碑人信息，还附有华丽的四言韵文颂词。

每一块汉碑都是历史瑰宝。完美的汉碑存世极少，即便是汉碑拓本，保存完整的也很少。这些汉碑拓本同样非常珍贵。古人学习书法，首重临习碑帖，汉碑魏帖是重要的临习对象。故宫藏有的明朝初期曹全碑拓本便是极负盛名的汉碑拓本，对后世书法影响巨大。曹全碑记述了东汉郃阳令曹全的生平，立于汉灵帝中平二年（185年），稍晚于张君碑。而该碑已片石无存，这更加凸显了汉池阳令张君碑的价值。

---

*　本文参考马子云. 关于《汉池阳令张君碑》残碑. 故宫博物院院刊. 1979
　　（1）：83-85.

《三顾茅庐图》

君臣相得的

真相与演绎

　　建安十二年（207 年），26 岁的南阳隆中青年诸葛亮加入盘踞荆州北部的刘备势力。

　　在良禽择木而栖的乱世，诸葛亮的选择本是历史长河中一朵并不突出的浪花。但事后发展表明，这场入职对蜀汉政权乃至三国历史都产生了深远影响。诸葛亮作为刘备势力集团的后起之秀，在刘备死后迅速掌控了蜀汉的实权，主导了蜀汉的发展。他加入刘备阵营一事，具有额外的意义，需要着重解读。

　　最早的解释文字或许是诸葛亮在《前出师表》中的自述："先帝不以臣卑鄙，猥自枉屈，三顾臣于草庐之中，咨臣以当世之事。"根据诸葛亮的自述，刘备主动延揽青年才俊，三次造访诸葛亮隐居的草庐，并且向其咨询时政策略。此说为《三国志·诸葛亮传》采纳："先主遂诣亮，凡三往，乃见。"诸葛亮在见面中提出了著名的"隆中策",奠定了刘备势力集团的根本战略方针:承认天下三分,吞并荆州刘表和益州刘璋,对抗曹魏和孙吴,"跨有荆、益,保其岩阻,西和诸戎,南抚夷越,外结好孙权,内修政理。天下有变,则命一上将将荆州之军以向宛、洛,将军身率益州之众出于秦川"。诸葛亮的战略分析,极富前瞻性,日后蜀汉政权的发展几乎是照搬隆中策,以至于令人怀疑它是真实的存在,还是为了证明诸葛亮的高瞻远瞩和重要作用的追记。

家喻户晓的三顾茅庐故事便脱胎于此。刘备礼贤下士、求贤若渴,诸葛亮倾囊相告、慨然加盟,日后更是鞠躬尽瘁死而后已。它已经成为中国政治中君臣相得的典型代表,更是中国历史文化的重要典故,频繁出现在戏曲、器物、文学创作等文艺形态中。故宫博物院所藏《三顾茅庐图》轴(绢本设色,纵172.2厘米、横107厘米)便是其中的代表作品。

整幅作品墨色清雅,万仞高山峻峭壁立,苍松翠柏挺拔参天,高冈之间一挂瀑布飞流直下,好一处修身隐居之所。山腰竹林中掩映着几间草庐,草庐内端坐一位儒雅飘逸、气定神闲的书生隐士。一名书童打扮的少年开启柴扉,门外一位常服打扮的长者恭恭敬敬地揖手行礼。这已经是刘备第三次登门造访。第一回是去年冬天,天寒地冻而来,却得知诸葛亮不在;第二回是本年年初,再次郑重而来,可惜还是与诸葛亮擦身而过。刘备求贤若渴,不焦不躁,第三次沐浴更衣而来,终于得偿所愿。

刘备身后是跟随他创业的两位股肱之臣,一是关羽,一是张飞。最右侧的张飞昂首而立,气宇轩昂,颇有对刘备所为不以为

《三顾茅庐图》

然之态。中间的关羽侧向张飞，摆手示意，提醒张飞保持庄重恭敬，不要影响刘备礼贤下士。画面近处，两株古松遒劲有力，突立在嶙峋山石之上。

作品以山水画为底子，崇山峻岭有如斧劈刀削，暗示东汉末年群雄争霸的险恶环境，苍松翠竹象征诸葛亮的高雅气节。五个人物集中出现在画面的左下方，所占篇幅较小，但醒目抓人。人物神态细腻生动，刘备恭敬、张飞傲然、关羽稳重，描绘得十分传神。

画作落款"静庵"，钤印也是"静庵"。这是画家戴进的号。戴进，明朝早期钱塘（今杭州）人，一生坎坷，画风多变。他于40岁左右应征入京，进宫待诏仁智殿，后流寓京城；54岁左右离京返乡，晚年卖画课徒。艺术上，戴进融百家之长，又独树一帜，在明代有诸多追随者，是"浙派"的开创者。

《三顾茅庐图》轴应该是戴进提交的"命题作文"，反映皇帝招贤纳士的迫切心情。大明王朝当时正处于"仁宣之治"的高峰，政治相对清明，几代皇帝都选才求治，尤其以明宣宗朱瞻基为代表。随着《三国演义》小说的传播，蕴含着忠孝节义、君臣相得的三国故事题材因为强烈的政治教化意义，受到皇帝的大力提倡，如桃园三结义、千里走单骑、长坂坡之战、白帝托孤等。三国题材的艺术作品在宫廷中颇为流行。其中就有商喜创作的《关羽擒将图》、倪端创作的《聘庞图》以及戴进的这幅《三顾茅庐图》。

明宣宗朱瞻基本人便绘有《武侯高卧图》卷（纸本水墨，纵

《三顾茅庐图》局部

27.7 厘米、横 40.5 厘米），描绘诸葛亮出山之前隐居隆中的情形。茂林修竹前，诸葛亮头枕书匣，袒胸露怀，躺卧地上，神态安逸。署款为"宣德戊申御笔戏写，赐平江伯陈瑄"，表明这是宣德三年（1428 年）朱瞻基赐予陈瑄的御作。陈瑄是五朝老臣，从疆场到漕运，劳苦功高，当时已年过花甲。朱瞻基创作此画是激励陈瑄效法诸葛亮鞠躬尽瘁、死而后已。

让我们回溯到建安十二年，46 岁的刘备饱经风霜，且有"皇叔"之尊，为何三番五次屈尊造访一位除了江湖传说没有任何实绩的年轻隐士？

三顾茅庐的叙事预先假设诸葛亮是千年难遇的人才，得一卧龙就能参与群雄逐鹿。这是故事中所有人物都接受的不证自明的"事实"，突出了刘备的唯才是举、求贤若渴。人才确实是政治斗争，尤其是乱世枭雄争斗的重要因素，但肯定不是枭雄首要的考量因素。中国从东汉开始步入门阀社会，豪强大族垄断政治、经济和舆论大权，把持地方实权。乱世中，地方世族势力的政治能量更加凸显。割据势力莫不争取地方豪强世族的支持。中国的世族时代一直持续到唐朝中后期，才在科举兴盛和分裂混战的双重打击下分崩离析。

盘踞新野的刘备，大半生奔走在冀北、徐州、中原腹地和荆州北部，深知争取门阀支持的重要性。无奈他初来乍到，与荆州世族关联浅薄。为融入荆州世族网络，刘备迫切需要找到一个切入点。

隐居南阳隆中的诸葛亮，是比刘备早来荆州的山东世族子弟。他出身琅琊，父亲早逝，从小依附叔父诸葛玄。诸葛玄赴任

《武侯高卧图》

豫章太守，政争失败后投奔好友、荆州军阀刘表。诸葛亮随之来
到荆州，并在叔父死后隐居隆中。虽然家道中落，但诸葛亮天资
聪颖，加上刻苦攻读，在当地小有名气。更重要的是，诸葛亮家
族通过联姻深深融入了荆州世族。荆州豪强属蔡氏最为兴盛。当
时，蔡氏尊长蔡讽有两个闺女，一个为荆州军阀刘表迎娶为蔡夫
人，一个嫁给了本地世族黄承彦。其子蔡瑁则掌控荆州水军。黄
承彦有女黄月英，据说相貌较丑，诸葛亮迎娶了黄月英，成了荆
州蔡氏的女婿、刘表的表外甥。诸葛亮的两个姐姐分别嫁给了荆
州另两大豪门。大姐嫁给了蒯祺，蒯氏是刘表的另一大靠山；二
姐嫁给了庞山民，庞山民是声名显赫的隐士庞德公之子，而庞氏
又与荆州豪强习氏联姻。至此，诸葛亮与荆州诸多豪强世族都有

赵孟𫖯《诸葛亮像》图轴局部

了姻亲关系，是沟通世族关系网络的重要人物。

　　对这样一个既有真才实学又握有融入荆州世族网络入场券的青年，刘备自然要尽力延揽了。即便不至于三顾茅庐这般低姿态，态度也必然大体恭敬。而诸葛亮门第不高、根基不深，加入创业初期的刘备阵营是最现实的职业选择。这便是刘备、诸葛亮"君臣相得"最初的样貌。

诸葛亮加入后，帮助刘备争取了荆州世族的支持，度过了曹魏大兵压境之下荆州分崩离析的艰难时刻，赢得了参与赤壁鏖战的原始力量。更重要的是，他在赤壁之战中功勋卓著，而且在刘备惨败夷陵、驾崩白帝城之后，"受任于败军之际，奉命于危难之间"，扛起了蜀汉存亡的重担，成为蜀汉政权的灵魂人物。诸葛亮在蜀汉建立了高度集权体制，集中有限的资源游刃于魏吴之间。作为大权在握的权相，诸葛亮非但没有任何僭越言行、非分之想，反而呕心沥血、兢兢业业，七擒孟获、六出祁山、五丈原悲歌，为蜀汉事业耗费了最后的心血，当得起"忠臣贤相"之誉。

不过，作为一个失败政权的权相，诸葛亮最初的形象仅仅是众多忠臣贤相中的普通一员。

岁月的一大魅力就在于，它能够挖掘一段历史闪光的一面，照亮它、放大它，直至塑造成为一颗炫目的星辰。诸葛亮的形象便在岁月的塑造下熠熠发光，三顾茅庐故事随之成为熠熠生辉的叙事。

诸葛亮形象及三顾茅庐故事的演变，与中国社会的变迁密切相关。

三国归晋，中国短暂统一后又到东晋南北朝时期。永嘉南渡后，东晋社会更重门第阀阅。封闭保守的世族势力与蓬勃向上的寒门士人便产生了矛盾，后者渴望通过奋斗出将入相，如诸葛亮般功成名就。诸葛亮被三顾茅庐的经历，自然成了寒门子弟的梦想际遇，成了所有渴望改变命运之人的精神寄托。他们在忠臣贤相之外，又给诸葛亮添加上了"智者"的光环，寄托着普通人通过才华、忠诚和奋斗改变命运的希望。底层百姓也钟爱诸葛亮。

诸葛亮醉心事业，不事产业，生活节俭，去世时家无余财，与以崇富斗富为时尚、不事实务、一心安逸享乐的魏晋豪门贵族形成鲜明对比。对比之下，老百姓当然更喜爱足智多谋、一心报国的诸葛亮了。

诸葛亮的经典形象，便在此时定型了。此后，诸葛亮的形象随着社会变迁而演变，各有侧重，但大致不离忠臣、贤相、智者的范畴。

唐王朝跌落盛世后，杜甫流落四川，游览成都武侯祠，感叹："三顾频烦天下计，两朝开济老臣心。出师未捷身先死，长使英雄泪满襟。"（《蜀相》）

杜甫在此引用了三顾茅庐的典故。藩镇割据、皇权沦丧、天下大乱，唐王朝多么需要诸葛亮这样的忠臣贤相力挽狂澜、拯救社稷啊！杜甫悲悯诸葛亮壮志未酬，是在感叹自己，更是感叹大唐的国运。

富庶繁华的宋朝将对诸葛亮的推崇推向了高潮。一方面，南宋理学将原先的魏晋正统变更为蜀汉正统，以刘备－诸葛亮为王朝法统的主流；另一方面，经济繁荣的宋朝政治羸弱、外交屈辱，偏居东南一隅的南宋王朝这一特点尤其突出。朝野官民需要精神层面的支持。宋人对蜀汉政权及诸葛亮极容易产生共情，将诸葛亮等人视为抵抗北方强大侵略者的精神支柱。文人士大夫也更加推崇诸葛亮。

诸葛亮在宋朝的"崛起"，与宋朝社会形态的演变也有关系。大规模的科举考试和重文抑武的国策，使社会流动活跃起来，中国真正进入平民社会。读书人很容易在诸葛亮身上找到共鸣，对三顾茅庐故事更是艳羡不已。"君待臣以礼，臣事君以忠"，成为忠臣贤相是抱负满满的读书人的人生目标，也在宋朝开始不再触不可及。平民社会的产生也使得通俗消费市场兴起。话本创作满足了人们的娱乐需求，而三国故事是其中广受欢迎的畅销题材。陆游在一个黄昏的村社中看到"斜阳古柳赵家庄，负鼓盲翁正作场。死后是非谁管得，满村听说蔡中郎"（《小舟游近村舍舟步归》）。诗中的"蔡中郎"即三国早期人物蔡邕。从此诗可见三国内容的受欢迎程度。

在宋代话本的基础上，明代诞生了传世名著《三国演义》，完美发扬了蜀汉正统论。诸葛亮是其中神化色彩最重的人物，创作者编排了草船借箭、空城计等光辉事迹烘托其光辉形象，即便是失街亭等少数负面事件，也从正面叙述。三顾茅庐更是延续了三个回合，是《三国演义》的主要情节之一。至此，三顾茅庐从《前出师表》的只言片语壮大为一幕大剧，起初的下层世族子弟化身羽扇纶巾、谈笑间敌人灰飞烟灭的神人。

诸葛亮的形象和三顾茅庐的典故，由此固化为中华民族的集体记忆，包含了特有的文化内涵。

遗憾的是，即便是在士大夫天堂的两宋，三顾茅庐也仅仅是读书人的美好愿望。宋朝同时也是君主专制程度加强的时代。北宋之前，哪怕是莽夫治国的乱世，宰相见天子议政，也可君臣坐而论道，事毕皇帝赐茶、宰相从容告辞。反而是在为后世士大夫追念的宋朝，北宋一建立，宰相范质等便"惮帝英睿，每事辄具

劄子 ❶ 进呈，具言曰：'如此庶尽禀承之方，免妄庸之失。'帝从之。由是奏御浸多，始废坐论之礼"（《宋史·范质传》）。从此，君臣坐而论道成为历史，臣子的地位一降再降，直至清朝军机大臣们"跪听圣训"。

"君臣相得"永远只是理想，正如三顾茅庐一般虚幻。

到了清代，乾隆皇帝给予诸葛亮极高的评价："诸葛孔明为三代以下第一流人物，约其生平，亦曰公忠二字而已。公故无我，忠故无私，无我无私，然后志气清明而经纶中理。"这是一个专制帝王对忠臣贤相的赞誉与渴求，只有公忠体国，没有大臣个人的身影与悲喜。

❶ 古代的一种公文，北宋初期多用于上奏。

顾恺之《洛神赋图》

——人神殊途，爱情没有降临

　　黄初三年（222 年），鄄城王曹植在京师洛阳朝觐完毕，返回封地。

　　曹植朝觐的是亲哥哥、魏文帝曹丕，每一次兄弟相见，对他而言都无异于生死考验。

　　他们的父亲、曹魏王朝的实际缔造者曹操，其原配所生长子曹昂战死疆场，第二任妻子卞氏生有四个儿子：曹丕、曹彰、曹植、曹熊。曹彰是个莽夫，不为人喜；曹熊体弱多病，常年卧床；只剩下曹丕、曹植争夺继承人之位。

　　曹植一表人才，文采飞扬，曹操认为曹植"最可定大事"，属意他为世子。可惜，浓厚的文人气质让曹植节节败退。他沉溺在文学的世界中，向往无拘无束的生活，单纯而缺乏心机，每遇政务鸿篇大论、指点江山。曹丕则以人情胜才情，遇事沉稳少言，事事从曹操角度思考、说话，营造忠厚孝顺的人设。曹操白手起家，节俭成性，最见不惯奢侈享乐。曹植吃穿用度却率性而为，妻子崔氏出身名门，穿戴求新求好。一次，崔氏穿戴描龙绣凤，招摇过市。曹操大怒，勒令崔氏自尽。崔氏的死，表明曹操对曹植的不满与日俱增。曹丕则拉拢大臣，他们以废长立幼威胁政局为由，劝说曹操立长子曹丕。曹操综合考虑，选曹丕为继承人。

220 年，曹丕逼迫汉献帝"禅让"，建立了曹魏王朝，改元黄初。三国时代正式拉开帷幕。

曹丕并非真正忠厚之人，相反心胸狭隘、六亲不认。登基后，他逼叔叔曹洪"借钱"，不借就软禁；召弟弟曹彰回朝，在饼里下毒暗杀他。曹彰中毒后，无人敢救治，卞太后发现后，亲自找水救儿子，却发现宫中所有的瓦罐都被打碎了，最后她光着脚提桶去井里打水。可惜还是晚了，曹彰不治身亡。

对曹植这个前对手，曹丕更是心狠手辣。在著名的"七步诗"故事中，曹植硬是把"送命题"变成了个人秀。该事件真伪不可考，可曹植确实写过一首三十言自愍诗：

> 煮豆持作羹，漉豉取作汁。
> 其在釜下燃，豆向釜中泣。
> 本自同根生，相煎何太急。

该诗的末尾两句已成千古名句。或许实在找不到杀戮的理由，或许为"本自同根生"的亲情所感动，曹丕最终没有杀掉曹植。让对手匍匐着忍辱偷生，或许才是更大的惩罚。

曹丕设计了一整套严格限制宗藩的制度。曹魏是中国历史上对宗室成员限制最苛刻的朝代。曹植是皇室至亲，却过着如同囚犯的生活。他贵为藩王，却没有任何实权，只拥有一支由百余名老弱病残组成的卫队。这支卫队常年得不到补充，最后只剩下五六十名老弱残兵。曹植不能随意与文武官员交流，没有曹丕的允许不能通信、不能朝觐、不能离开封地。曹植最大的自由，或许便是带着这支可怜的卫队，在方圆三十里范围内"游猎"。曹丕还派监国谒者常驻藩国，监视宗藩的一举一动。监国谒者可以随时弹劾藩王，还可以当面批斥藩王。曹植就被参劾过"醉酒悖慢，劫胁使者"的罪名。即便如此，曹魏朝廷还频繁徙封诸王，过几年就换封号或换封地。

如何对待宗室，是摆在历朝皇帝面前的难题。宗藩政策摇摆在严格限制与宽容厚待之间，各有其利弊。其中得失需要皇帝本人权衡——政治本身就是权衡的艺术。曹魏苛禁诸侯，表面上消除了宗藩对皇帝的威胁，巩固了皇权，但长远来看，也严重削弱了曹魏的统治力量。皇权绝对排斥同宗势力，也就堵住了宗室诸侯出力襄助的途径，当皇权面临权臣或其他野心家的觊觎时，皇帝只能孤身作战。曹魏王朝后期被司马家族架空，而曹魏宗室急在心里却无处发力，是曹魏失国的重要原因。

曹植建功立业的抱负更是难以伸展。他一再上书曹丕，请求授予实际职务，哪怕是去前线冲锋陷阵也愿意。奏章递上去后，不是回复让他安心当藩王，就是石沉大海。他始终生活在迷茫、窘迫和无望之中。这对一个热情奔放、怀有雄心壮志的青年来说，尤其是一种煎熬。黄初六年，曹丕征讨东吴撤军途中，御驾亲临曹植封地，看到曹植的居住环境实在太差，这才下令增加了曹植五百户封邑。为此，曹植专门上表"谢恩"。

黄初三年的这一次朝觐归途，曹植终于逃离了沉闷的洛阳，东归后见到的第一条大川就是洛水。黄昏时分，洛水深流，波光粼粼。紧绷的神经略微放松的曹植，睹景伤己，思绪蔓延开来，演绎为《感鄄赋》。朦胧之中，曹植仿佛遇到了洛河水神宓妃，宓妃"体迅飞凫，飘忽若神。凌波微步，罗袜生尘……转眄流精，光润玉颜。含辞未吐，气若幽兰。华容婀娜，令我忘餐"。两人相互欣赏，深情对望，无奈人神殊途，最后只能擦肩而过。曹植继续踏上归程，宓妃继续在洛河为神。全赋辞藻华丽，情思缱绻。

赋文一出，一条流传千年的"绯闻"不胫而走。

尽管曹植在序言中说"黄初三年，余朝京师，还济洛川。古人有言，斯水之神，名曰宓妃。感宋玉对楚王说神女之事，遂作斯赋"，洛水之神原本就叫"宓妃"，但是人们还是把她和曹植的嫂子、曹丕的妻子甄宓联系起来，演绎出两人的"情感故事"来。

甄宓的命运和曹植相似，也难怪人们要把他们俩联系在一起。

和曹植一样，甄宓文采出众，而且美若天仙，名声远播。汉末人称"江南有二乔，河北甄氏俏"，甄氏便是指甄宓。袁绍聘甄宓为次子袁熙之妻。204 年，曹操父子攻下袁绍大本营邺城。城破之时，曹丕一马当先，提剑杀进袁府，一眼看中甄宓。于是，甄宓成了曹丕的妻子。婚后，甄宓和曹丕度过了几年恩爱幸福的时光。甄宓贤良大度，温文尔雅，将曹丕家事处理得井井有条，还生育了曹丕的长子曹叡和长女东乡公主。

曹丕个性积极进取，权势日益膨胀，长期不在邺城。甄宓没有搬到洛阳与曹丕同住，而是留居邺城。甄宓和曹丕分离的时间越长，夫妻感情就越疏远，她的失宠也就在情理之中了。曹丕称帝后，不立正妻甄宓为皇后，仅封其为夫人。甄宓深感处境恶劣，又埋怨丈夫无情，写下了《塘上行》寄给曹丕。在文中，甄宓自述身陷"边地多悲风，树木何修修"的恶劣环境中，过着"独愁常苦悲""夜夜不能寐"的生活。苦闷哀愁的甄宓无可奈何之下，寄情丝于笔墨，希望唤起曹丕的美好回忆，改善自己的境遇。谁知曹丕读后，观感截然不同。他没有读到夫妻之间的爱，没有读到往日的美好，而只读到了矛头指向自己的愁苦、哀怨。曹丕勃然大怒，派使者前往邺城逼甄宓服毒自杀。甄宓死后，曹丕还下令将她披散头发遮住脸庞，口中塞满米糠，草草下葬。这是黄初二年（221 年），即曹丕登基第二年的事情——曹丕真的不是一个忠厚之人。

甄宓之死注定是当年热点，几个月后曹植的《感鄄赋》横空出世。"鄄"和"甄"两字相通，"宓妃"又很容易令人联想到甄宓。再看内容，曹植和洛神的遭遇多么像现实中才子佳人的境遇：美好的爱侣不能率性而为，被迫接受外界设置好的人生轨道。后人难免浮想联翩，在曹植和甄宓之间搭建种种感情线索，试图证明两人的感情瓜葛。传言甚嚣尘上，编织出了曹植和甄宓的感情经历：曹植也参加了204年攻陷邺城的战役，他和甄宓一见钟情，两情相悦。无奈哥哥曹丕抢在前面提亲，甄宓成了嫂子。可是两人情丝未断，引起了曹丕的不满。感情纠葛加上政治斗争，曹丕和曹植的矛盾就成了难解的死结。这也解释了现实中曹丕为什么登基第二年就赐死甄宓，并丝毫不念手足之情，对曹植百般刁难。

现实与猜测交织，人们更热衷于传播曹植和甄宓的"绯闻"，以至于后人干脆视甄宓为"洛神"。洛神相会和之后的竹林隐逸、兰亭雅集、桃花寻源、赤壁夜游等，一起成为文人钟爱的创作题材。

历史很快来到了两晋南北朝——一个分裂割据、战乱频繁且自由解放、充满热情的时代。

南朝顾恺之（约344—405）某一天偶然读到《感鄄赋》，读到了其中的浪漫、缠绵、感伤。顾恺之多才多艺，在绘画、文赋等方面都有造诣，为人诙谐，行事似痴，时人称之为"三绝"：才绝、画绝、痴绝。他用丰沛的想象力和高超的艺术才华，对曹植的作品进行了图像创造，创作了连环画式的《洛神赋图》卷轴。《洛神赋图》也是中国第一幅从文学作品改编的画作。

顾恺之的原作已经遗失，现在传世的都是宋代摹本，分别收藏在北京故宫博物院、辽宁省博物馆和美国弗利尔美术馆等处。故宫博物院的两件长卷摹本分别命名为《宋人洛神赋图卷》《顾恺之洛神赋图卷》，两者景物繁简不同，前者带有鲜明的宋代绘画特色。另有一幅名为《洛神赋图》的宋代摹本，仅仅是画面与内容相合，而非长卷，应该是借题发挥。

故宫藏《顾恺之洛神赋图卷》，绢本设色，纵 27.1 厘米、横572.8 厘米，存六朝遗韵，保存相对完好，公认是最接近原貌的摹本。

长卷从右铺开，大致可以分为三部分内容。第一部分，洛水之滨，曹植深情地看着江面，水面上同样含情脉脉的洛神衣带飘逸、从容宁静，凌波而来。诸神仙都来到洛水嬉戏，风神收风，河神抚平水波，水神鸣鼓，女娲起舞，洛神舒袖歌舞。鹿角马面、蛇颈羊身的海龙，豹头的飞鱼、六龙驾驶的云车等上天之物，穿插在山川、树木、流水之间，与水面众神和岸上凡人动静相宜，亦真亦幻，营造了满纸神秘、暧昧、浪漫的氛围。人神殊途，注定不能结合，第二部分便迎来了无奈别离。六龙驾驶的云车，载着洛神向远方飞去，鲸鲵从水底涌起围绕在车的左右。岸上，曹植深情目送洛神渐渐远去，洛神也回望曹植，眼神中同样是不舍与依恋。场面越宏大，气氛越热烈，生离死别的悲伤无奈就越浓烈。有心者无法相守，最能击中人心。第三部分，曹植启程返回压抑的现实。浪漫的想象终究破碎了，曹植试图驾轻舟追赶云车，无奈人神相隔，早已捕捉不到洛神的倩影。留恋、思念、悲伤，曹植彻夜难眠，在洛水边留恋到天明。天亮了，随从催促，曹植不得不勉强上车，一边无限惆怅地启程，一边不断回头张望，期待奇迹出现。

《宋人洛神赋图卷》局部

顾恺之创作《洛神赋图》，开创了中国长卷绘画的先河，也开启了中国古代绘画从重外形生动、重动态描绘到重内心、重神韵的审美转化——这个转型要到初唐才最终完成。真情实感与现实生活即将成为中国绘画的主题。

此幅摹本引首有乾隆皇帝行书"妙入毫颠"四字。乾隆皇帝也是洛神赋题材的拥趸，故宫现藏有乾隆御笔楷书《洛神赋》册。对于这幅最接近顾恺之原作的摹本，乾隆皇帝自然没有放过题字和到处盖印的机会。此外，此作卷后还有署名书法大家赵孟頫的行书《洛神赋》，不过已经证明是伪作。赵孟頫确实多次书写过《洛神赋》，传世版本也较多，保存完整的有两幅，其中一幅也收藏于北京故宫博物院。赵孟頫也参与了洛神赋题材的挖掘与书写。

然而，艺术传播与历史真实之间存在巨大的落差。仔细分析曹植和甄宓的"绯闻"，爱情是不存在的。

曹植和甄宓年龄相差 10 岁，曹丕迎娶甄宓时，甄宓 23 岁，曹植才 13 岁，两人产生感情的可能性极低。另外，曹植也不太可能参与邺城之战，那么他与常住邺城的甄宓是否相见过也是存疑的。两宋之前的婚姻虽然也偶有不伦之恋，但小叔子和嫂子的爱恋还是相当忌讳的，更何况是在帝王之家。精明强干如曹操，注定会察觉家庭"丑闻"，不会听任其肆意生长。

曹植创作《感鄄赋》，或许纯粹就是描写梦境，是丰富联想的宣泄。所谓的"感鄄"，就是感叹"鄄城王"生活的无奈。

《感鄄赋》问世 4 年、甄宓死后 5 年，曹丕驾崩。甄宓的儿子曹叡登基称帝，成了魏明帝。

曹丕可能不喜欢曹叡，但曹叡是他晚年唯一的继承人选。曹叡登基后，立刻追封冤死的生母甄宓为"文昭皇后"，并立寝庙祭祀。在对待叔叔曹植的态度上，曹叡很矛盾。一方面，曹叡是曹植的崇拜者，钟爱其作品；另一方面，他身为皇帝，认可父亲曹丕严禁宗藩的政策，继续监督限制诸王。曹植曾经乐观地认为侄子的继位会改善自己的处境，结果依然生活在颠沛流离、压抑和被软禁的环境中。曹叡多次徙封曹植。太和六年（232 年）曹植改封陈王，年底逝世，享年 41 岁。曹叡给叔叔定谥号"思"，曹植便是"陈思王"。

曹叡很喜欢《感鄄赋》，喜欢其中瑰丽的想象，喜欢其中细腻的情感。不过，附着在赋上的传闻，是曹叡这个当事人的儿子不能接受的。《感鄄赋》很容易让人联系到"怀念甄氏"，曹叡登基不久即以避母讳之名，将《感鄄赋》改为《洛神赋》。这是"洛神赋"定名来源。

青釉堆塑谷仓罐 — 为死者复刻现世

死亡与祭祀，向来是中国人的大事。

《荀子·礼论》有云："丧礼者，以生者饰死者也，大象其生，以送其死也。故事死如生，事亡如存。""事死如生"便是中国人对待先人的基本原则。

我们没有死后世界的明确观念，便按照现世的模样来构想死后的生活，先人在另一个世界的享用只能更好，不能一世不如一世。这也是人之常情。中国很早便发展出了异常丰富的祭礼，毫不吝惜资财，车马坑、人殉、贵重礼器、恢宏工程等在先秦墓葬中层出不穷。豪奢、精美、威严，甚至不计成本，是先秦墓葬的鲜明特色。

此种豪奢，显然对家族财富积累乃至社会的物质传承不利，且人殉大不人道。后人至孝，愿意牺牲现世生活来成全先人的安享，却敌不过现实。中国人又是最懂变通的。考古证明，新石器时代的墓穴随葬有方形尖顶陶屋、彩绘陶靴等模型，并非实物。进入商周后，此类模型更加普遍，有锡铅铸造的礼器、武器，陶质、木质的小型车马和人俑，还有竹木制作的床榻几案等家具和琴瑟等乐器。在中原核心区之外的墓地及核心区的小墓地中，以陶器陪葬的现象更为多见。

这类变通的模型即明器。大凡有形无实、仿实用器制作的，或形为实用器、实为专供随葬的，均为明器，意为"有形无实之器""送死之器"。明器有两大特点，一是专为陪葬而造，几乎没有使用价值；二是为了方便死者与神明沟通。最著名的明器，便是秦始皇陵兵马俑，千军万马，大小如真，又各具特色，震撼人心。

兵马俑的兴盛，标志着明器使用高潮的来临。秦汉墓葬中，反映家赀财富、豪华威仪的楼阁庭院、侍卫奴仆、井仓灶磨、车船、鸡狗等明器随处可见，造型逼真。汉人认识到"人死如灯灭"，不必非得用实物随葬，明器便成了汉墓中的常客，主要有仓、灶、井、风车、碓房、圈厕、院落、楼阁、田地、池塘以及家禽家畜俑。它们不仅如实反映了主人生前的日常生活，也展示了当时的建筑与社会宏观情况。同时，大批量的生产使得明器的价格逐步下降，中下阶层的人也负担得起。明器在一定程度上实现了中国人"死的平等"。所有这些因素，推动了明器在汉代盛行。

时人将现世生活场景制作成明器，也复刻了汉代社会风貌。两汉时期，尤其是东汉，人们羡慕的是豪门大户。这些几乎垄断一城一地的富豪，连栋数百，膏田满野，奴婢千群，建立了自给自足的庄园。庄园的核心区域是富豪屋阙堡垒。这些景象自然成了明器的主要题材。汉代明器主要表现庄园生产和生活，有楼阁、猪羊圈、风车、磨坊、灶台、仓房、水井、厕所等。这些素材搭配警卫、女乐、农夫偶等，组合成各种明器。汉代楼居风气兴盛，中原出土的建筑明器中，陶楼占了较大比重，从用途上可以分为望楼、仓楼、戏楼、水榭等。

这种风气延续到魏晋南北朝。彼时，北方流行武士俑、胡人俑、伎乐俑、陶牛车等，与汉代风气大致相同。南方则开始流行另一种明器。江南地区独特的泥土，在1 300℃的高温中，蜕变为质地致密、透光性好、吸水率低的瓷器。早在东汉，青瓷就诞生在了这一方土地上，经过不断发展，最终在唐宋演化为釉层透明、莹润光泽、清流淡雅、秀丽美观的名瓷。

早期的青瓷主要用作明器。汉晋南朝的青瓷明器，基本都是盛储五谷的粮仓形象，状似坛罐，罐上采用雕塑、堆塑、贴塑等手段，因此得名"青釉堆塑谷仓罐"，简称"谷仓"。此外还有多管瓶、堆塑（纹）罐、飞鸟人物罐、立鸟瓶、粮婴瓶、蟠龙瓶等俗称。这些俗称都是就堆塑的内容而言的。"所堆之物，取子孙繁衍、六畜繁息之意，以安死者之魂，而慰生者之望。"青釉堆塑谷仓罐是孙吴（222—280年）、西晋（265—317年）时期江南地区的特有明器。

"谷仓"的另一大来源是魂瓶，也称五联罐。"谷仓"的坛罐之上通常有五条冲天的管道，就是明证。这也是魂瓶最明显的特征。

魂瓶的起源，传与伯夷、叔齐有关。伯夷、叔齐二人忠于殷商，誓死不食周粟，饿死于首阳山。时人感念其抱节之志，故在陪葬品中放入"五谷囊"。五谷囊极有可能是一种装有谷物的容器，人们希望伯夷、叔齐的灵魂饱餐后精神抖擞地迈向另一个世界。魂瓶随葬的礼俗就此出现。早期魂瓶实为贮粮之器，魏晋时期的魂瓶还有底部残存谷物的。魂瓶在春秋时期成为重要的陪葬品，在西汉时期成规模出现，魏晋时勃发兴盛。

魂瓶的主要部分和价值在于上部的堆塑。国人事死如生，把世间繁荣和来世期望都堆砌在魂瓶上部，希望离去的亲人能承接这份财富。堆塑越繁，表示主人的社会地位越高、家族越富裕。世间没有一模一样的魂瓶，每个魂瓶都是窑工根据亡者家族的设想手工制作堆塑，再和下部瓶身拼接而成的，每一件都堪称独一无二的艺术品。既然需要定制，那么，即便是最简单的魂瓶，也是普通百姓无力承担的。所以，魂瓶依然是上层社会特有的陪葬品。

出土的汉晋魂瓶器型较大，高宽相差较小，多为平底；堆塑内容丰富，上部有楼阁、廊庑、鸟兽、乐伶等，组成家仆驱赶鼠雀、庖丁家厨烹饪劳作，以及鼓吹送葬、妇女掩面哭泣、孝子屈膝长跪等形象生动的场面。汉晋魂瓶制作精良、工艺水平非常高。

魂瓶表面空间毕竟有限，建筑、人物和动物占了主要部分，并不能表现所有的生产、生活器具和场景，因此魂瓶并没有代替明器，而是与其他明器组合，并列随葬于墓室中。

汉代建筑明器与魂瓶传统的结合，在人杰地灵的东南地区便发展出了谷仓罐。

中国现存发现最早的一件谷仓罐——青釉堆塑谷仓罐，收藏于故宫博物院❶。

故宫藏青釉堆塑谷仓罐，高 46.4 厘米、口径 11.3 厘米、底径 13.5 厘米。谷仓上半部堆塑多种饰物：有三层崇楼居中，一层两侧各有一条狗把门，楼檐之上有栖息的鸟和觅食的老鼠。崇楼两侧各立一亭阙。汉阙古朴典雅，是高门大户的典型标志。有些汉晋魂瓶的亭阙与瓶体相通，可看作魂瓶管道的变种，以供魂灵出入魂瓶，登高远眺。

阙下有八位侍仆各执不同的乐器，正聚精会神地演奏乐曲。乐舞和警卫，是谷仓罐上部常见的人俑形象。汉晋豪门大户蓄养了大批家兵僮仆，规模大者甚至能拥有私人武装。他们的魂瓶上部通常在屋门和阙观的入口安置一两个持兵器的守门俑或拱手侍立俑，或者塑造单独的持械武士、巡逻的骑兵俑，像在人间一样护卫着主人。青釉堆塑谷仓罐则换成了忠犬。整个谷仓罐除八位乐俑外，没有其他人俑，似乎表明主人家族地位不高，并非真正的豪门。

谷仓顶部堆塑了五只相连的罐子，这正是魂瓶的典型特征。青釉堆塑谷仓罐吸引今人的亮点，就在大罐居中，一只陶鼠从罐口爬出；四小罐分列大罐四角，周围簇拥着引颈觅食的燕子。燕，古称玄鸟，是中国传统文化中的祥鸟。燕子巢于檐间或集于殿阁，是家门德善、家道发达的征兆。古人讲究有德之人死丧有群燕飞来的说法，因此谷仓罐的屋檐之上多塑有燕子形象。

青釉堆塑谷仓罐的肩部塑贴着一只龟，背驮碑，碑上刻有"永

青釉堆塑谷仓罐

安三年时富且洋（祥）宜公卿多子孙寿命长千意（亿）万岁未见英（殃）"。永安是三国时期东吴的年号，永安三年是公元 260 年。当时，东吴在东南的统治已经进入第三代，政权稳定，社会得到了长足发展，给谷仓罐的普及和兴盛提供了恰当的环境。

　　龟驮碑是当时流行的墓前立碑习俗的反映。魂瓶上往往堆塑有龟驮碑形象，碑为圭首尖额形状，大多带额文标题，一般为死者的简明官爵，诸如"荆州长沙太守"之类。但是，此处碑文仅是吉祥话，似乎表明主人家并无官爵。青釉堆塑谷仓罐的主人已经不满足于严格的身份地位约束，以龟驮碑来主张权利。谷仓罐一定意义上是墓主人反抗旧制度的武器。

　　龟的周围塑贴鹿、猪、龟、鱼等动物，连同下部罐体夹杂刻画狗、鱼、龙等纹饰，另有"飞""鹿""句""五种"❷等字样。彼时的谷仓罐常塑有龟、龙、朱雀、天马、熊、鹿、狗、羊、鸡、鱼、猪、鸟雀等祥鸟瑞兽。汉晋巫风炽烈，人们相信这些祥瑞带有某种神奇的力量可以慰藉死者，龟象征长寿，龙以喻德，鱼谐音"有余"，熊象征"力量"，羊谐音"吉祥"，狗象征"御凶"，等等。

青釉堆塑谷仓罐下半部是浑圆的青瓷罐型。胎体呈灰白色，平底略内凹。通体施青釉，釉面不甚匀净。大罐表现的是庄园之外的景象，造型饱满，体积厚大，以此表现膏壤沃野、田园广阔的意境。此罐的罐体雕塑只有稀疏纹饰和少数几只动物，与上部堆塑的繁密形成鲜明对比。这也是谷仓罐的普遍现象。限于魂瓶的形状，要表现广袤的田地、桑园、池塘、粮仓等绝非易事。窑工们大量使用反衬手法来表现主人的财富。青釉堆塑谷仓罐就用奔跑的家禽、野兽来表现田野、山林、池塘，暗示墓主人拥有令人称羡的财富。

公元 260 年，在东吴政权的核心区会稽郡（治所在今浙江绍兴）的某个窑址，青釉堆塑谷仓罐集东南水土的精华，诞生在烈焰与工匠的合力之下。之后，它被小心地送到一场不算豪奢但相当体面的葬礼上。在那里，青釉堆塑谷仓罐要完成它独特而短暂的使命，随死者的棺柩一起被恭恭敬敬地送入坟墓。棺柩安放在墓室正中间，谷仓罐随同礼器、明器等随葬品一起围绕在墓室四周。彼时的棺木一侧大一侧小，死者头枕大侧，脚放在窄小的一边，谷仓罐放置于大头一侧，临近死者的头部。在家眷和亲属的悲泣痛哭之中，光线逐渐从墓室中消失，光亮的崭新瓷器陷入了无边无际的黑暗，拥抱黑夜似乎便是它的宿命……

在青釉堆塑谷仓罐沉睡期间，中国人的丧葬风俗缓慢变化着。谷仓罐于唐宋时期丧失了东南地区最精美明器的地位。唐代的唐三彩本质上也是明器，但已经发展成为艺术精品。魂瓶在发展过程中，进一步向瓶状靠拢。宋代的魂瓶旋削修足，多数釉面玻璃质感较强。更大的变化是，堆塑开始消失，简约的女佣女官取代了复杂的飞虫鸟兽。同时，宋代瓶颈细长，常常绕以云中飞龙，顶部雕饰飞鸟。那是神界的青鸟使者，可以指引灵魂羽化离冥，寻得仙山。宋代以后，纸张制作工艺突飞猛进，纸明器逐渐流行，其他质料明器减少。谷仓罐逐渐没落，人们倾向于使用表现力更强、价格更低的纸器，只在官僚贵族墓中还有陶明器的存在。到了明朝，中国人完全改用纸明器了。明器完成了从陶制到纸制的转变，魂瓶日益少见。民国以后，魂瓶退出了随葬品行列。

一千多年后，一个偶然的机缘，青釉堆塑谷仓罐被一道强光唤醒。青瓷特有的釉色在阳光的抚摸下，闪耀如新。

青釉堆塑谷仓罐，20 世纪 30 年代后期出土于浙江绍兴三国墓。该器以百鸟争食、牲畜欢腾为题材，复刻了一千多年前江南的丰收场景，散发出浓郁的生活气息，见证着一段古老的丧葬风俗，寄托了先人的美好期望，是禁止出国（境）展览文物之一。

---

❶ 蔡毅. 提示古代社会面貌的谷仓罐. 收藏家，1996（6）：16-17.
❷ 即五谷，泛指粮食作物。"五"是吉祥字眼，为众多之意，具体指哪五种谷物，说法不一。墓中随葬粮食或谷种是我国古代流行的丧葬习俗，是为了不使鬼魂饥馁。

北魏元绪墓志

乐安王家族兴衰史 *

太平真君十年（449 年），拓跋绪出生在北魏都城平城（今山西大同）。

拓跋绪含着金汤匙诞生。他是北魏拓跋皇族，明元帝拓跋嗣的曾孙。明元帝长子便是北魏雄主、太武帝拓跋焘，四子拓跋范封乐安王。拓跋范就是第一代乐安王，也是拓跋绪的祖父。拓跋范坐镇长安，轻徭薄赋，与民生息，稳定了关中局势。太平真君四年，拓跋范入朝为内都大官，掌管刑狱并主司品官。此任职者多为宗室贵戚或重臣，权势很大，祭吊时位在"三公"之上。太平真君八年，拓跋绪出生前两年，拓跋范病逝。太武帝追赠四弟为侍中、卫大将军、雍州刺史，谥号"宣"。拓跋范就是乐安宣王，积劳累宦，给乐安王这一脉开启了良好的序幕。

第二代乐安王是拓跋范的长子拓跋良。拓跋良出生时，太武帝拓跋焘还没有儿子，"兄弟之子犹子也"，便亲自抚养这个侄子。拓跋良长大后文武双全，承袭乐安王爵位，也延续了父亲的职业生涯：先担任雍州刺史，镇守长安，后内召为内都大官。孝文帝太和元年（477年），拓跋良逝世，同样获赠侍中，谥号"简"。拓跋良就是乐安简王，他巩固了乐安王世系的功业和地位。

南北朝是身份社会，南方由门阀士族垄断政治权力，在北方则讲究贵族血统。不过，血统只是入场券，统治阶层要想巩固乃至扩张权势，还要建功立业。乐安王世系开场不错，能否枝繁叶茂就要看后世的作为了。

拓跋绪作为拓跋良长子，承袭第三代乐安王。他涉猎群书，文化素质较高，性情宽容缜密，不随波逐流，不攀附权贵，虽然在献文帝、孝文帝时期都不受重用，但不喜不悲，怡然自得，得到了朝野普遍赞誉，被赞为"清玉"。拓跋绪蛰伏期间，494年，孝文帝毅然迁都洛阳，实行全面汉化改革，拓跋宗室带头改姓"元"。中国历史面貌为之一变。在鲜卑人滚滚南下的大潮中，拓跋绪举家迁到洛阳，并更名"元绪"。

宣武帝元恪继位后，如何缓和孝文帝激烈改革中积累的矛盾，尤其是如何维持王公贵戚的团结稳定，是首要难题。他的应对措施之一便是挑选元绪为宗正卿。宗正卿负责宗室事务，并管理外戚，通常由德高望重的宗室长辈担任。

元恪看重元绪"国懿道尊，雅声韶发"。好口碑确实是元绪出山的重要原因，但"硬件过硬"才是深层原因。首先，元绪年过半百，按辈分算是宣武帝的曾祖父，属于在世不多的近支宗室尊长。其次，元绪血统过硬。明元帝长子即太武帝拓跋焘；次子乐平王拓跋丕涉嫌谋反，抑郁而终，谥号"戾"，其子拓跋拔坐事赐死，爵位被撤销；三子安定王拓跋弥，早死，谥号"殇"，没有子嗣。乐平王、安定王两系显然没有了主持宗室贵戚事务的可能，由明元帝四子乐安王一系出任宗正卿最为现实。

或许是意识到工作的复杂性，或许是表达谦让的姿态，元绪婉拒了委任，"非其好也，辞不得已而就焉"。元恪再三劝说，元绪才最终应承下来。事实证明，元绪非常适任宗正卿，"训以常棣之风，敦以湛露之义"，协调宗室王公和睦相处。得益于元绪的努力，更得益于元恪执政平和，北魏宗室关系确实得到了改善。

数年后，元绪改任洛州刺史（治所在今陕西商洛）。元恪重心转向与南朝的征战，需要稳重的亲信安定后方重镇。元绪在宗正卿任上的表现得到了元恪的肯定，再获重任。他在洛州"招之以文，绥之以惠"，名声广播，正始四年（507年）二月病逝于洛州官衙，享年59岁。元绪的逝世，引发了规模不小的哀悼活动，"臣僚惨噎，百姓若丧其亲"。四月，元绪迁柩于东都，沿途官民扶梓执绋号哭的竟然有两千人之多。宗室诸王派来奉迎的人，轩盖相属于路。

宣武帝元恪追赠元绪征东大将军，厚葬在孝文帝陵墓东边。作为汉化政策的一部分，孝文帝带头放弃了在平城预修的陵墓，埋骨于洛阳，并下诏南迁的鲜卑人"死葬河南，不得还北"。激烈的汉化运动成效显著，许多在外地任职的元氏宗室死后都迁柩洛阳。后世在洛阳邙山一带出土了大量北魏亲王、贵戚墓志。元绪的《大魏征东大将军大宗正卿洛州刺史乐安王墓志铭》便是其一，如今完好无损地保存在故宫博物院。

元绪墓志刻于正始五年（508 年），高 66 厘米、宽 68 厘米，26 行、677 字。前为墓志题首，中间为志文，追叙了乐安王世系的丰功伟绩和元绪的德行宦绩。志文开首明确元绪"河南洛阳人也"，表明仅仅过了一代人，拓跋家族便已经以洛阳为籍贯了。元绪"君祖翼武皇，以造区夏，君父历匡四朝，实相成献，其鸿勋桀略，英踪伟迹，并图绩于鼎庙，灼烂于秘篆者矣"。其下为元绪生平。《魏书》有其祖、父的传记，却没有元绪本人传记，因此志文具有很高的历史价值。志文后缀铭文。北魏墓志格式都分为"首—志—铭"三部分，奠定了后世墓志铭的标准格式。除了历史价值，元绪墓志还是一件书法精品。存世的北魏皇族墓志多为精品，但如同元绪墓志这般保存完好、字迹清晰、没有斑驳漫漶的极少。元绪墓志法度严整、刊刻精良、书法美观，后世志石罕有其匹。"同笔不同形，笔笔有仪态"，是该墓志最吸引人、技法最精巧的地方。

元绪墓志还有一个价值在于，乐安王家族墓志出土众多，组合成了一幅较为完整的家族图景，勾勒出了中古社会变迁的大致脉络。

《魏故益州刺史乐安哀王墓志铭》是元绪长子、第四代乐安王元悦的墓志铭。元悦，一生安逸，年仅 13 岁就出任员外郎，后任太尉。"及靖王薨，居丧喻礼，殷忧积心，遂成结患"，这说

元绪墓志

元绪墓志拓片

明元绪的谥号是"靖"，也说明元悦身体状况不佳，以至于去世时年仅36岁。追赠益州刺史，谥号"哀"。《魏故乐安王妃冯氏墓志铭》记载，元悦妻子冯季华出身权势熏天的外戚冯氏家族，其姑姑是北魏中期临朝参政的文明太后冯氏。冯季华是太师冯熙第八女，大司马冯诞的妹妹，二姊、三姊都是孝文帝皇后，其他姐妹全部嫁给元氏藩王。冯季华嫁给元悦，巩固了乐安王一系的地位。丈夫死后，她训诲诸子，13年后病逝。

元绪其他直系亲属的生平和墓志都不可考，是子孙不肖、家道中落，还是遭遇重大变故？

后人可以从乐安王的旁支、元绪弟弟们的家族墓志中找到答案。

元敷，《魏故襄威将军汝南太守元君墓志铭》记载他是"乐安简王之季子"，55岁高龄"始应诏命，镇抚汝南郡"，正光三年（522年）死于汝南太守治所，享年60岁，迁回洛阳安葬。

元仙，《魏故镇远将军前军将军赠冠军将军正平太守元君之墓志铭》记载他是"乐安简王之第四子"，即元绪的四弟。元仙走职业官僚路线，履历丰富，最后职务是前军将军，负责皇宫守卫。正光二年病逝，享年50岁。追赠冠军将军、正平太守，谥号"贞"。《魏故威烈将军元尚之墓志铭》是元仙儿子元尚之墓志铭。元尚之一生乏善可陈，正光四年（523年）即早逝，威烈将军极可能是追赠的。

元静，元绪的另一个弟弟。元弼墓志叙述元弼是元良之孙、"张掖太守治书侍御史静"之子，可知元静的存在。元静生平无考，但元弼生平信息丰富。他 25 岁入仕，既在羽林监拱卫宫廷，又在多个州郡历练过，最后职位为侍中、使持节、征北大将军、尚书右仆射、司州牧，封爵新兴王。这是乐安王世系获得的第二个王爷爵位。永安二年（529 年）元弼"卒于孝义里宅"，享年40 岁，两年以后才迁葬。对于一个王爷的死，如此描述是相当可疑的。

这个疑点在元弼儿子元恩《魏故员外散骑侍郎元君墓志铭》中得到了强化。元恩是"征虏将军、夏州刺史静侯之孙，抚军将军、新兴侯之元子也"。其中元静的身份比元弼墓志所述的要高，而元弼的身份远远低于元弼墓志所述，仅仅是"抚军将军、新兴侯"。合理的解释是，元静、元弼都在死后得到了封赠。永安二年，元恩"终于崇仁乡嘉平里第"，年仅 25 岁。元弼、元恩父子同年去世。元恩入葬早于父亲，所以墓志没有镌刻元弼之后追赠的官爵。另外，元恩作为"员外"（定额外）散骑侍郎，竟然得到了"葬于（孝文帝）长陵之左"的殊荣。这又是一个疑点。

解疑的钥匙是武泰元年（528 年）四月爆发的"河阴之变"。军阀尔朱荣沉胡太后、皇帝元钊于黄河，在河阴屠杀元氏宗室、公卿两千余人。当时洛阳城几乎家家披丧，可慑于尔朱家族的淫威，不敢正式哀悼，不敢直书死因，不是曲笔说病逝，就是含糊其词。元恩墓志中就有"睹兵乱之未息，悼王道之未宁"一句，应当是春秋笔法。元弼作为皇帝近臣和宗室重臣，父子俩极可能是大屠杀的受害者。朝廷事后封赠遇难王公贵戚，以示弥补。元弼的新兴王显爵，尚书右仆射、司州牧高官，和元恩的陪葬位置，都可能是封赠。如此一来，墓志的疑点就解释得通了。

这个解释，得到了家族其他人墓志的旁证。

元昭，元绪的五弟。《魏故平西将军瓜州刺史元君之墓铭》是元均之的墓志铭，记载他是"乐安简王之孙，河间太守昭之中子"，可知元昭是河间太守。元均之累官至"行赵郡太守"，武泰元年四月"薨于洛阳"，享年 38 岁，赠平西将军、瓜州刺史。

巴州景公，名字和爵号都不可考，元绪的六弟。《魏故征北将军相州刺史元君之墓志铭》是元宥的墓志铭，记载他是"乐安简王之孙，巴州景公之元子"，可知巴州景公的存在。武泰元年四月，丁忧在家居丧的武卫将军元宥"薨于庐"，赠征北将军、相州刺史，谥号"孝"。元均之、元宥堂兄弟俩的死亡叙述，极可能也是大屠杀的曲笔。

营州懿公，名字和爵号都不可考，元绪的七弟。《魏故齐州平东府中兵参军元君墓志铭》是元则的墓志铭，记载他是"左卫将军、大宗正卿、营州刺史懿公之第二子"。这个"懿公"继大哥之后出任了大宗正卿，可见乐安王世系此时在北魏皇族中地位仍举足轻重。元则弱冠为齐州平东府中兵参军，孝昌元年（525年）去世，享年 31 岁，避开了大屠杀。

元腾，已知元绪的八弟，其家世值得大书特书。接过元绪手中家族兴盛接力棒的，就是元腾一脉。《大魏故城门校尉元腾墓志铭》记载元腾是"乐安简王良之第八子"。如果拓跋良只有八个儿子的话，那么八兄弟都已查实。元腾以门荫拜城门校尉，职掌京师城门守卫，正始四年（507 年）病逝。

元腾之子元荣，孝昌元年（525年）出任瓜州刺史，并任此职近20年。当时，关陇起义，凉州叛乱，元荣临危受命，团结地方豪强，保境安民，是北魏在河西走廊的中流砥柱。永安二年（529年），风雨飘摇的朝廷封元荣为东阳王。这是乐安王世系的第三个王爷爵位，不过元荣是生前受封，而且雄霸西北，含金量高于世袭的乐安王和追封的新兴王。作为虔诚的佛教徒，元荣大兴佛事，营造佛窟。北魏末期，莫高窟开窟造像之风盛行，元荣对敦煌佛教艺术的发展功不可没。元荣的强大给家人带来了福利。其父元腾追封乐安王。乐安王原本是元荣大伯元绪、堂兄元悦的封爵，如果转到他这一支，最大的可能是元悦的儿子绝嗣或者获罪了（推测元悦后人极可能也是河阴大屠杀的牺牲者）。同时，《魏故金城郡君墓志铭》记载元华光"城门腾之女，派（瓜）州荣之第二妹"，可见元腾至少有两个女儿，且以"城门校尉"行世。元华光的夫家王氏似乎没有功名，但元华光孝昌元年逝世时，依然获得了"二圣闻之，深有追怆"的关注，并获赠金城郡君。这应该是朝廷倚重、拉拢元荣的举措之一。

元荣死后，瓜州望族推举其子元康出任刺史，其婿邓彦杀死元康夺取瓜州刺史之位。元荣这一脉割据河西的希望就此破灭。

乐安王世系的兴衰，与北魏局势的发展息息相关。前三代乐安王伴随着王朝的勃兴，拥戴皇权，支持汉化，实现了家族兴旺和王朝发展的共赢。随着王朝中衰，尤其是横梗在北魏历史中间的"河阴之变"的爆发，乐安王世系遭到了沉重打击，一蹶不振。其中一个旁支（元腾一脉），因为偏居河西走廊，躲过了权力中枢的争斗而幸运崛起，延续了家族发展。

　　个人的努力非常重要，时代的潮流更加重要。一个人、一个家族，顺历史潮流而动，往往能顺风顺水，甚至事半功倍；如果挡在了历史潮流的前方，就会被碾为历史的尘埃。

　　《隋故朝散大夫历阳太守元袆墓志铭》是存世最晚的乐安王家族成员墓志铭。元袆出自元腾一脉，"曾祖乐安王腾，祖东阳王荣"，其父元慎在北周担任过新卢楚三州刺史。当时其家道已经中落，元袆因为北周大冢宰宇文护的赏识，作为后者亲信才进入仕途。他凭借功绩立足，参加过隋朝灭陈的战争，隋炀帝大业三年（607年）担任历阳郡守，第二年授朝散大夫。朝散大夫是从五品的散官，是高级官员的最低品阶，元袆勉强跻身高官行列。几个月后，大业五年正月，元袆死于洛阳县邻德里。乐安王家族也就此湮没无闻。

*　本文所引墓志内容参考浙江大学"中国历代墓志数据库"（http://csid. zju.edu.cn/）。

《游春图》
——徜徉在青山绿水间的隋王朝

一个风和日丽、春光明媚的日子，人们三三两两散在山水之间，踏青游玩。

这是隋朝（581—618 年）平常的一天。作为一个承上启下的王朝，隋朝虽然短暂，但开启了诸多重要制度的帷幕，为唐宋之变和千年传统社会奠定了基础。这是中国历史上一个短暂的安宁期，也是一个探索与草创并存的时期。

山东人展子虔也在踏青的人群中，悠然自得地漫步在山水风光之中。

春天是关中最好的季节，草木含翠，水汽渐浓，又尚未大红大绿暑气熏蒸。人们或骑马或步行，流连于青山绿水、锦绣花团之中。展子虔缓缓行走在湖边一条曲折的小径上，小径蜿蜒伸向前方幽静的山谷。略微仰望，几处佛寺零星分布在山坳、山腰

《游春图》

之间。曲径通幽，山寺花开，令人神往。目光转向湖面，波光粼粼，一艘游船荡漾开波纹，静静推向前去，几个女子坐在船上，陶醉在湖光山色中，流连忘返。

明媚的春光下，春游的隋人踱步、骑马、泛舟，怡然自乐。

展子虔生卒年不详，大致经历了北齐、北周、隋朝三个时期，曾任朝散大夫、帐内都督等职。他官爵不显，仅是一个中层官员，没能留名政坛，却因为擅长绘画而名垂青史。展子虔绘画特点有三：一是画史根基深厚，忠实继承了魏晋南北朝的艺术积淀和宝贵遗产；二是创作范围宽广，擅长宗教、人物、鞍马等各种题材，尤其精于殿台楼阁和山水风光；三是风格写实，注重表现自然景物和客观细节。

踏青返回后，展子虔将触摸春光的心得和扎实的绘画功底，倾注在了画作《游春图》（绢本设色，纵 43 厘米、横 80.5 厘米）中。

画面右上部，崇山峻岭，峰回百转，低矮的树丛、草木组成的小径，连接着巍峨高山和湖畔平地。画面左下侧有一处低矮的山丘，与右上部的高山遥遥相对，形成鲜明对比。两山中间、画面正中的大部分篇幅是大片水域，波光粼粼，湖天一色，山河并举。至此，这幅画作与之前的作品还没有根本区别。山山水水在秦汉画作中也多有表现，它们是表现人物或者展现事件的背景。按照惯性，展子虔应该在左右山水之间绘制主角或者某个事件了。但是，他并没有创作新的内容，现有的山水便是"主角"。

大山大水之余，展子虔在细节上多有雕琢。寥寥几笔就在江河之中勾勒出小船，船上三四人，姿态不同、神态各异；再点缀几个游人在水边、在道中，虽然不是画面的主角，虽然小如豆粒，但个个活灵活现、刻画到位。人称"丈山、尺树、寸马、豆人"，一丝不苟，形态毕现。

原本司空见惯的山川水域，原本只是作为背景的山陵湖泊，一跃而成绘画的主角。

《游春图》的完成，标志着山水画作为一个独立的、中国特有的绘画种类横空出世。

经过魏晋南北朝的艺术积淀，在玄学、佛教思想的滋养下、在理想与实践的冲击中、在展子虔的画笔里，山水画终于瓜熟蒂落。

除了题材创新外，展子虔还将大胆的想象和创新的技法细细涂抹在画面上，山水间勃发出盎然春意。他以矿物为原料制成石青、石绿颜料，《游春图》即以青绿色彩为主调。青绿基调为日后画家所继承，用以表现色泽艳丽的丘壑林泉，发展出了专门的"青绿山水"。中国山水画大致沿着先重色后淡彩、先设色后水墨的着色路径发展下去。山水之外，《游春图》中的建筑、人物、马匹等施以红、白等色，画面既富有变化又统一和谐。右上部分的高山，展子虔用青绿色展现了初春山林的蓬勃生机；右下部分的山丘，则用泥金来表现山间小路，表现尚未褪尽的春寒。至于初春尚未茂盛的草木，展子虔用青绿勾填法描绘没有长满枝条的树木；用点彩法勾勒细节，在枝芽上用粉色点缀，表现芽苞初放的感觉。这种点彩方法也用在了人物和马匹上，将人马呈现得更

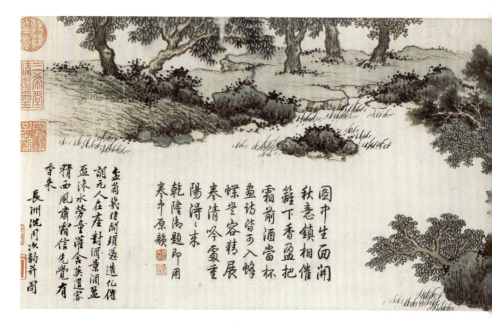

沈周《盆菊幽赏图》

细腻。亮丽的色彩，逼真地传递出春光穿过青翠的树冠、抚摸水汽氤氲的水面的气息。

新绿成荫、繁花盛开、水天一色，人们行走在风和日丽的春天里。

只有沉浸在中国文化中的人才能理解山水画，也只有中国文化才能滋养山水画开枝散叶、兴旺繁华。

山水画独立的前提是山水具有了特殊的精神寄托。山水由此走进中国人的精神世界，成为人的精神的拓展和延伸，成为一种意象和意境。中国人醉心山水，寄情自然。无论是"采菊东篱下，悠然见南山"，还是"会当凌绝顶，一览众山小"，或是"西塞山

前白鹭飞，桃花流水鳜鱼肥"，山水均使人宁静、宽容，引导人直面人生最初的状态、最朴素的心愿。人世间的争斗、无端的欲求，在亘古不变、渊博宽容的大自然面前都只是沧海一粟，不值一提。无论是出世者，还是失意者，或汲汲于功名之人，大自然都是大家的避风港、疗养所。山水能够滋养中国人的精神。

山川的厚重、湖海的深渊也赋予山水深厚的内涵。这一点与中国士大夫追求精神的厚度不谋而合。山水深厚却不自鸣得意，更不自夸，其中的谦逊更合士大夫的心意。譬如，士大夫喜欢将著作藏之名山，号为"名山藏"，把著作藏在名山传给志趣相投的人。山水寄托了中国人的谦逊与思考。

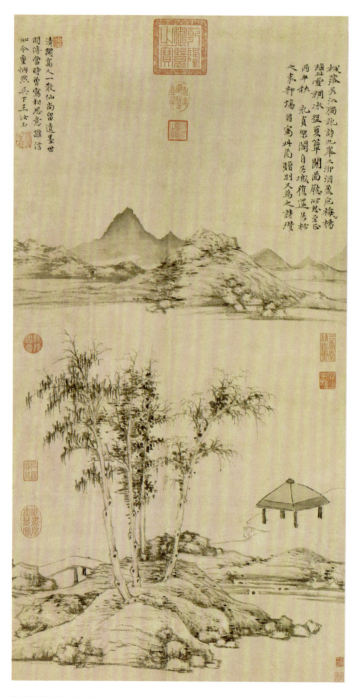

倪瓒《枫落吴江图》

山水画，集天地自然的精华，贯通中国人的精神追求，产生了万千演变。阴阳、晴雨、寒暑、朝昏、竹马、草木、渡舟等，都蕴含无穷妙趣，成为画家的创作对象、表达途径。山水画在唐朝高度成熟，在两宋几乎成为画家的主要创作门类，名家频出，硕果累累。

传承中国传统文化的书画作品，是明清皇室搜罗的重点，也是故宫博物院的重要收藏品类。书画在数量上虽然不如日用品，却是珍品比例最大、稀世国宝最多的门类。故宫所藏书画几乎囊括了中国书画史各个历史时期的名家名作，其中不少为历经劫难流传至今的孤本真迹，或是大师巨擘的心血名作。幸运的是，中国现存最早的书法、绘画作品都收藏在故宫。

西晋陆机《平复帖》是传世最早的名家法帖，是中国历史上第一件流传有序的法帖墨迹，有"法帖之祖""天下第一帖"之誉。

"中华第一画"的桂冠则比较复杂。现存最早的帛画是两幅出土于长沙楚墓、现藏湖南省博物馆的战国楚帛图《人物龙凤帛画》《人物御龙帛画》；现存最早的纸本画是出土于新疆吐鲁番、现藏新疆维吾尔自治区博物馆的晋代《墓主人生活图》。严格而言，这三幅作品应该都是特制的随葬品，不是创作者自由畅达表现内心的艺术品。《墓主人生活图》更是只剩残片。展子虔《游春图》不仅是中国第一幅独立的山水画，还是现存最早的卷轴画，更是真正意义上自由创作的艺术品，当得起"中华第一画"的美誉。

巧合的是，《平复帖》《游春图》都是爱国民主人士张伯驹捐赠给国家的。

1924 年，末代皇帝溥仪被驱逐出宫。溥仪携带大批故宫珍品出宫，之后辗转天津、东北等地。1945 年 8 月日本投降，溥仪仓皇出逃，很多书画珍宝流落民间，其中就包括展子虔《游春图》。不久，《游春图》现身北京，张伯驹得知文物商准备将它卖到国外，毅然变卖几处私宅和夫人若干首饰将其购下。张伯驹如此珍爱《游春图》，获宝后竟将住所更名为"展春园"，并自号"春游主人"，喜悦之情溢于言表。1952 年，张伯驹毅然将展子虔《游春图》连同唐伯虎《三美图》等画轴捐赠给国家。

《游春图》标志着中国山水画已由"人大于山，水不容泛"作为人物配景的稚拙阶段，进入了成熟阶段，在中国绘画史上占据着极其重要的地位。

汉唐是两个塑造中国人精神面貌的伟大时代，前者巩固了大一统的基调，后者达到了中华文明的鼎盛高峰。盛唐是属于唐诗和李白、杜甫的时代，是属于万邦来朝的"天可汗"的时代，更是"稻米流脂粟米白，公私仓廪俱丰实"的传说时代。它开放进取又精密自强，尚武强健又热衷于文化。可惜，月盈则亏，盛极而衰，繁荣昌盛持续100余年之后，"渔阳鼙鼓动地来，惊破霓裳羽衣曲"，唐朝后期与五代十国割据不宁，武夫当权。

唐和五代书画是见证这段历史的故宫主力藏品。这里有《步辇图》里"天可汗"的威仪，有李白挥毫《上阳台帖》的风采，也有虢国夫人在春天里的浩荡出游、有《神仙起居法帖》中个人的无奈与痛苦，还有《重屏会棋图》《韩熙载夜宴图》中的隐秘政治和明枪暗箭……

帝国气象

大唐王朝

艳阳高照

《步辇图》
天可汗时代的和亲

　　贞观十五年（641 年）春天，一个使团风尘仆仆地来到了大唐首都长安，领头的是吐蕃政权的重臣禄东赞。

　　长安是当时亚洲的政治中心、世界级的大都市。人们从五湖四海汇聚到长安，再星散到四面八方，朝廷发号施令、如臂使指，指挥着一个千万平方公里的庞大帝国；巨型船只满载漕粮和方物，往来于京杭大运河，这条帝国的大动脉连接着帝国的政治和经济中心，将南北州县连接为有机整体。而满腹诗文的读书人，怀揣着经世报国之心从乡间城镇涌向长安，接受帝国的挑选。其中有来自四川的陈子昂、李白，从山西南下的王维、柳宗元，沿着大运河北上的贺知章、张九龄，当然也有中原本地的杜甫、杜牧、李商隐、白居易等青年才俊。

　　这是变幻的时代，也是繁荣的时代；这是充满挑战的时代，也是群英荟萃的时代；这是大破大立的时代，或许也是中国历史上最美好的时代。

大唐的赳赳铁骑，驰骋在戈壁与草原，四面出击，金戈铁马，气吞万里如虎。贞观年间的唐朝，大举拓边，从胜利走向凯旋，在凯歌中跃上世界帝国的巅峰。贞观年间，唐朝大军大败东突厥、吐谷浑、高昌、焉耆、西突厥、薛延陀、高句丽、龟兹等周边政权，兵锋远及古印度。南北朝和隋朝时期的东亚"超级大国"突厥帝国在唐朝的持续打击下，分崩离析。唐军痛歼了东突厥，俘虏其首领颉利可汗，献俘于长安，这是唐朝最辉煌的军事与政治胜利。

大唐，是一个让人炫目的名字，是东半球国家难以轻视的强大存在。他们尊称唐太宗李世民为"天可汗"，拥戴唐朝皇帝为天下共主。中原王朝主导的东亚国际秩序，也就是现在人们常说的"朝贡体系""天下秩序"，在大唐的强盛国力支撑下、在大唐铁骑的凯歌高奏中，扎下根去，茁壮成长。李世民的继承者唐高宗、武则天、唐中宗、唐睿宗、唐玄宗等，乃至后世王朝的杰出帝王，同样继承了天可汗的尊号。

与大唐的兴起几乎同步，公元 7 世纪，青藏高原上也兴盛起吐蕃政权。其首领松赞干布文武双全，统一了高原上的各政权，建立了吐蕃王朝，定都逻些（今西藏拉萨）。

两个强盛的王朝开始了越来越频繁的接触，在接触中塑造了双边关系。早在贞观八年，吐蕃使臣就抵达长安，唐朝使臣回访吐蕃。松赞干布再次派人使唐，提出迎娶一位唐朝公主。唐太宗没有同意。当时吐谷浑王也入唐朝见，松赞干布便借口吐谷浑从中作梗，发兵吐谷浑，以讨伐阻婚为名行扩张领土之实。贞观十二年，吐蕃军队击败吐谷浑、党项、白兰羌。信心高涨的松赞干布兵锋直逼唐朝领土松州（今四川松潘），扬言如果唐朝不嫁公主，便大举入侵唐朝。这依然是以联姻为名行扩张之实。唐太宗李世民岂是软弱之人？调兵遣将正面迎战。唐军先锋大败吐蕃军。战火促使松赞干布直面两国的真实关系，在唐军主力云集之前，松赞干布遣使谢罪，并再次请求与唐朝联姻。两次求婚，背景不同，内涵更不同。

贞观十四年，松赞干布派禄东赞携黄金五千两及其他珍宝，开始谢罪兼下聘之旅。

禄东赞一行跋山涉水，于第二年春天才抵达长安。据说，当时共有五大周边政权的首领向天可汗求亲。除了吐蕃，还有天竺、格萨、大食、霍尔。李世民给五位使臣安排了考试，胜利者才能迎娶公主。考试题目一共六道：绫缎穿九曲明珠；辨认一百对骒马、马驹的母子关系；一日内喝完一百坛酒，吃完一百只羊，还要把羊皮鞣好；分辨一百段松木的根梢；夜晚出入皇宫不迷路；辨认真假公主。聪慧的禄东赞巧思强干、过关斩将，取得了最终胜利。如今拉萨大昭寺和布达拉宫内还完好保存着唐太宗"六试使臣"的壁画。

唐太宗同意送公主与松赞干布和亲。最受皇帝认可的画家阎立本奉命绘制了太宗接见禄东赞"赐婚"的场面。

画作现存北京故宫博物院，绢本设色，纵 38.5 厘米、横

《步辇图》

129.6 厘米，是一幅中等规模的画。画面描绘了李世民接见禄东赞的场景，分为左右两大部分，唐太宗居右，禄东赞居左。在右边，六名宫女抬着坐榻，李世民端坐其上。代步坐榻又称步辇，画作以此得名《步辇图》。另有三名宫女分别在步辇前后掌扇、撑华盖。天可汗李世民是全画的核心，是画家着力刻画的人物。李世民的脸部描画最精细，他仪态威严、目光深邃、直视前方。九名宫女不仅脸部表情简略，而且身材娇小单薄，与皇帝对比比例明显失当。这是画家刻意所为，用比例失真和画面繁简来突出主人公的伟岸与威仪。

虽然有宫女的衬托，李世民的装扮和画面的背景还是引发了有关画作简陋的争论。比如，唐太宗在如此重要的外交场合没有穿朝服，而是着便装，并且左脚伸出袍服之外，露着袜子和圆口便鞋。有人便认为此种做派不符合帝王威仪。又比如，李世民接见禄东赞应该是在宫殿之上，但是画作没有任何背景，似乎这场外交活动是在广场上举行，或者干脆就是李世民在路上偶遇禄东赞。故宫收藏有其他表现外番朝见皇帝的画作，比如清代的《紫光阁赐宴图》《万国来朝图》等，无不场面宏大、百官咸集。作为主人公的中原皇帝不仅比例和精细度远超配角，而且朝服森严，佩戴齐全。似乎这才更符合人们对于外交场合的认知。

作为从血雨腥风中闯荡出来的一代枭雄，作为运筹帷幄缔造大唐威名的人间强者，李世民并不需要借助宫殿、朝服、仪仗等来衬托自己。他也不需要高高在上、装腔作势来体现所谓的皇家风范。李世民自然随和的姿态，是自信的表现。真正的强者，无

《紫光阁赐宴图》局部

须借助外物。

　　事实上，不借助外物的李世民，是整幅画作无可争议的核心。不仅九名宫女簇拥环绕着李世民，左边的禄东赞等三人也都面朝皇帝，双手前捧，微屈躬立，态度恭谨，不敢直视。最右者红袍虬髯，手持笏板，是这次会面的典礼官。根据服色可确定他是五品以上的中高级官员，可见唐朝对吐蕃来使的重视。中间是吐蕃使臣禄东赞，发型、服饰与中原人士明显有异，面相干练，态度谦和，拱手而立。最左边是一个穿白袍的通译官，态度最为恭敬，鞠躬幅度最大。另有说法认为此人是内官，但白色并非唐朝内官的服色，可以排除。白色在唐朝是未入仕读书人的服色，从侧面证明他是一位读过书、可以帮助吐蕃使臣与朝廷沟通的书生。

画家阎立本不是普通的宫廷画师，而是当时的重臣和著名画家，可能是唐蕃外交的目击者甚至参与者。

阎立本，雍州万年（今陕西西安）人，官宦世家出身，在隋朝时累迁朝散大夫、将作少监，入唐后追随尚为秦王的李世民，后历任郎中、将作大匠、工部尚书，唐高宗时检校右丞相，累迁中书令，高居相位。阎立本秉承家学，在书法、绘画、建筑诸多领域都有建树，他的绘画代表作有大名鼎鼎的《昭陵六骏》《凌烟阁功臣像》等，而建筑代表作则是恢宏壮丽的大明宫。因为身份和际遇的缘故，阎立本很擅长创作《步辇图》这样的"政治画"，除了上述对比衬托的技巧外，他的线条果断有力，行笔纯熟，设色浓重鲜艳，用大块的红绿色彩来突出内涵。阎立本存世作品除了《步辇图》，还有藏于台北"故宫博物院"的《职贡图》《萧翼赚兰亭图》和藏于美国波士顿美术馆的《历代帝王图》，都是类似的"政治画"。

现存《步辇图》有唐代李德裕、宋代米芾等人的题记、观款，还有金章宗完颜璟、纳兰成德、嘉庆皇帝等人的钤印。不过，也有观点认为存世画作的核心只是摹绘精良的宋代摹本，阎立本或许有过类似内容的作品，唐代的题记等是从那幅已经湮没无闻的原作上移植过去的。

《新唐书·阎立本传》记载了这名大臣画家的尴尬。一次，李世民与侍臣泛舟春苑池，看到异鸟容与波上，高兴之余命令侍臣赋诗，却单独传呼"画师阎立本"作画。阎立本当时官居主爵郎中，"俯伏池左，研吮丹粉，望坐者羞怅流汗"。回家后，他告诫儿子说："我从小就读书，文辞也不比同僚们差，如今却只能以善画著称，混迹在小厮差役之中。你们要引以为戒，不要再学画了！"话虽如此，阎立本的后半生依然在频繁创作命题作品。即便官居宰相，阎立本也依然挥笔不辍，依然为人轻视，史载"既辅政，但以应务俗材，无宰相器"。阎立本是右相，左相是以战功擢升的姜恪，舆论嘲笑道："左相宣威沙漠，右相驰誉丹青。"可见文人士大夫群体并未真正接纳阎立本，也可见唐代画家地位之低。

《步辇图》之外的情形是，唐太宗李世民将宗室、江夏王李道宗之女封为文成公主，"下嫁"松赞干布。李道宗是李世民的远房堂弟，文成公主时年 16 岁。

从春秋到清朝，中原王朝频繁与周边政权政治联姻，史称"和亲"。和亲，是中原王朝和睦邦交的重要手段。那些正值花样年华的少女，永远告别父母、亲人与故土，前往荒远偏僻或者寒风凌厉的陌生之地，迎接前途未卜的未来。她们将美好的人生都奉献给了和亲这一事业。前期的君王一般舍不得将亲生闺女抛身域外，通常册封宗室女儿为公主，比如文成公主，或者干脆冒认宫女等毫无血缘的女子为公主，比如东汉的王昭君。元朝之后，和亲公主中真公主的比例陡然提高。和亲在清朝达到了高峰，爱新觉罗家的格格们纷纷勇敢地踏上和亲之途。

唐蕃和亲中，李世民有一个贴心的"小动作"，命令江夏王李道宗持节护送女儿前往青藏高原，父女俩享受最后的亲情时光。和亲，永远不是简单的一桩婚姻，而是两个政权的全方位友好交流。文成公主随行的有唐代百工，携带着当时世界最先进的科技以及器物。禄东赞护送着大唐公主和先进文化，返回吐蕃。一行人从长安出发，途经西宁，翻越日月山……在高原上，松赞干布非常重视文成公主的到来，率众从拉萨出发，前往柏海（今青海玛多县境内），精心而高调地迎接公主到来。行礼后，双方共同返回拉萨。松赞干布为文成公主建造了宫殿居住，即今布达拉宫。唐朝封松赞干布为驸马都尉、西海郡王。吐蕃大规模学习唐朝先进文化，借鉴了大唐先进的典章礼仪制度，请中原文人掌管自己的表疏，引进了汉族的农具、纺织、建筑、制陶等生产技术以及历算、医学等科学知识。吐蕃贵族子弟前往长安学习诗书文化。唐高宗继位后，松赞干布进献金银珠宝，维持唐蕃的和平友好。

松赞干布逝世于永徽元年（650 年），年仅 33 岁，文成公主之后独居 30 年，于永隆元年（680 年）患天花去世，享年 55 岁。吐蕃王朝为文成公主举行了隆重葬礼，唐朝也遣使吊祭。

《上阳台帖》

——世间再无李太白

　　天宝三载（744年）春风里的一场相遇，让这个原本平淡无奇的年份在文化史上留下了重重一笔。

　　在大唐帝国勃兴的东都洛阳，唐代最杰出的两位诗人——李白与杜甫，相遇于人海中。

　　43岁的李白以天下国士自许，"十五好剑术，遍干诸侯。三十成文章，历抵卿相。虽长不满七尺，而心雄万夫"。遇到杜甫时，他刚刚从人生的巅峰跌落。此前，经过漫长的蛰伏，年过四旬的李白终于得到唐玄宗的赏识，召为翰林待诏，名噪一时。仿佛是一场宿命，豪放浪漫的文人与金碧辉煌的宫廷天然相斥。李白进出大明宫仅仅几十天，唐玄宗便"赐金还山"。撤离宫禁的李太白选择向东漫游。

　　32岁的杜甫此时还没有登上人生的任何高峰，仍是奔走京都以谋求一官半职的一介穷书生。祖辈的荣耀没有带来实质的帮助，反而内化为杜甫入世奋进的无形压力。他和李白一样，以国士自居，无奈报国无门，屡屡碰壁，生活日渐潦倒。他将满腹才华和满腔抱负，混杂着命运的无常，投向现实主义题材的创作。

所有纯净的灵魂都莫名地惺惺相惜。李白与杜甫一见如故，互相引为知己，结伴东游梁宋齐鲁，"放荡齐赵间，裘马颇清狂"——壮美河山往往是失意文人的疗伤药。

当年秋天，李杜二人同游梁宋（今河南开封、商丘一带），遇到了 40 岁的高适。与李杜的境遇基本相同，高适也是空怀热情，入仕无门。不同的是，高适科考应试的态度很积极，频繁奔波于考场内外，考试间隙常居宋州（今河南商丘）。在宋州，高适加入李杜的行列，三人相约共游河南府的王屋山（在今河南济源）。

王屋山为道教"十大洞天"之首，在唐朝道观高耸、香火鼎盛。

道教推崇山林胜地，认为名山大川之间有上天遣群仙统治之所。相传，道教始祖老子李耳曾入王屋山修炼，天坛山绝顶留有"老子炼丹池"遗迹。此后，道教史上的著名人物多有在此山中清修的记载。李唐王朝尊老子为始祖，以道教为国教，敕令各地营建道观。道幡林立，青烟渺渺，老庄之学在神州大地迎来了迅猛发展。王屋山自然也不例外，人来人往，热闹非凡。

宗教是身处逆境的灵魂的捕手，这与灵魂的虚弱无关，而是灵魂深层的需求。李白也不能例外。他信道、礼道，与道教中人多有交游，在这座王屋山上就有多位朋友。李白诗歌中有两首直接点明了这一点，比如《寄王屋山人孟大融》是写给在王屋山清修的朋友孟大融的，其中"愿随夫子天坛上，闲与仙人扫落花"鲜明诠释了李白对道家清净闲适生活的憧憬；《送王屋山人魏万还王屋》则是写给崇拜者魏万的。魏万千里迢迢追星，遇李白于江南。李白引为知音，将自己的诗文托付给魏万结集出版。

天宝三载，李白与杜甫、高适造访王屋山，则是为了寻访20 年前的故人——司马承祯。

司马承祯，晋朝宗室后裔，是道教茅山宗的一代宗师，曾先后受武则天、唐睿宗、唐玄宗召见，君臣论道。他和李白的忘年缘分发生在开元十三年（725 年）。当年，24 岁的李白告别巴山蜀水，告别故乡，展翅飞向广阔天地。李白东出三峡，抵达江陵，见到了 85 岁高龄的司马承祯。道教一代宗师见到寂寂无名的后生，给予了极高的评价："（李白）有仙风道骨，可与神游八极之表。"司马承祯还将李白推荐给了已经功成名就的文坛大佬贺知章。贺知章从司马承祯的评价引申开来，称李白为"谪仙人"。一时间李白声名鹊起，名扬大唐。司马承祯对李白不仅有知遇之恩，还一眼洞察了李白精神深处的浪漫洒脱，亦师亦友。

弹指二十年，江陵一别，这对忘年交再未重逢。其间，唐玄宗交给司马承祯一项任务，在王屋山修建一座与开元盛世相符的道观。在王屋山华盖峰的南麓一处向阳高台，司马承祯修建了一座坐北朝南、高高矗立的道观。道观落成后，唐玄宗亲书"寥阳宫"匾额，不过官民更喜称呼其为"阳台观"。

《上阳台帖》

唐李太白上陽臺

李白携杜甫、高适便冲着阳台观而去，希望拜会司马承祯，清谈论道，交流二十载光阴的积淀与感悟。

司马承祯如果健在，应该有 105 岁了。遗憾的是，老人家已经在数年前仙逝。故人不再，而山川依旧，道观巍峨。李白在王屋山高台，怏怏流连于阳台观，看到了司马承祯生前在道观墙壁上创作的一幅山河风景，将王屋山的名山大川凝聚到墙壁的尺寸之间。当年，司马承祯就在这深山之中、高台之上，气定神闲，修身养性。旧情新景，李白略加思索，索来纸笔，挥墨写道：

山高水长，物象千万。

非有老笔，清壮可穷。

李白落款："十八日，上阳台书。太白。"

司马承祯的画作气象万千、山川壮阔，契合李白豪放的气质。李白很喜欢他清秀壮美的画风，认为只有他那般积淀、涵养和笔力（"老笔"），才能创作出如此佳作。

阳台观的画作早已化作历史尘埃，李白的赏析则依然保存在故宫博物院，名为《上阳台帖》，纵 28.5 厘米、横 38.1 厘米，草书 5 行，共 25 字。这是罕见的存世唐朝书法，加之是中国文学史上数一数二的大诗人李白的亲笔作品，则更是稀世珍品。

李白以诗作闻名，后世誉为"诗仙"，殊不知他亦精于书法，《上阳台帖》便是明证。李白书法豪放流畅，雄浑大气，展现了豪迈豁达的性情。跻身于书法家行列，李白也不输绝大多数人。北宋黄庭坚评李白："及观其稿书，大类其诗，弥使人远想慨然。白在开元、至德间，不以能书传，今其行、草殊不减古人。"

《上阳台帖》最初只是一张便笺，因为某种机缘，完好保存了下来。北宋后期进入宣和内府，宋徽宗赵佶用独创的瘦金体在右上方题签"唐李太白上阳台"1行、7字。南宋时又返回私藏，直到清朝前期再入紫禁城。乾隆皇帝御笔楷书"青莲逸翰"4字，裱为引首。千百年来，《上阳台帖》都是李白仅存的书法作品。在清末紫禁城文物流散潮中，《上阳台帖》也流出宫外，民国大收藏家张伯驹重金购入，于新中国成立后献给国家。1958年，此帖交由故宫博物院收藏。

不过，也有学者认为《上阳台帖》是宋人托名伪作。原因有二：一是该作品的书法风格与现存的其他唐代作品不同，更像宋代书法风格；二是，唐代书法常用笔芯较硬的鸡距笔，而该作品没有鸡距笔的写作特点。

遥想当年，王屋山上，三位境遇类似、胸怀远大的诗人，驻足道观、远眺江山，畅谈诗文，纵谈天下大势，抒发各自的抱负。三个各怀大志、理想相同的灵魂，驻足帝国的仙风道气之间，勾画个人和天下的明天。天宝三年王屋山上的这一幕，是中国文化最炫目、最珍稀的时刻之一。《上阳台帖》便是这一刻的明证。

千百年前的好友相聚，不如当今这般方便顺畅，更何况是三个奔波于前程和现实的中年人。王屋山聚后不久，高适返回宋州备考，继续追逐仕途；杜甫向东前往齐州；李白则继续潇洒地漫游，且行且吟。第二年与杜甫在齐鲁再次相遇，饮酒赋诗之余一同讨论炼丹求仙，一同寻访兖州城北的隐士范野人。杜甫赠李白诗篇："余亦东蒙客，怜君如弟兄。醉眠秋共被，携手日同行。"李白赠杜甫："秋波落泗水，海色明徂徕。飞蓬各自远，且尽手中杯！"李白与杜甫，此后再未相见。这两位唐代最伟大的诗人，平生虽然只相见过两回，却保持了终生友谊，相互牵挂、相互成就。一位是浪漫主义的大师，一位是现实主义的巨匠，此后奔驰在各自的人生轨迹和创作道路上。

改革开放后，市面上出现了一幅署名"李白"的唐代书法作品《嘲王历阳不肯饮酒帖》，直接挑战了《上阳台帖》李白"唯一"存世书法作品的地位。该作品收录的《嘲王历阳不肯饮酒》诗，与《全唐诗》收录的李白同名作品完全相同：

地白风色寒，雪花大如手。

笑杀陶渊明，不饮杯中酒。

浪抚一张琴，虚栽五株柳。

空负头上巾，吾于尔何有？

天宝十二载（753 年），"斗酒诗百篇"的李白来到历阳县（位于今安徽马鞍山）。王姓历阳县丞设宴招待李白。那是大雪纷飞的冬天，江南湿冷，李白频频举杯畅饮。可惜，王县丞却滴酒不沾。豪放的李白当场嘲笑主人家"浪抚一张琴，虚栽五株柳，空负头上巾"。这里用的是东晋陶渊明的典故。陶渊明隐居庐山，距离历阳不远，山水相近，风光宜人。陶渊明是好酒之人，每逢聚会饮酒，便抚弄自藏的无弦琴，表达闲适归隐之心。他宅边有五棵柳树，便自号"五柳先生"。东晋时期的酿酒技术并不精良，好酒的陶渊明常取头巾滤酒，认为"若复不快饮，空负头上巾"。后人用"滤酒葛巾""葛巾漉酒"来形容爱酒成癖。李白与陶渊明一般率真潇洒，或许以为江南多有陶渊明一类的嗜酒之人，却没想遇到王县丞这样欢宴而不饮酒之人，嘲笑之余不禁质问："吾于尔何有？"

这不仅仅是对王县丞的嘲讽，也是激将之法，希望激主人家饮酒。全诗透着李白的冲天豪气。

部分专家学者认为《嘲王历阳不肯饮酒帖》是李白真迹。果真如此，那么李白现存有两幅书法作品。该帖纵 26.4 厘米、横 67 厘米，全帖共 50 字，含《嘲王历阳不肯饮酒》全诗 40 字、诗题 8 字和落款"李白"2 字。作品由唐代特有的鸡距笔书写，纸张为唐宋时期出产于四川的麻纸，书法风格刚健、笔力遒迈，倒是符合李白豪放粗犷的气质。但是，该作品与《上阳台帖》的书法风格有明显差异。

据说，李白创作《嘲王历阳不肯饮酒帖》后，赠予交往密切的日本遣唐使。遣唐使将帖带回日本，该帖此后千百年都藏在日本。新世纪前夕，该帖现身香港地区，藏于私人之手。

王屋山一聚之后，李白漫游山川湖海，终生漂泊，一生洒脱，创作了诸多传颂千古的佳作。游历历阳之后的第三年，"安史之乱"爆发，大唐王朝由盛而衰。李白报国无果，反而稀里糊涂地被牵扯到"永王之乱"，一度身陷囹圄。年过六旬的李白，最后死于安徽当涂。身后，李白声名日隆，成为中国诗坛最耀眼的星辰。

杜甫始终抱着入仕报国的信念，无奈科举屡试屡败，又无家世门路可以依托，后半生在基层官僚、寄人篱下和颠沛流离之间反复切换。多灾多难的现实，塑造了杜甫对苦难现实的敏锐关注和切身感悟，推出了一位现实主义文豪。后人赞誉杜甫为"诗圣"，其诗作被称为"诗史"。大历年间，年近六旬的杜甫，饥寒交迫，病逝在湘江上的小舟中。

高适的前半生，如同杜甫一般入仕无门，便投笔从戎，进入西北藩镇为军府幕僚。中唐以后，没有家世背景或科举功名的书生，往往选择先入幕府，曲线救国。也正是这样的境遇，高适创作了成果丰硕的边塞诗，成为"边塞诗人"的代表人物。"安史之乱"给李白、杜甫带来了灾难，却是高适的机遇，他在平叛中屡立战功，迅速擢升，历任节度使、尚书，真正实现了"出将入相"。

李白之后，有豪迈洒脱的苏轼高歌"大江东去"、有深情款款的柳永低吟"晓风残月"、有精忠报国的于谦长啸"要留清白在人间"，然而再也没有"仰天大笑出门去""直挂云帆济沧海"的谪仙人了。

《虢国夫人游春图》
——在帝国巅峰的春天里

天宝十一载（752年）是属于大唐的高光时刻。

忆昔开元全盛日，小邑犹藏万家室。
稻米流脂粟米白，公私仓廪俱丰实。

——杜甫《忆昔·其一》

在广袤的疆域内，帝国连年升平，一派国富民强、万邦来朝的景象。这首诗是多年后杜甫回忆的盛世印象，而有"诗圣"之誉的他本身也是这个盛世的璀璨明珠之一。同样拥有穿透岁月的光芒的诗人，还有李白、张九龄、王昌龄、王之涣、高适、岑参、王维、孟浩然……大唐是幸运的，同一时间拥有如此璀璨的文化星空。

高歌猛进的唐王朝将中华文明推向了繁盛的巅峰。

引领大唐帝国登上巅峰的唐玄宗李隆基，有着辉煌的人生。走过云谲波诡的少年时代、纵横捭阖的青年时代、励精图治的中年时代，李隆基倾注心力将祖宗基业发扬光大。当年正好是他登上皇位四十周年，年近古稀的老皇帝变得志得意满，"自恃承平，以为天下无复可忧，遂深居禁中，专以声色自娱"（《资治通鉴》）。大明宫外的超级盛世，也似乎完全承受得起一个伟大君王的安逸余生。

都城长安是一个官商云集、开放繁华的国际大都市。上百万人口在这个城市里享受着时代的红利，歌唱、饮宴、求官、谋财，畅谈诗与远方。当天宝十一载的春天降临长安，官民同乐，游春踏青，在中和节迎接春回大地，在上巳节祓除畔浴。为了满足人们的游春需求，天宝年间朝廷疏凿西汉时期的曲江池，如今又将其修葺一新，花草繁盛、太液流波，长安再添一处游赏胜地。

天宝十一载的荣光，照耀在杨氏家族身上。

七年前，李隆基册封能歌善舞、体态婀娜的杨玉环为贵妃。皇帝与贵妃产生了宫廷中难能可贵的真爱，战胜了年龄悬殊和不伦之恋的阻碍❶，感情日久弥坚。李隆基爱屋及乌，杨家裙带生风、扶摇直上。杨玉环的堂兄中，杨国忠身兼四十多职，杨铦、杨锜也跻身公卿之列；大姐、三姐和八姐分别被封为"韩国夫人""虢国夫人""秦国夫人"。韩、虢、秦三夫人与铦、锜等五家，官员请托承迎，四方贿赂馈赠，门庭若市。朝野盛传，大唐开国以来，没有一户皇亲国戚比得上杨氏兴旺煊赫。

这一年，杨国忠在与权相李林甫的权力斗争中迎来了胜利。春夏之交，李林甫试图排挤杨国忠为剑南节度使。杨国忠得到了李隆基的绝对信任与支持，并在六月取得了大破吐蕃、南诏，攻拔三州城池、献俘长安的重大胜利。十一月李林甫病逝，杨国忠正式为相，把持朝政。杨国忠为人强辩而轻躁，而且党同伐异、排斥异己，将不为己用的台省官都排挤出朝廷，对公卿以下官员颐指气使，张扬跋扈。但他也是一个能臣干吏，"既为相，以天下为己任，裁决机务，果敢不疑"（《资治通鉴》）。李隆基、杨国忠君臣携手率领大唐帝国维持在鼎盛的峰顶，分享全天下的荣华富贵。

天宝十一载的聚光灯，聚焦在舞台中央的杨氏姐妹身上。

据《旧唐书》记载，集三千宠爱于一身的杨贵妃自不必说，李隆基还每年给韩、虢、秦三夫人钱千贯作为"脂粉之资"，三人"并承恩泽，出入宫掖，势倾天下……姊妹昆仲五家，甲第洞开，僭拟宫掖，车马仆御，照耀京邑，递相夸尚"。建筑不仅逾制，而且大兴土木，不计成本，"每构一堂，费逾千万计，见制度宏壮于己者，即撤而复造，土木之工，不舍昼夜"。每年十月，李隆基会携杨贵妃前往骊山脚下的华清宫迎接即将到来的寒冬。杨国忠和姊妹兄弟五家扈从前往，每家为一队、每队统一着色，浩浩荡荡，极尽奢华，"照映如百花之焕发，而遗钿坠舄，瑟瑟珠翠，灿烂芳馥于路"。杨氏兄弟所经之处，香飘数里，沿途"遗失"丢弃的首饰珠宝玉器甚至引得老百姓专门守候路旁"捡漏"。

杨氏三姐妹日常入宫见驾，场面也极为宏大，艳妆侍女充盈街巷，照明的蜡炬将凌晨照成白昼。她们甚至垄断了王子王孙的婚嫁大事。李隆基建设了十王宅、百孙院安置子孙居住，青年王子、公主的婚嫁都请韩国夫人、虢国夫人介绍，有了合适对象后先贿赂两位夫人上千贯钱再奏请，没有不称旨得到允准的。

三姐妹中最为招摇、高调的又是虢国夫人。她将皇帝的恩宠和家族的荣光都披挂在了身上，且从不加以掩饰。虢国夫人早年嫁给裴氏，丈夫早逝，儿子裴徽和女儿都与皇家联姻。平日里，虢国夫人挥金如土，奢靡无度，连家中奴婢都金玉满身。她好出游，每次都招摇喧闹，毫不忌讳。唐朝诗人张祜的《集灵台·其二》这样描述她：

虢国夫人承主恩，平明骑马入宫门。
却嫌脂粉污颜色，淡扫蛾眉朝至尊。

虢国夫人并非嫔妃，居然能够"承主恩"，而且不施脂粉，如家人般入宫，实在是咄咄怪事。诗人含而不露地勾勒出了虢国夫人轻佻风骚、刻意承欢的形象，影射虢国夫人似乎与唐玄宗李隆基有某种不可言说的关系。

供奉宫廷的画家张萱（长安人，生卒年不详，盛唐著名画家）擅画仕女，以虢国夫人出游为主题创作了一幅绢本设色画。在画面中，一群人骑马执鞭，从容前行。全画不着背景，也无一花一木，张萱蘸着湿笔点出斑斑草色，成功营造了满纸湿润、清新的盎然春意。他将作品命名为《虢国夫人游春图》。

初唐以前，画家笔下的仕女是宣教的工具，如《女史箴图》《列女仁智图》等都传递着某种主流价值观。初唐以后，画家开始直接、正面描绘现实的妇女生活。张萱以当朝名人直接命名作品，展现宫廷贵胄真实的生活状态，而不附带某种宣传教化意图，是历史的进步。人，以及人的真实，成了绘画的全部。唐代社会开放自由，妇女的社交与游玩并不受限制。妇女和男性一样，张扬个性，充分表达自己。这是一个美好的时代，清新、鲜艳、灵动的画面背后，是一个自信、大度、繁盛的时代。

《虢国夫人游春图》共有八骑九人（一骑为妇女抱女孩），并无仪仗、排场，那么谁才是主角虢国夫人呢？

之前的主流观点如下：画面前三骑与后三骑是侍从、侍女和保姆，中间两骑，左为虢国夫人，右为秦国夫人。前导的侍从戴幞头乌纱，着虾青色窄袖侧领衫；两名红衣侍女是典型的唐代仕女装扮，乌黑的头发左右分开，梳成两个长长的发髻，着胭脂红窄袖衫，下衬红花白锦裙。虢国夫人与秦国夫人姐妹俩乘浅黄色骅骝马，并辔而行。虢国夫人鬒发乌黑，高髻低垂，脸色丰润，淡描娥眉，不施脂粉，着淡青色窄袖上衣，披白色花巾，穿描金团花的胭脂色大裙。她双手握缰，右手指间垂着马鞭，脚轻点在金镫上，神态放松。秦国夫人的装扮除衣裙颜色外，其余与虢国夫人相同，正侧身与虢国夫人交流。两位夫人之后三骑，居中的是保姆，小心护卫着女孩同骑，这名女孩手握鞍桥，态度矜持，普遍认为是虢国夫人的女儿，日后嫁给了李隆基大哥李宪的

《虢国夫人游春图》

儿子。

近年来的研究则提出了不同的看法。画面中有六位女性，两位红衣女性衣着打扮是典型的唐代侍女形象，首先排除；同骑的女孩和老年妇女，年龄明显不符，也可以排除；剩下的中间两骑，所乘马匹及马鞍辔饰等级却低于保姆所乘马匹，似乎也不太可能是虢国夫人。仔细观察，之前认为是虢国夫人的那位妇人所乘马匹右边前后马蹄同时抬起，而不是正常的左右交错抬蹄前

进，表明这匹马腿部有伤。以虢国夫人的身份地位，她不可能骑一匹伤马。如果六位女性都不是虢国夫人，那就只能从三名男性装扮的人物中寻找本尊了。

画中女孩可以明确为虢国夫人的女儿，她乘坐的马匹规制也是六人中最高的。图中只有前导男装之人的马匹与其相等。这两匹马都是三鬃马，鞍辔装饰华丽。因此，骑在最先的男装者极可能是虢国夫人。

画面上的男装者细眉红唇，乌纱幞头遮罩着挽起的发髻，而人物鬓角的一缕长发丝也像是女性鬈发。虢国夫人当年出入宫禁，就常女扮男装。"虢国每入禁中，常乘骢马，使小黄门御。紫骢之俊健，黄门之端秀，皆冠绝一时。"（《明皇杂录》）事实上，盛唐女性男装外出，并不罕见。李唐王室是陇西汉胡融合的家族，尚武开放，女性贵戚男装骑马乃至运动狩猎都是允许的。武则天、太平公主母女都喜男装出行。她们的行为，提升了女权和女性地位，也引领了社会风尚。女扮男装，不仅符合虢国夫人的皇亲国戚身份，也契合她那张扬跋扈的个性。

此外，前导马匹装饰有超长的、绣有鸳鸯的鞍鞯障泥，成本最高，等级也最高。被骑者遮盖了一半的马鞯上，依稀可见云纹环绕的老虎形象。老虎，始终是中国文化中权力和身份的象征。而虢国夫人的封号"虢"更是与虎渊源颇深，"虢，虎所攫画明文也"（《说文解字》）。或许，张萱借此来暗示这是虢国夫人的坐骑。

虢国夫人一行人，从容悠闲地行进在帝国巅峰的春光里。惠风和畅，曲江清波，人间何其静好，令人向往。可惜，盛世的强光掩盖了黑暗。同在长安目睹虢国夫人出行的大诗人杜甫，创作了《丽人行》，以敏锐、含蓄的笔触表达了隐忧：

三月三日天气新，长安水边多丽人。

态浓意远淑且真，肌理细腻骨肉匀。

绣罗衣裳照暮春，蹙金孔雀银麒麟。

头上何所有？翠微匐叶垂鬓唇。

背后何所见？珠压腰衱稳称身。

就中云幕椒房亲，赐名大国虢与秦。

紫驼之峰出翠釜，水精之盘行素鳞。

犀箸厌饫久未下，鸾刀缕切空纷纶。

黄门飞鞚不动尘，御厨络绎送八珍。

箫鼓哀吟感鬼神，宾从杂遝实要津。

后来鞍马何逡巡，当轩下马入锦茵。

杨花雪落覆白苹，青鸟飞去衔红巾。

炙手可热势绝伦，慎莫近前丞相嗔！

　　杜甫的这首名篇大约创作于天宝十二载的春天，同样是一个歌舞升平、风和日丽的春天，他铺陈了一幅贵戚出游的图景，讽刺了杨氏兄妹的骄奢淫逸，记录了大唐鼎盛时刻的忧患。看到强光下黑暗的不只杜甫，有人劝陕郡（古虢国所在地）进士张彖拜谒杨国忠，攀附杨氏来求前途，"见之，富贵立可图"。张彖拒绝了："君辈依杨右相如泰山，吾以为冰山耳！若皎日既出，君辈得无失所恃乎！"（《资治通鉴》）显赫的杨氏家族若同冰山，鼎盛的大唐王朝同样也就危险了。张彖跑进嵩山，用归隐来迎接乱世。

　　张萱画作完成三年后，"安史之乱"爆发。大唐王朝由盛而衰。

　　李隆基仓皇出逃西蜀。随从官兵在马嵬驿发动兵变，乱军杀死杨国忠、逼死杨贵妃。杨氏势力果真如冰山般化为流水。虢国夫人听到变故，策马逃到陈仓。县令薛景仙率人追捕，她逃入竹林。追兵杀了她的儿子裴徽和一个女儿。虢国夫人选择自刎，但伤重未死。县吏将她投入狱中。虢国夫人还询问官吏："要杀我者，国家乎？贼乎？"县吏回答："天下官民都想杀你。"在震惊绝望之中，伤口的血凝在喉咙，虢国夫人极为痛苦地窒息而死。陈仓官吏草草抛尸城外。

在王朝崩塌的尘埃中，杨氏家族只是一个陪葬品。

《虢国夫人游春图》也在战火中踪迹全无。北宋末年，宋徽宗大力搜罗书画作品，此画重新现世，进入内府。宋徽宗爱不释手，常于宣和殿内观赏把玩。为了防止此画意外失传，宋徽宗下令临摹，将真品和摹本一起储存在内府。"靖康之乱"中，《虢国夫人游春图》随同徽钦二帝及无数金银财宝、书画珍品被掳北上。战乱辗转中，张萱的原作佚失，数十年后金章宗完颜璟看到了一幅宋代摹本（也就是如今存世版本），并模仿宋徽宗的瘦金体在摹本卷首题下了"天水摹张萱虢国夫人游春图"的题签。"天水"是赵宋皇室的郡望。金章宗认为这是宋徽宗亲自临摹的作品，但宋徽宗传世画作以花鸟怪石主题为主，且盖有御制印章或"天下一人"花押，而这幅摹本既是人物画，又没有任何宋徽宗的书画痕迹，不符合他的创作习惯。因此，后世认为这幅摹本是当时画院的画师作品，并非宋徽宗亲笔所为。

乾隆年间，乾隆皇帝搜集书画古迹，《虢国夫人游春图》摹本重归宫廷内府。清亡后，溥仪携带包括这幅作品在内的大批珍

《虢国夫人游春图》局部

品出宫。日本投降后，《虢国夫人游春图》摹本在溥仪准备逃亡的飞机上被截获，从此结束了存留不定的命运，保存在了当地博物馆。该作现存辽宁省博物馆，纵 51.8 厘米、横 148 厘米，是该馆的镇馆之宝。

画中，大唐王朝沐浴在帝国巅峰的春光里，传递着其中的荣耀与隐忧。

❶ 杨玉环最初为李隆基之子寿王李瑁的王妃，也就是李隆基的儿媳妇。杨玉环为寿王妃十载后，经李隆基运作辗转入宫。

徐浩书《朱巨川告身》

——东南士人走出『汉晋故事』

现在，让我们把目光对准一份官文书。

紫禁城作为明清权力中枢，自然保存着大量的官方文件，这并不稀奇。但是，接下来要细细分析的这份官文书却是世所罕见的国宝。

当明清史研究者皓首穷经于堆积如山的诏书、题奏、选簿、清单之时，隋唐史研究者却苦于缺乏原始文书史料。台北"故宫博物院"藏有唐代徐浩书《朱巨川告身》，白麻纸本，纵27厘米、横185.8厘米，保存完好、印鉴鲜明、传承有序，是今人可见保存最完整的唐代官方文书之一，为唐史研究提供了不可多得的原始文献，是当之无愧的国宝。

告身是中国古代的官凭文书，类似于后世的委任状。它起源于隋，创建于唐，发展于唐宋，消亡于明。

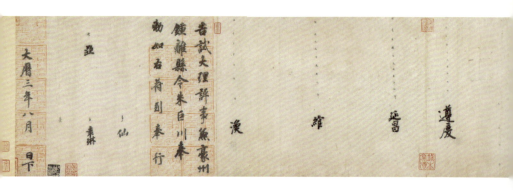

《朱巨川告身》

　　唐代告身的制作、管理、使用等有一系列程序和规则，唐人极为重视，在朝廷颁给告身原件之外，多请书法名家缮写。《朱巨川告身》便是请当时的书法名家徐浩亲书。乾隆五十四年（1789 年），经史学家毕沅作《徐季海书〈朱巨川告身〉跋尾》指出："季海（徐浩）是时自庐州召入，复为中书舍人。中书舍人职地尊严，书告本非其职，或本人自以情求之，则有之矣！"徐浩确曾任中书舍人，后迁吏部右侍郎，掌管文官铨选。他身兼掌权者和书法家双重身份，便成为朱巨川求取复本的不二人选。几年后，朱巨川又请书法名家颜真卿缮写了两份新告身，"是时（颜真卿）适在闲局，而其忠义、书法巍然为天下望。巨川欲重其事，特求公书"。

　　延至清中期，三份朱巨川的名家告身只剩徐浩一人的作品，另两份颜真卿所书告身仅存拓片。清中期王昶《金石萃编》收两份《颜鲁公书朱巨川告身》录文，一为建中元年（780 年）朱巨

182

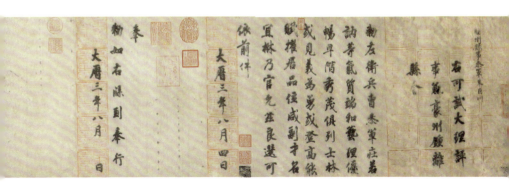

川朝议郎行起居舍人试知制诰告身，一为建中三年（782年）朱巨川朝议郎守中书舍人告身。

或许是因为三份朱巨川告身的书写者都是书法名家，后世对朱巨川告身的研究聚焦在书法艺术领域。无论是书法研究，还是从文本入手的制度研究，都紧盯告身的载体，没有关注其本身的内容。作为三份告身的主人，朱巨川是一个什么样的人物？朱巨川在两唐书中无传，且因名位不显，在正史和《资治通鉴》等主流文献中没有留下只言片语。一千多年后，我们还能否还原朱巨川的生平梗概？他的人生又隐含着什么样的时代信息？

隋唐片纸，保存至今，已经不易，还原上面的只言片语更是难上加难。

幸运的是，作为一位拥有一定文名、交游广阔的中唐官员，朱巨川的生平在其他文献中留下了雪泥鸿爪。依托三份朱巨川告身和《故中书舍人吴郡朱府君神道碑》，参考传世文献的零星记录，我们可以大致还原朱巨川生平及其时代。

朱巨川，字德源，嘉兴人，其家族是"从吴为世家，在晋为冠族""出入二百载，上下十数公，灿灿然与汉魏同风矣"的东南名门大族，源自三国魏晋吴中四大姓"顾陆朱张"中朱姓一系。朱巨川生年约为唐玄宗开元十三年（725 年）。出生之时，家族早已跌出了门阀豪族行列，仅属中层官僚之家。祖父朱贞筠曾任县令；父亲朱循，追赠太子洗马，生前很可能未曾入仕。朱巨川是家中的嫡长子。与同时代受到制度打压的门阀家族一样，嘉兴朱家也转向了科举求官的道路，褪去门阀贵族的华服，换上职业官僚的衣衫。朱巨川延续了祖父两代的科举道路，天宝三载（744 年）明经中举。

科举高中仅仅获得了仕途出身，荣光之后紧随而至的是漫长的守选生涯。鉴于官多职少，唐朝为新除官、中下级官员设置了守选制度，以缓解人事压力。中下级官员的守选时间越来越长，开元年间已经有守选二十余年而不获禄者，少数官员半生守选，才获得微官末职。不出意外，年轻的朱巨川也开始了漫长的守选生涯，约二十年后，直到唐代宗初期才正式出仕。

朱巨川的超长守选，不是简单地困于制度，而是有着更深层的考虑。守选期间，朱巨川著《四皓碑》，将目光对准秦汉之际著名隐士"商山四皓"。"商山四皓"知存亡、懂进退的人生姿态与智慧，成为朱巨川寄托内心的对象。他徘徊在出仕和隐居之间，犹豫于究竟是积极进取、追求事功，还是独善其身、淡薄守志，底层考虑自然是在日渐浑浊的大环境中谋求家族利益与个人价值的最大化。

导致朱巨川超长守选的客观原因是"安史之乱"的爆发。硝烟蔓延、两京陷落，正常的人事铨选难以为继。朱巨川内心的犹豫与权衡，在乱世中更趋浓厚。有赖于东南地区相对稳定的局势，他"深居里巷，鲜越户庭"，全身心投入经文讲义中去，其间加入了萧颖士、李华及其弟子独孤及、梁肃等人发起的"前古文运动"，或友朋游从，或诗文相继。古文运动不仅仅是一场文学运动，一开始就穿越文学天地进入政治领域，参与者希望借此登上政治舞台革新朝政。朱巨川与古文运动的先驱们师友相处，自然胸怀抱负，渴望施展才华的机会。仕与隐的天平，开始向入世一端倾斜。

"安史之乱"在唐代宗广德元年（763年）终结。战争过后，物是人非，百废待举，在内心渴望和人脉的双重驱动下，朱巨川开始了游宦生涯，释褐睦州录事参军。

根据建中元年告身对朱巨川考课的陈述从大历三年（768年）任钟离县令开始，可知朱巨川在睦州任上并没有考课。唐代一年一考，排除朱巨川拒绝考课或辞官不任的极端情况，他极可能没来得及接受当年考课便调任钟离县令了，那么，朱巨川任职睦州录事参军应在大历二年年末至大历三年八月新任命下达前。

如此仓促任命，是由于亦师亦友的独孤及独掌一郡，引用亲信干才协助施政。代宗朝初期，独孤及驶上仕途快车道，辗转出任濠州刺史。濠州扼守江淮和中原的要津，是江淮抵御中原武力的屏障，也是北方势力南下的跳板。安史乱平，濠州却不平静。

独孤及"以淮士轻剽，承兵革之后，率多不法，长吏不能制。遂先董之以威，格之以政，然后用恺弟宽厚，渐渍其俗。三年而阖境大穰"。勇于任事自然需要可以信赖又兼具才华和吏干的人才，朱巨川便进入了独孤及的视野。

徐浩书《朱巨川告身》是这一历史瞬间的直接见证，主体录文如下：

睦州录事参军朱巨川，右可试大理评事兼豪州钟离县令。

敕左卫兵曹参军庄若讷等，气质端和，艺理优畅，早阶秀茂，俱列士林，或见义为勇，或登高能赋，擢居品位，咸副才名，宜槜乃官，允兹良选，可依前件。

大历三年八月四日。

中书令使。中书侍郎平章事臣元载宣。知制诰臣郗昂奉行。奉敕如右牒到奉行。大历三年八月日。

侍中使。门下侍郎平章事（杜）鸿渐。□事中察。八月日。

时都□。右司郎中。金紫光禄大夫吏部尚书（裴）遵庆。银青光禄大夫行吏部侍郎（王）延昌。朝议大夫守吏部侍郎（杨）绾。尚书左丞上柱国（崔）涣。

告试大理评事。兼豪州钟离县令。朱巨川。奉敕如右。符到奉行。

主事仙。郎中（杜）亚。令史袁琳。书令史。大历三年八月日下。

开元二十三年（735年）后，告身形成了"尚书吏部/司勋/兵部告身之印"的固定钤印制度。徐浩书《朱巨川告身》共钤"尚书吏部告身之印"44枚。

前辈学者对告身的制作、发给程序进行过复原，如制敕授官，由宰臣进拟某人"可某官"后，中书省宣奉行，由门下省署名审核，御画可，下尚书省，由左右丞相、吏部尚书、吏部侍郎、尚书左丞等人署名，然后由书令史抄写，以符文形式下发。

朱巨川告身敕书之后是三省经办官员的签名。"其敕由中书而门下而尚书，当日三省职掌如是。尚书省诸官，自署其名，而中书、门下二省，皆令史所书者。告身为尚书吏部之事，故于中书、门下二省，但录其文。"该文并非像基层文官任命那样由吏部奏授，而是履行上述流程，说明朱巨川任命由地方长官发起，而非吏部铨选，类似的人事实权已经落入地方长官手中。告身走完流程的落款为"大历三年八月日下"。

告身上署名不署姓者鸿渐、绾、遵庆、涣、亚等，分别对应杜鸿渐、杨绾、裴遵庆、崔涣、杜亚等。这些都是中唐政坛大佬，其中裴遵庆长期执掌吏部文官选举，在授朱巨川告身时年且九十，可谓衣冠盛事。

此次任命是一道集体任命，受官者至少还有左卫兵曹参军、正九品上庄若讷。庄为天宝十载（751年）进士，大历二年（767年）在制举"茂才异等科"中又入高等。庄若讷"艺理优畅""登高能赋"，他在敕书中能名列第一，自然有过人之处或将有大用，可惜限于史料而难知详情。确定的是，庄和朱获任的都是朝野公认的"良选"。其中，朱巨川为试大理评事兼钟离县令。大理评事，从八品下；濠州钟离县，上县，县令从六品上。朱巨川实际职事当为钟离县令，以从六品上的本官去"试"从八品下的一个京官，反映了当时地方节帅替重要僚属奏兼京衔的风气。这对兼挂京衔的地方官的仕途发展是有利的。

朱巨川任钟离县令两年，在大历五年离任。这与独孤及的任期一致，可见当时重要僚属与地方主官在仕途中日益捆绑在一起。

神道碑评价朱巨川"干固守成，平端吏职，所至蒙其福利，所奉由其重轻"，想必他在钟离县的表现可圈可点。"安史之乱"后，百姓流亡、府库空虚。后人可以想象朱巨川当年在钟离县招揽流亡、安顿田亩、稳定地方的奔忙情形。一个地方在困难时期，遇到一个合适的父母官，何其有幸。

中唐以后，官场拥挤，士人转而曲线救国，先入地方幕府再挟资历入京谋求实职。朱巨川也循着这条轨迹继续宦海沉浮，此后历任鄂岳节度使从事兼监察御史，入京任左补阙内供奉，起居舍人、试知制诰，司勋员外郎、掌诰如初，中书舍人，最终跻身高层官僚序列。

朱巨川秉笔中枢这段时间，正是唐德宗励精图治、奋发有为的前半期。唐德宗以中兴自励、以强明自任，严禁宦官干政，废租庸调制，推行两税法，尤其是一改唐代宗对藩镇姑息的政策，力主削藩，建中二年（781年）趁成德镇权力接替之际发动削藩战争。朱巨川见证了上述重大事件，并且参与了其中许多大政方针的草拟、推行与反馈，"秉考秀之刀尺，掌条流之衡度"，获得了认可，"前后时宰，佥称任职"，中枢生涯算是小有成就。

按照惯常路径，朱巨川的仕途前景应该是在不远的将来出任侍郎、尚书，进而同中书门下平章事，成功跻身宰相行列。然而，他的仕途止步于中书舍人，未能更进一步。神道碑对此颇为惋惜，"焦明颠于层旻，飞黄顿于局路，此人情所以为恸，天问之所宜赋也"。其中固然有主观原因，关键还是客观因素：朱巨川实任中书舍人不满10个月，"以建中四年三月九日，遘疾终于上都胜业里私第，春秋五十有九"。假以时日，朱巨川未必不能荣登相位，但历史留给他的时间确实太短了。

"安史之乱"爆发后，江淮地区保持了相对和平的局面。爆发于南方的"永王之乱""刘展之乱"持续时间短、破坏程度低，并没有动摇江淮稳定的大局。北方人口南迁便是南方稳定的最好证据。相当数量的北方士人也随同南迁百姓来到江淮。大规模的人口迁入，迅速壮大了南方各方面的实力。中唐以后"今天下以江淮为国命"，"当今赋出于天下，江南居十九"。长安朝廷之所以摇而不坠，所仰仗者除天子权威残存之外，便是江淮地区源源不断的财赋输入。

这一幕似曾相识的景象，在东汉末年、西晋末年都曾发生过。前两次人口和其他资源的大规模迁入，导致了在东南士族豪强支持下的南方割据政权的出现。东汉末年是建立在江东士族和淮泗豪强支持之上的孙吴政权的建立，西晋末年之后是南下士族和南方士族共治的东晋－南朝两百多年的统治。朱巨川家族所归属的吴中"顾陆朱张"集团就是两次割据政权的鼎力支持者和受益者。当相同的历史背景再现之时，"汉晋故事"没有重演，原因何在？

朱巨川经历安史战乱时的数年蛰伏后，选择坚定地站在朝廷和统一的一边。在州县，勤勉政务，为长安招揽流亡、安顿地方；在中枢，忙碌的则主要是唐德宗初期敛财、削藩等维护大一统的政务，费心费力，卓有成就。朱巨川的抉择不是个体行为，而是代表了东南士人群体的政治取向。唐德宗贞元年间李观《与处州李使君书》有云："士有才与艺，而不北入洛、西入秦，终弃之矣。"伴随着东南地区综合实力和政治重要性的提升，当地士人走出"汉晋故事"，选择北上投效朝廷，为统一效力，是一个饶有趣味的现象。它是隋唐政治制度变革的产物，更是中国社会深远变革的见证。

在朱巨川的时代，富庶的江南最终成为帝国最有效实施其控制力、整个版图内最稳定的地区。以朱巨川为代表的江南名门大族对朝廷的支持发挥了重要作用。

朱巨川在他的时代，并非显赫人物，却是展现上述政治取向、保障东南地区在中晚唐没有重蹈"汉晋故事"的一个例证式人物。

　　建中四年（783年），泾原兵变，长安陷落，天子蒙尘，唐德宗李适出逃奉天。

　　这场变故意味着唐朝皇帝削弱藩镇势力的又一次失败，昭示着皇权威严遭受又一重打击。大唐王朝难以挽回地滑向分裂衰颓的深渊。

　　千里之外的江南，镇海军节度使韩滉修筑城池，整治楼馆，封锁辖境，出动水军在长江阅兵。位于帝国核心的关中地区已经烽烟四起，朝廷颠沛流离，韩滉依然坚持向关中输送粮赋，亲自背负粮囊运上漕船。在节度使的表率之下，江南"大将以下皆运，一日之中，积载数万斛"。以后每当发运军粮，韩滉都自负一石登舟，"将佐争赴之"。天下依然纷争不宁，江南的漕粮每船置十弩以示警捍，沿途贼匪不能剽掠。

一艘艘江南的漕粮，满载着物资，穿越狼烟四起的广大地区，源源不断地输送至飘忽不定中的朝廷。

风雨飘摇中的大唐王朝，此时之所以没有覆灭，一来有赖于身系天下正统，上百年的盛唐气象余威犹存；二来凭借江南地区持续的物资供应，朝廷勉强运转。"军用既繁，道路又阻，关中饥馑，加之以灾蝗，江南、两浙转输粟帛，府无虚月，朝廷赖焉。"（《旧唐书·韩滉传》）

韩滉是江南物资输送事业的奠基人之一，在自私纷扰的乱世中独树一帜，以他的忠诚和干练维持着朝廷大计，避免国家陷入更不堪的混乱。

韩滉，京兆长安人，出身官宦世家，父亲是以忠贞耿介著称的太子少师韩休。唐玄宗天宝年间，韩滉以门荫入仕，历任主簿、节度判官、殿中侍御史等职，累迁尚书右丞。在二十多年的漫长仕宦生涯中，韩滉官位不显，大历六年（771年）才得以出任户部侍郎判度支，与财政名臣刘晏分领诸道财赋。跻身高级官员行列的韩滉，此时已经49岁了。此后，不畏强权又勤勉从政的韩滉如鱼得水，分管财政多年，政绩突出，迅速升迁至镇海军节度使、浙江东西观察使，成为雄踞东南的一方诸侯。

韩滉在政坛的崛起，固然有家族背景的因素，但主要还是他勤政奋斗的成果。他通晓政务，办事勤敏踏实。韩滉曾判南曹事务5年，负责文官铨叙。这是一桩事务繁杂、耗费心力且吃力不讨好的差事。他埋头文书簿册中爬梳典章制度，不遗漏任何细枝末节，工作平稳。韩滉为人正直，个性刚强，坚持原则，勇于任事。宦官专横是晚唐顽疾之一，宦官掌控的北军官兵曾杀害富平县令。权阉鱼朝恩出面求情，唐代宗特诏赦免凶手。韩滉上密疏驳奏，最终将凶犯伏法。正是在这一桩桩一件件的政务流转处理中，韩滉得到了唐代宗、唐德宗父子的器重。纷争的政局确实也需要韩滉这般勤敏任事的得力干将。

泾原兵变，唐德宗仓皇出逃，韩滉认为是"臣下之耻"。他训练士卒，保全江南，是想为朝廷保持一方安定，甚至做好了迎接皇帝南渡、唐朝偏安一隅的准备。当时有人对韩滉此举有所揣测，认为他意欲割据，预备自立。当是时，藩镇节帅对朝廷阳奉阴违，自行其道，强藩图谋自立乃至叛乱的不在少数。镇海军节度使辖区已成天下经济中心，人烟阜密、兵强马壮，又恰逢皇权跌落尘埃，韩滉具备浑水摸鱼、割据称雄的所有条件。但是，他并没这样做，反而选择了更艰难的一条路：逆流而上，勉力支撑朝廷于不坠！

韩滉幼年时经历了"安史之乱"，兄弟亲属4人为安禄山所杀。位列高位之后，他目睹了李惟岳、李正己、田悦、李纳、王武俊、李希烈、朱泚等藩镇军阀相继叛乱。切身经历告诉他，割据纷争并非国家和个人之福。他无力扭转大局，便埋首做好本分事，保一方安宁、护一方百姓。王政之基在州县，朝政仰仗于点滴，韩滉信奉自下而上的改变，相信海纳百川的力量。

当然，韩滉的认真进取在当时便有不同的声音，有"气量狭窄""苛察细事"等差评。《旧唐书·韩滉传》明言他"苛克颇甚，覆治案牍，勾剥深文，人多咨怨"。这些评价指向的客观事实是，韩滉讲规则、重执行，严格执法、聚敛财政。其行事谈不上轻柔，施政对象和慎刑哀矜的同僚，难免对他有怨言。不过，乱世用重典，韩滉的"严苛"也是可以理解的。

公事存在争议，而私行无可指摘。韩滉生性节俭，生活异常简单，衣服配饰十年不变，住房简陋至极，仅仅遮蔽风雨而已。从入仕到位列将相，他只拥有过五匹坐骑，都是骑到老迈为止，更不用谈铺陈车驾了。韩滉廉洁奉公，长期掌管财政、人事，乃至封疆富庶的江南，却不为自己和家人营建资产。就生活而言，韩滉应该是一个"无趣""古板"的人。

业余时间，韩滉将大量时间和精力投入了书画自娱，在笔墨丹青中对抗纷繁现实、追求精神舒适。《唐朝名画录》说他：

> 然尝以公退之暇，雅爱丹青，词高格逸，在僧繇、子云之上。又学书与画，画则师于陆，书则师于张。画体生成之踪，书合自然之理。

"僧繇"是张僧繇，"子云"为扬雄；"陆"是陆探微，"张"为张旭。四人都是书画大家：张僧繇是南朝梁时的画家，追求明暗的"退晕法"、立体的"凸凹花"都是他的发明，他也是"画龙点睛"传说的主人公；扬雄是汉赋大家，影响深远；陆探微是南朝宋时的画家，首创以书法入画，相传他将东汉张芝的草书施展到绘画之中，笔迹如锥刀般锐利；张旭是唐代草书大师，被后世尊称为"草圣"，其草书与李白诗歌、裴旻剑舞并称"三绝"。

韩滉自学相当系统，称得上是充分汲取之前的书画积淀，站到巨人们的肩膀上继续攀登。

在漫长的宦海生涯中，韩滉的精神翱翔在积极入世的政务和自娱自乐的书画之中，求得平和与力量。

韩滉的自我定位始终是治国平天下的文官士大夫，而不是追求细腻巧妙的职业画家，"以绘事非急务，自晦其能，未尝传之"。他不主动展示作品，更不愿意炫技。

唐代及之前的画家，尤其是身份高贵的画家，热衷描绘华贵优雅的贵族生活、恢宏壮丽的风景，不屑于将牛羊牲畜、乡村田野作为主题。韩滉以宰执之尊，不去关注宴乐声色，反而转向朴素的田园，描绘农家风俗和农事生产，尤其钟爱并擅长画牛、羊、驴、马等动物。或许他本是目光向下、习惯脚踏实地的干才，因此创作笔触也是向下的，在自然质朴的农家世界中怡然自得，追求恬淡宁静的内心世界，以对抗繁重的行政压力和破败的国家政局。

官府后衙的"业余画家"韩滉，无意间开创了田园风俗画的先声。

现藏北京故宫博物院的《五牛图》（纸本设色，纵 20.8 厘米、横 139.8 厘米）是韩滉的传世孤品，体现了上述鲜明特点。

画卷从右向左缓缓打开，五头牛一字排开：一在荆棵蹭痒，一翘首前仰，一站定前望，一回首舔舌，一缓步前行，姿态各异，动态十足。其中，第三头牛正面示人，直视观众。其他四头都是左侧图像。韩滉确实"业余"，牛的躯体并不符合现代解剖

《五牛图》

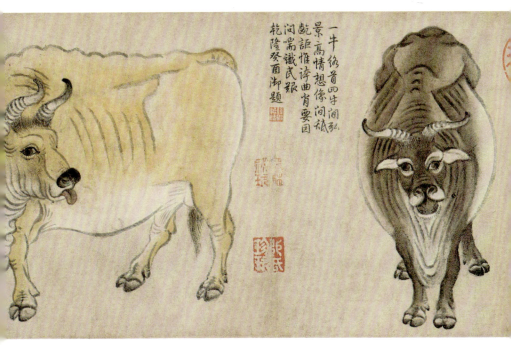

一牛絡首四字間弘
景高情想像間祇
戲詠惟諄曲肯要回
問喘識民艱
乾隆癸酉御題

原理，全图的观者视角也不统一。但是，画作线条简洁而富有力度，笔法老练、流畅且表现力精确。每头牛都目光炯炯，韩滉传神地刻画了牛的温顺、踏实与坚强；头部口鼻笔画细腻，毛发丝丝可辨。全图除右侧有一簇灌木外，别无其他背景，五头牛都可独立成章。

　　画卷似乎是韩滉的"习作"，五头牛平铺直叙，没有复杂的构图，似乎也不相互关联。不过，有后来者解读，前四头牛都自由自在，只有第五头牛穿鼻系上了红色络头，显然是为人驱使的"打工牛"。韩滉此举借用了南朝隐士陶弘景画牛的典故。梁武帝征召陶弘景，意欲大用。陶弘景回复了一幅"两牛图"：一头自由自在，在山野之中；一头套上金络服饰，为人驱赶，表达对无拘无束和自在山林的向往。梁武帝心领神会，不再强求。韩滉以为人驱赶的牛收尾，表达了人生从自然走向束缚的无奈。不过，第五头牛没有委屈或愤懑，而是坦然前行，不悲不喜，又何尝不是韩滉真实状态的写照？人在枷锁之中，置身各种社会关系、承担各项人生责任。韩滉脚踏实地，负重前行，一如中国人对耕牛的认知。正是一位位如韩滉一般的"老黄牛"的认真与尽责，社会才走出纷乱、战胜衰退，稳步前行，走向进步与光辉的未来。

　　《五牛图》画面简洁，风格清淡古朴，五牛神形兼备，是一幅佳作。

　　田园风光与牛羊等动物在唐朝中后期越来越多地成为文人的创作主题。杜甫、张籍、元稹、白居易等诗人对准田园风光与民间疾苦；韩滉等画家则善于绘制动物，有画马的曹霸、韩幹，画孔雀的边鸾等。画以寓情，只要能表达创作者的精神思想，牲畜鸟兽便是主角。

中国人很早就驯服野牛，用以运输、祭祀、食用、耕作等，广泛运用在生产、生活的方方面面。牛耕帮助作物生长，牛车用于运输，牛还常用来镇水，牛是风调雨顺、国泰民安的象征，更是奔波生计的千万黎民的忠实同伴。牛连接民间疾苦，彰显皇天后土的精神世界。韩滉通过耕牛聚焦民生，有自题诗为证：

天寒牛在牢，岁暮粟入庾。田父有余乐，炙背卧檐庑。

却愁催赋租，胥吏来旁午。输官王事了，索饭儿叫怒！

牛还是韩滉的自述、自励。他把踏实可靠、忠诚奋斗的精神追求寄托在了牛身上。承担着耕种、赋税的压力，忍受着有形的鞭策和无形的误解、催逼、抱怨等，老黄牛却从没有放弃职责、放弃前行，连一句辩解与反驳也没有。家园与生计离不开老黄牛的默默奉献，朝廷与天下何尝不是如此？

兴元元年（784年）开始，朝廷先后加韩滉检校吏部尚书、检校右仆射、检校左仆射、同平章事，使职如故。贞元二年（786年）春，唐德宗特封他为晋国公。十一月，64岁的韩滉回到长安，实任宰相。在相位上，韩滉与尚书右丞元琇就财政分权爆发冲突，他排挤后者，将其贬为雷州司户。朝廷官员纷纷为元琇鸣冤，给事中袁高抗疏申辩，韩滉诬陷两人为朋党。唐德宗或许知道韩滉喜牛，自带一股牛性，将两人的奏章扣下不理。第二年，韩滉去世，享年 65 岁，获赠太傅，谥号"忠肃"。

韩滉是历史上少见的宰相画家，更是少有的政治与艺术没有偏废、"双丰收"的画家。

南宋陆游称赞韩滉："每见村童牧牛于风林烟草之间，便觉身在图画，起辞官归里之望。"在唐代，官民就热衷收藏韩滉的作品，入宋以后更是追捧。其中，《五牛图》在宋朝珍藏在皇宫秘府之中，宋高宗赵构仓皇逃难时坚持携带此画，可见珍视程度。元朝建立，《五牛图》仍在赵氏后裔手中，初为赵伯昂收藏，后归大书画家赵孟𫖯。赵孟𫖯请能工巧匠重新装裱《五牛图》，并题跋整个过程：

> 余南北宦游，于好事家见韩滉画数种，集贤馆画有《丰年图》《醉学士图》最神；张可与家《尧民击壤图》笔极细；鲜于伯几家《醉道士图》与此《五牛》皆真迹。初，田师孟以此卷示余，余甚爱之，后乃知为赵伯昂物，因托刘彦方求之，伯昂欣然辍赠，时至元廿八年七月也。明年六月，携归吴兴重装，又明年，济南东仓官舍题，二月既望，赵孟𫖯书。

题跋可证，元朝尚流传韩滉的众多画作。对于《五牛图》，赵孟𫖯给予了"神气磊落，希世名笔"的极高评价。赵孟𫖯的书法使得《五牛图》卷价值剧增。遗憾的是，《五牛图》在他手中流失。

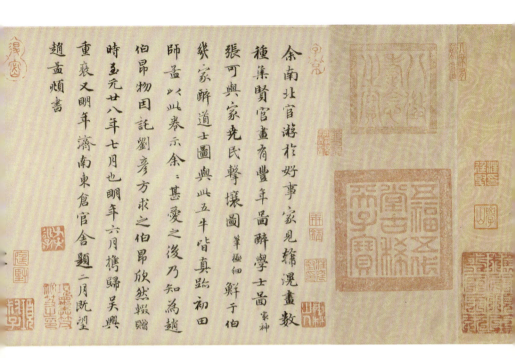

余南北官游於好事家見籍湜畫數

種蘖賢官畫有豐年醉學士畫

張可與家堯民擊壤圖筆極細鮮于伯

幾家醉道士圖與此五牛皆真跡初田

師益以此卷示余甚愛之後乃知為趙

伯昂物因託劉彥方求之伯昂欣然輟贈

時至元廿八年七月也明年六月攜歸吳興

重裝又明年濟南東倉官舍題二月既望

趙孟頫書

《五牛图》赵孟頫题跋

　　乾隆皇帝一生搜求图书、稽古右文，《五牛图》重入皇宫大内。乾隆欣喜之情溢于言表，在卷首御笔题"兴托春犁"四字，并书"唐史称五牛图"六字，赋诗：

　　　　一牛络首四牛闲，弘景高情想象间。

　　　　舐齕讵惟夸曲肖，要因问喘识民艰。

　　乾隆皇帝对人生的体味远不如韩滉，他的认识局限于重视农桑的层次。乾隆看到了一牛络首、四牛空闲，联想到了"弘景高情"，却认为这仅仅反映韩滉深知百姓艰辛、鼓励劳作。诗书画作都是作者内心的倾诉，折射灵魂的深浅。这在此处表现得淋漓尽致。

严格而言，《五牛图》并没有作者款印，但是附有赵孟𫖯、乾隆等十四家题记，人们普遍认为是韩滉的作品，而且是其唯一存世作品。

唐代绘画绝大多数用绢，纸张尚未作为画材。《五牛图》却是绘制在麻纸之上，尤其珍贵。它是中国现存最早的纸本画。

《五牛图》如此珍贵，乾隆皇帝专设春藕斋珍藏，以为万古无虞之策。然而，国势才是国宝最好的保险箱。1900 年，八国联军攻入紫禁城，《五牛图》遭劫，从此开启了漂泊史。1950 年初，周恩来总理收到香港爱国人士来信，说《五牛图》在香港露面拍卖，极可能流失国外，希望国家出资回购。周总理深知《五牛图》的价值，在满目疮痍、财政窘迫的情况下，批巨款指示文化部赴港购回该画。至此，历经离乱的《五牛图》满是污垢、蛀洞累累，回归故宫，好似一头终生劳累的老黄牛终于可以安享岁月了。

* 本文除参考《旧唐书》《新唐书》外，还主要参考赵农《韩滉画牛》（《云南艺术学院学报》2017 年第 1 期第 62-66 页）、尹文《韩滉〈五牛图〉及诗文题跋叙说》（《东南大学学报（哲学社会科学版）》2004 年第 2 期第 78-82、128 页）。

《神仙起居法帖》

——人心安时便成仙

五代十国最著名的"疯子"，当属杨凝式。

杨凝式出名，首要原因是他出身顶级门阀——弘农杨氏。弘农杨氏显达始于西汉丞相杨敞，扬名于"关西孔子"、东汉太尉杨震，之后出将入相者不绝于朝。延至唐朝，"李武韦杨"四姓联姻，杨氏成为"十一宰相"世家，权势依旧炙手可热。弘农杨氏一族显赫了上千年。杨凝式出自隋朝越恭公杨均一脉，曾祖杨收为唐懿宗时宰相，父亲杨涉为唐哀帝时宰相，他本人二十多岁即考中进士，官拜秘书郎，位居清要之职，前途远大。

然而，时代的冷酷转变，从不以人的意志为转移。

其父杨涉拜相之日，与家人相对泣下。杨涉对杨凝式说："吾不能脱此网罗，祸将至矣，必累尔等。"不久之后，天祐二年（905年），专断朝政的军阀朱温杀死唐哀帝的九个兄弟，又在滑州白马驿将忠于李唐皇室的三十多名大臣全部杀害，投尸黄河，史称"白马驿之祸"。宰辅高官几乎为之一空。杨涉侥幸获免，因为他需要捧着唐朝传国玉玺，恭请朱温登基称帝。

奉玺之日，时任唐朝秘书郎的杨凝式冲着父亲大喊："大人为宰相，而国家至此，不可谓之无过，而更手持天子印绶以付他人，保富贵，其如千载之后云云何？其宜辞免之。"没等儿子把话说完，杨涉一把捂住杨凝式的嘴巴，大惊失色道："汝灭吾族。"当时，朱温为监视异己，遍布密探，探访群议，官宦缙绅遭祸者众多，人人自危。杨涉贵为宰相，更加朝不保夕。家世和权位，反成了死亡猎手。

第二天，杨凝式就疯了，陆陆续续疯癫了半个世纪。时人谓之"杨风子"。

杨凝式的疯，并不是他人非议，其本人也大方承认。后唐同光初年（923年），朝廷授杨凝式为比部郎中、知制诰，负责草拟核心政令并参与机要，杨凝式却以"心疾"请求罢官。朝廷看杨凝式平日言行确实反常，加之杨家声望太高，便允其所请，改为给事中、史馆修撰、判馆事。别人失去了核心文书的差使，得了史馆的闲差，会觉得得不偿失，更加郁郁寡欢，杨凝式却疯态顿消，兴高采烈地投身史籍整理编撰。他精选通儒，校定三馆图书。后唐明宗即位后，要升杨凝式为中书舍人。中书舍人参与政令参谋和书写，又是接触权力核心的要职。不料，杨凝式"心疾"又犯了，疯得不能上朝，自然没法就任新职。唐明宗也没勉强他。说来奇怪，杨凝式的疯病立刻就痊愈了。

一靠近权力核心就发疯，远离权力就恢复正常，这难道是正常人所为吗？

杨凝式的运气着实好，在此期间的知制诰、中书舍人，常因忤逆圣意被处死，政变如吃饭、改朝换代如更衣，胜利者处置旧人也如吃饭更衣一般寻常。杨凝式两次拒绝入中枢，反而躲过了劫难。

外在迫害侥幸躲过，精神的煎熬却在劫难逃。后梁贞明以来，杨凝式的亲友相继故去。科举座师张文蔚暴卒，父亲杨涉在后梁续任宰相三年后郁郁而终，杨凝式失去了亲情和庇护，开始独立面对险恶的世界。恩公张全义一家的遭遇，更是大大刺激了杨凝式。

张全义爵封魏王，官拜河南尹，欣赏、提拔过杨凝式。乾化二年（912年），梁太祖朱温在洛阳养病，住在张全义的宅院避暑，旬日之间将张全义家的女眷全部奸淫，甚至包括张全义的妻子。长子张继祚不胜愤耻，操起利刃要去和朱温拼命。张全义制止他："吾为李罕之兵围河阳，啖木屑以为食，唯有一马，欲杀以饷军，死在朝夕，而梁兵出之，得至今日，此恩不可忘也！"表面上，张全义是报当年朱温救命之恩；实际上，何尝不是势力悬殊，强权之下焉有小家？张全义、张继祚父子不得不忍辱负重。后来张继祚终究咽不下这口气，在河阳谋反，最终被诛杀。张全义的长孙张季澄，官至右威卫大将军，看破红尘，出家为僧，后唐清泰二年（935年）七月病逝，年仅38岁。张家的悲剧，是杨凝式亲眼看见的。

而同年登科的好友窦梦征、刘赞之死，则切切实实告诉杨凝式命运无常、执念无用。

窦、刘二人都是学识出众、正直勤勉之人。贞明二年（916年），盘踞浙江的吴越王钱镠遣人贡献，朝廷拟加钱镠诸道兵马元帅荣衔。翰林学士窦梦征认为钱镠利于市易，不宜加以过高的名器。朝廷不听，窦梦征不愿书写诏令，对着空白麻纸哭泣，结果被贬为蓬莱尉。窦梦征死后，留下孤儿寡母，杨凝式与刘赞披麻戴孝为窦梦征料理丧事。刘赞还抚恤他的遗孀和幼子。刘赞为官严正守法，"权豪不可干以私"。皇子、秦王李从荣握兵而骄，多有过失，朝廷提议置师傅辅助规劝他。大臣畏秦王如虎，不敢裁决，请秦王自行挑选辅官。李从荣选择了刘赞。任前，刘赞对杨凝式哭泣道："祸将至矣！"秦王府官属十余人，多是浮薄倾险之徒，一味献媚纵容，只有刘赞从容讽谏，规劝正道。李从荣命令属官作文称赞自己，刘赞勉强操笔，但面露不悦之色。李从荣告诫左右，以后刘赞来了不得通报。刘赞也不再规劝，每个月到秦王府点一次卯，其余时间闭门不出，谢绝交际。长兴四年（933年），李从荣拥兵谋反，兵败被杀。秦王属官按律连坐，大臣认为刘赞正直为秦王所恶，免死，改为贬官。刘赞听到秦王败亡之初，就白衣驾驴待罪。别人告诉刘赞夺官而已，刘赞正色道："岂有天子冢嗣见杀，而宾僚夺官者乎？不死幸矣！"刘赞长流岚州，清泰二年（935年）诏归故里。因为体弱，刘赞中途病逝。

刘赞病故的第二年，后唐皇帝李从珂率军北上抗击强藩石敬瑭。杨凝式时任兵部侍郎，随驾出师。唐军抵达河阳，李从珂阅兵扬威。旌旗飘扬、甲胄鲜明，文武大臣簇拥李从珂登台亮相之际，杨凝式突然"疯病"发作，他手舞足蹈，大喊大叫，阅兵一度无法继续下去。李从珂久经战阵，杀伐决断，自然皱眉生恨，无奈弘农杨氏名望崇高，杨凝式文名远扬，加上朝野流传他向有疯病，所以没有处罚杨凝式，"请"他回洛阳静养。

这一次，杨凝式为什么发疯呢？

阅兵时，后唐局势已危如累卵。石敬瑭勾结契丹，引寇自重，已经是半公开的秘密。李从珂率军北上，后方京师早已震恐，居民纷纷出城藏窜，守军难以禁止。人心向背已经很明显了。杨凝式不愿将命运捆绑在后唐的战车上，更不愿为某一派势力殉葬。乱世无义战，胜利者最终宣传的所谓正义与天命，何尝又不是弱肉强食的说辞？

后唐很快覆灭，李从珂自焚，石敬瑭建立后晋。杨凝式继续在后晋为官，在礼部尚书职位上致仕，闲居伊洛之间。此后，他再未长期从政，开始疯疯癫癫的闲居生活。

自从疯了以后，人生轻松太多了！

洛阳是几朝首都，居住洛阳者多有王公大臣，杨凝式均"傲然不以为礼"，爱搭不理。王公显贵们或不以为意，或敢怒不敢言，谁让杨凝式是疯子呢？杨凝式平日恣意行事，狂逸不羁，说话没有顾忌，遇到不顺遂处则面斥人过，对于洛阳地方官员的过失更是骂不绝口。旁人不跟他计较，地方官员也拿他没办法，谁让杨凝式是疯子呢？

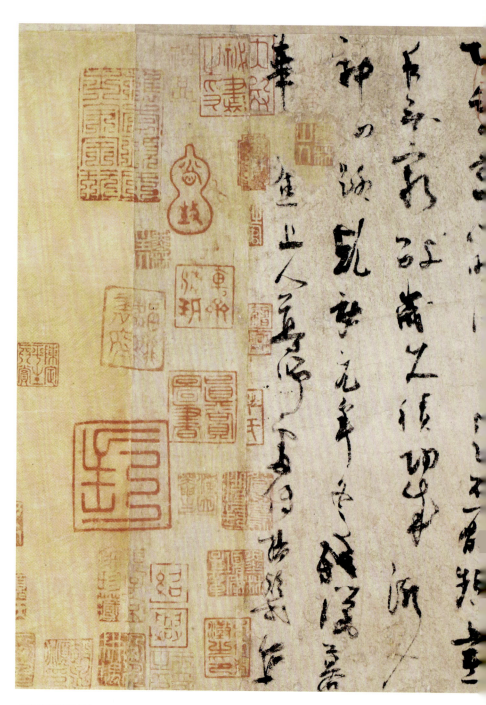

《神仙起居法帖》

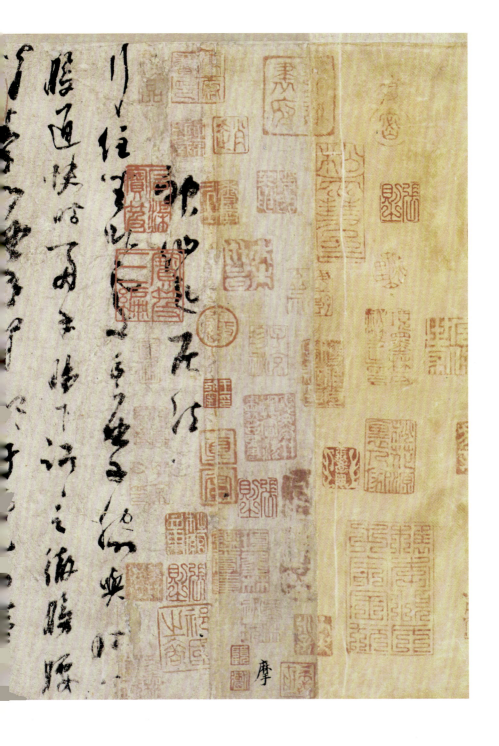

杨凝式家世高贵，又是闲居显宦，出行自然有仪仗相随，可是他偏要甩开仪仗策杖前行，因嫌仪仗行进太慢，且不自由。杨凝式最喜欢去的，就是洛阳城的大小寺庙道观。那里有成片雪白的墙壁，可供泼墨。到达寺院后，杨凝式面对一座座白墙，"箕踞顾视，似若发狂，引笔挥洒，且吟且书，笔与神会"。挥毫泼墨时的杨凝式，仿佛换了一个人。直到写满墙壁，杨凝式才罢手，毫无倦怠之色。信徒、游客驻足围观，无不叹赏。许多寺观为了得到杨凝式的墨宝，往往将垣壁粉刷一新，静待杨凝式前来。

杨凝式精于书法，是连接唐宋两代的书法巨擘。他以天地为书房，以白墙为宣纸，自由挥洒，书法技艺更臻精进。他的创作，楷书、行书、草书等形式并存，布局也不讲究，看似疯作。而恰是这种疯作，让杨凝式完全自由挥洒，每一个字都是认真的，每一篇作品都是精神的宣泄。褪去了外在束缚和特定目的，杨凝式抵达了书法艺术的本质——内心。

杨凝式创作过的园林名胜、寺墙僧壁，多已湮灭，因此传世作品极为稀少。宋代以后，后人可见的杨凝式作品仅有《卢鸿草堂十志图跋》《韭花帖》《夏热帖》《神仙起居法帖》等只纸片语。这些都是杨凝式随手记录生活片段的便笺，却无意中流传了下来。

后汉乾祐元年（948年），76岁高龄的杨凝式随手拿起一张纸，抄录了一段道教养生口诀《神仙起居法》：

行住坐卧处，手摩胁与肚。心腹通快时，两手肠下踞。踞之彻膀腰，背拳摩肾部。才觉力倦来，即使家人助。行之不厌频，昼夜无穷数。岁久积功成，渐入神仙路。乾祐元年冬（此处有"残"字划去）腊暮，华阳焦上人尊师处传。杨凝式（下面画一个草押）。

这张纵 27 厘米、横 21.2 厘米的小纸片，有幸化身为《神仙起居法帖》。该帖笔姿奇肆脱俗，造微入妙，是杨凝式小行草代表作。信笔游弋，东倒西歪之间顾盼生姿，风骨劲存。该帖卷前有题签"杨凝式书神仙起居法"，卷末有南宋米友仁、元商挺、清张孝思等人的题识。

《神仙起居法帖》流传有序。最早为宋高宗收入内府，后入贾似道手中，至明代被江阴葛惟善收藏，至清代乾隆时进入内府。帖上钤有"绍兴""永兴军节度使之印""赵孟頫印""项墨鉴赏章""士奇之印""陈定平生真赏""石渠宝笈"等鉴藏印。《神仙起居法帖》自进入乾隆内府后始终是紫禁城的书法珍藏，现为第二批"禁止出国（境）展览文物"。这些应该是杨凝式随手抄写养生口诀时万万想不到的。

杨凝式也不会料到自己在书法史上的崇高地位。后人评价他是五代书法第一人，"承唐启宋"，更有仅次于王羲之的书法史美誉。宋代书法家黄庭坚有幸在洛阳看见过杨凝式的书法作品，"无一字不造微入妙"，他将杨凝式的字和吴道子的画评为"洛阳二绝"。苏东坡称赞其书法笔迹雄杰，可谓书之豪杰。眼界很高的米芾也大赞杨氏书法"横雨斜风，落纸云烟，淋漓快目"。

杨凝式晚年最大的困惑，是闲居生活断断续续遭到打扰。他的门第过于煊赫，他的声望又随着年岁日益增长，勃兴骤亡的五代王朝都想利用他。后汉建立后，杨凝式先后加太子少傅、太子少师衔，后世因此尊称他为"杨少师"。后汉末年，藩镇郭威起兵进入开封，79岁的杨凝式归顺郭威，不过说明自己年事已高，请求致仕。郭威准他以右仆射的荣衔居家。郭威死后，周世宗柴荣继位，又下诏升杨凝式为左仆射，加太子太保之衔。杨凝式又不得不出山，做了名义上尊贵无比的宰相。后周显德元年（954年），杨凝式去世，时年82岁。后周追赠太子太傅。

从唐朝末年到后周，杨凝式经历了六个朝代，可称"六朝元老"。杨凝式在"疯子"和"宰相"的身份之间频繁切换。宋人张世南在《游宦纪闻》评价杨凝式：

> 世徒知佯狂可笑，而不知其所以狂；徒知墨妙可传，而不言其挺挺风烈如此！

《重屏会棋图》
——南唐的皇权与隐逸

　　《重屏会棋图》，故宫珍藏人物画，绢本设色，纵 40.3 厘米、横 70.5 厘米，禁止出国（境）展览文物之一。

　　这是一幅四人对弈的室内工笔人物画。画中人物身份显赫，画面中心儒服高帽、身材魁梧的是南唐中主李璟，旁边坐着他的三弟、晋王李景遂。二人饶有兴致地观看其四弟（齐王李景达）和五弟（江王李景逿）在前方围棋桌上厮杀。室内陈设简单文雅，但明显透出精致的宫室气息。李璟和李景遂兄弟俩坐在长榻上，左侧摆着错金投壶，壶前还散落着投箭。一场投壶游戏已经结束，兄弟四人转而投入相对安静、平和的围棋项目。画面的右方摆放着案几、衣笥巾箧，桌几侧前方有一个小童侍立，随时接应着主人的吩咐。侍童比例很小，站立着还没有坐着的李景达等人高大。中国画惯用人物的大小，甚至用夸张的比例来表示人物

《重屏会棋图》

身份的贵贱高低。在《重屏会棋图》中，李璟是最突出、身材最高大的，侍童最矮小、最不起眼。所有人物形象都修长清秀、安宁恬静，衣纹细致曲折又不失流畅。

画作的"会棋"显而易见，"重屏"作何解释呢？

李璟兄弟身后立有一面硕大的屏风。屏风出现在中国画中，始于五代，之后发展为中国文人画中的常用元素。此画的屏风是一幅"画中画"——唐代文豪白居易《偶眠》诗意图：

放杯书案上，枕臂火炉前。

老爱寻思事，慵多取次眠。

妻教卸乌帽，婢与展青毡。

便是屏风样，何劳画古贤？

画家取白居易诗中"慵多取次眠"句创作。一个络腮胡男子醉卧在床栏上，右侧或许是他的妻子，摘下丈夫的乌帽托在手中。男子面前放着酒具和一口炭盆，身后有两位婢女忙着铺床，另有一位婢女抱着被褥从左部进入画面。大家都忙着准备让络腮胡男子早些安歇。床榻的后方又是一面屏风，是一幅传统的水墨山水，山高水长，安静空旷。男主人要枕着这样的山水进入梦乡。或许那就是他梦想的故乡，是他内心深处最柔软的地方、最幽深的寄托。

从南唐皇族的闲敲棋子，到中唐诗人的冬日偶眠，再到传统山水的逍遥空阔，两道屏风营造了三重空间的效果，因此得名

《重屏会棋图》。值得一提的是，画中采用与画面水平方向成 45 度角的斜线来表现三维深度空间，符合基本的立体规律，这在之前的画作中是比较罕见的。

《重屏会棋图》没有名款，只有"政和""宣和"印玺，表明它是北宋宫廷藏画。画作中人物线条细劲曲折，略带顿挫，使用了南唐画家周文矩的"战笔法"，且画风与他的其他作品相似，后人普遍认为《重屏会棋图》是周文矩的作品。周文矩，生卒年不详，江苏句容人，南唐宫廷画家，于后主李煜时任翰林待诏。周文矩工人物画，以宫廷生活为主要创作题材，传世作品除《重屏会棋图》外，还有《明皇会棋图》《宫中图》等。

如果《重屏会棋图》的内涵仅限于此，那么只能算是一幅比较出色的宫廷画作。不同时代的后人从中解读出了丰富的历史内涵，更是提出了诸多疑问。有人甚至称它是"最烧脑"的中国古画之一。

我们重新审视画作，随问随答，看看《重屏会棋图》蕴含着什么样的深意。

皇帝李璟自然是宫廷画作必须突出的人物，但细看之下李璟着素色布衣。五弟李景逷也是着素色布衣。然而，三弟李景遂着绯衣，红颜色在画作中非常醒目，很容易吸引观者目光；四弟李景达更是着黄衣，那是帝王的服色。是李景遂、李景达二人不知避讳呢，还是画家周文矩刻意突出皇室内部的不和谐？同样僭越的是，李景遂是和李璟并肩而坐的。皇帝招呼他人"共坐"是千载难得的殊遇，做臣子的必须万般推辞——一如当年的王导。

皇帝李璟居中观战，只见手持记谱册，目光前视，若有所思，甚至有些严肃呆板。其他三人，对弈的齐王李景达、江王李景逿，侧身向李璟的外侧，彼此观察对方，似乎完全没有在意皇帝哥哥的情况。右侧的李景达目视弟弟，正抬起左手，仿佛催促对方落子。对坐的李景逿，右手执子，举棋不定。一旁的三哥李景遂，亲昵地拍着他的肩膀，眼神关切地注视着棋盘，似乎要给弟弟耳语指点。三个弟弟的情态刻画细腻，各有特点，构成了一个有机的交流系统，而主角李璟反倒成了半个局外人。这是李璟成竹在胸、稳坐钓鱼台呢，还是另有隐情？

有一个有趣的细节：李景逿上身正襟危坐，左脚悬空，似乎盘在右腿之下（甚至可能在抖腿），左脚的鞋子脱落在地。这个细节营造了一个皇室兄弟闲居燕乐的闲逸氛围。不过，御前盘腿脱鞋，实属"大不敬"。李璟兄弟四人的关系就"和睦"到这种程度了吗？

还有一个奇怪的细节，那就是棋盘。画中棋盘沿袭唐代围棋定制，为十九格，可见周文矩是写实的。奇怪的是，棋盘上只有黑棋，没有白棋！一枚黑子在左下角占一个金角，七枚黑子在右上角摆出北斗七星，北斗七星的核心、天上星宿之首的北极星正好落在李璟面前。这是指示李璟的至尊地位吗？

二重屏风也有疑点。白居易《偶眠》诗意图和第二重的山水画，准确表达出了文雅、清净、闲适的南唐文化氛围。但是，周文矩的目的仅及于此吗？或者，再加上增强空间效果、增加画面深度的炫技目的？

我们需要从画作的时代背景中寻找答案。

南唐，五代的南方割据政权之一，占据江淮地区和如今的江西省等地，存国 39 年（937—975 年），历经三主：烈主、中主、后主。南唐后主李煜文名煊赫，一句"春花秋月何时了"奠定了其文学史上的地位。其父李璟也是一名文学家，他的"小楼吹彻玉笙寒"也是千古名句。

孕育父子两代文豪君王的，就是承接六朝繁华、占据江南核心的南唐。在唐朝，东南财赋之地成了中国的经济中心。晚唐朝廷之所以能在内忧外患中继续维持上百年，一是天子余威尚在，二是东南地区的经济贡献。唐末混战中，江南地区遭受破坏较少。杨吴、南唐两个政权先后都奉行保境安民政策，即便是南唐烈主李昇篡夺杨吴政权，也是采取"禅让"的形式，社会和睦，民生安定。南唐"六经臻备，诸史条集，古书名画，辐辏绛帷。俊杰通儒，不远千里而家至户到"（刘崇远《金华子杂编》）。

而权力斗争永远不会停歇，静水之下一直涌动着不安分的欲望。

李昇有 5 个儿子：长子李璟，次子李景迁，三子李景遂，四子李景达，幼子李景逷。他不倾向于传位李璟，或许是认为其儒雅不适合乱世，更属意才气外露的次子李景迁，无奈李景迁早亡。李昇接着宠爱四子李景达，本欲废长立幼。可惜朝议反对，李昇只好按惯例传位李璟。

史书说李璟音容闲雅，服饰朴素，礼遇大臣，谦和下士，宛如儒者。李璟似乎天生就是温润江南的产物，更愿意隐逸山林，少年时筑馆于庐山瀑布前，在父亲去世后还主动让位。辞让不成，李璟便与三个弟弟在父亲灵柩前立盟，"约兄弟世世继立"。

画作中与李璟并肩而坐的三弟李景遂，便成了"皇太弟"——李景遂自然也百般辞让。之前和李璟存在激烈竞争的四弟、齐王李景达在画中穿着深黄，衣纹精心钩染。他的优势还体现在了对棋局的主动上。他对面的五弟李景逿最年轻，面庞年轻无须。三个哥哥都有胡须，且是同母所生。李景逿是侍姬所生，其生母有政治野心，为父亲李昪所斥，勒令出家为尼。他在皇权竞争中也最弱势。这种弱势体现在棋局之上。至于他脱鞋的举动，极可能自觉与皇权无缘，反而不在意繁文缛节，聚精会神面对棋局，达到了"身无外物"的精神境界。

李璟手拿记谱册，寓意他才是棋局的真正掌控者。在兄弟和睦的氛围中，李璟希望兄终弟及、轮流做皇帝的规则能够和平传承下去。身后的山水，才是他理想的生活。李璟倾心白居易的诗意，希望退隐山林。

屏风前后，是两重世界。外面是现实，有权争隐患；里面是理想，有山有水有生灵，没有案牍劳神，没有心力消耗。

这或许是"重屏"真正的含义：两重天地，权力与隐逸。

对李璟而言，山林重于宫廷，生命重于权力。可惜，和平的理想总是敌不过残酷的现实。可怜生在帝王家，李景遂力辞皇太弟，更取老子"功成名遂身退"之意，改字"退身"。李璟坚持以他为皇太弟，下令百官奏事请皇太弟阅处。李景遂居东宫十三年，屡次上书请求归藩。李璟皆不许。交泰元年（958年），李景遂为李璟长子李弘冀鸩杀。李璟希望兄弟和睦，却忽视了权力的诱惑对儿子们的荼毒。他在赐予李景遂哀荣之余，失望地疏远了长子。几个月后，李弘冀忧郁而终。于无声处的骨肉相残，比刀光剑影更令人扼腕。

悲剧发生后，李景达、李景逷主动请求废除兄终弟及制，请李璟传位儿子。他们中意的是李璟的幼子、同样温润儒雅的李煜。李煜的性格或许更能给南唐带来和平。李景达生性刚直，之后长期镇守临川，于后主李煜在位时卒于任上，享年48岁，在五兄弟中最长寿，追赠皇太弟。李景逷死在了哥哥前面，详情难考。李璟的和平梦想没有实现，但兄弟之间基本以和睦收场。

大多数人认为《重屏会棋图》是周文矩受命描绘李璟手握强权的现实与隐逸的理想。作品完成后，藏在南唐皇宫书画库内。南唐成立翰林书画院，也是国家文化昌盛的一个表现。此制为北宋继承。周文矩入北宋继续为宫廷画师，《重屏会棋图》成为汴梁宫廷的藏品。据说，宋太宗、宋徽宗等都钟爱此作，不仅在内府严加保存，还命人临摹了多幅作品。现存的《重屏会棋图》有两幅，故宫博物院和美国华盛顿弗利尔博物馆各藏一幅。两幅都是北宋摹本，而非真迹。故宫博物院所藏，年代更早，画作更精良。

不过，北京大学李淞教授对故宫所藏《重屏会棋图》另有解读。他认为，如果李璟需要记录兄弟四人发誓兄终弟及的画面，尚轮不到周文矩。当时，南唐宫廷人物画家排第一的是高冲古，周文矩仅仅是画配景人物的小角色。这个任务更应该由高冲古执笔。而如果该画作于李煜时期，李煜就是自我否定执政合法性——其叔李景达尚且在世，这也不可能。因此，李凇教授认为《重屏会棋图》最可能作于北宋初年。

当时，李煜、周文矩一同被俘至开封。宋太宗继承了哥哥宋太祖的皇位，合法性遭人质疑。他自然联想到了李璟兄弟的盟誓。考虑到二者的相似性，宋太宗才是《重屏会棋图》最可能的需求者。他需要南唐遗臣周文矩画一种图像版的"遗诏"，迎合、比附自己兄弟间的皇位传承。帝王将相习惯政治问题文化解决，宫廷画作向来不是纯粹的艺术品。

因此，李凇认为故宫所藏《重屏会棋图》极可能是周文矩原作，而非之前认为的摹本。弗利尔博物馆藏本品质稍差，有更明显的宋代特征，可以断定是摹本。此种版本之争，并没有降低藏品的价值，反而证明了画作的厚重与价值。

不管哪种说法成立，《重屏会棋图》都终究脱不了"政治画"的窠臼。

《韩熙载夜宴图》

骗过了皇帝，却骗不了自己

南唐乾德五年（967年）秋的一个夜里，金陵城（今南京）。

中书侍郎、勤政殿学士韩熙载府上又迎来了一场灯火通明、纸醉金迷的歌舞欢宴。

韩府宾客盈门，热闹非凡。宫廷画师周文矩、顾闳中二人随同宾客上门。不过，他们不是来享受歌舞美食，也不是来交际应酬，而是执行南唐后主李煜的一项"秘密任务"。到底是什么样的"秘密任务"？李煜为什么要派人秘密监视韩熙载呢？

这一切，要从韩熙载的经历和作为中寻找答案。

韩熙载，五代潍州北海（今山东潍坊）人，世家出身，弱冠之年即中进士，可谓年少得志。他个性张扬，恃才傲物，正准备指点江山大展宏图之际，不想父亲在政争中遇害，不得不乔装打扮，南逃江南。韩熙载在呈递给杨吴政权的《行止状》中自夸：

"运陈平之六奇，飞鲁连之一箭。场中劲敌，不攻而自立降旗；天下鸿儒，遥望而尽摧坚垒。横行四海，高步出群。"韩熙载确实才华横溢，他的文采诗情都深受江南人士的推崇。可惜，在杨吴、南唐的政坛上，出身北方世族又霸气外露的韩熙载，与南方统治者和士人格格不入。他又不屑于刻意隐藏对北方的思念，直抒思北之心，如《奉使中原署馆壁》：

仆本江北人，今作江南客。再去江北游，举目无相识。

金风吹我寒，秋月为谁白？不如归去来，江南有人忆。

李煜等南方统治者品读这些作品，如何不怀疑韩熙载的忠诚？

客观地讲，南唐中主李璟继位后，年过四旬的韩熙载得到了重用。蛰伏二十年，韩熙载终于有了实践抱负的机会，为了报答知遇之恩，他大胆问政，积极谏言。他在南唐重大战略问题上深谋远虑，洞见频出，表现出了一个杰出政治家的素质。

契丹灭亡后晋后，中原大乱，多有北方州县向南唐奉表归降。当时，李璟以大唐王朝的继承人自居，如果趁机北伐，则光复中原大有可为。可惜，李璟觊觎东南闽国领土，南唐军队沉溺在福州战场；陈觉、冯延鲁等人弄权，造成福州惨败。韩熙载痛惜之余，上书切谏，并要求制裁陈、冯等人，反遭南方政敌诬告，被贬官外任。数年后，南唐趁楚国内乱吞并其地（后迅速丧失），君臣上下沉浸在"江山一统"的迷梦中，侈言北伐。韩熙载审时度势，指出南北实力悬殊，反对轻举妄动。李璟照旧不听。结果，南唐大败，不仅没有占得尺寸之地，还失去了江北、淮南十四州，元气大伤，不得不退居江南一隅。

大政如此，小事韩熙载也据理力争。他与宰相在御前争论改铸钱币之事，辞色俱厉，声震殿廷；南唐后主李煜纳小周后，大宴群臣，韩熙载却写诗讽刺。李煜沉迷于诗文书画和儿女情长，韩熙载也上书规劝。李煜不纳谏、不贬斥，置若罔闻。如此反复，日积月累，韩熙载从失望到绝望，最终无望，从此对南唐政务无动于衷。哀莫大于心死！

更悲哀的是，韩熙载自我放逐，决定做朝堂上的隐士、南唐政治的透明人，政敌和朝廷对他的防范乃至猜忌却如影随形，永不消散。

年过花甲的韩熙载，政治失意之余，沉湎于酒色，竭尽家产蓄养伎乐，尤其喜欢夜宴，"放荡嬉戏，不拘名节"。夜夜笙歌的韩府，成了金陵一景。

南唐后主李煜也是夜夜笙歌之人，却容不得大臣家的灯火通明，于是便有了周文矩、顾闳中二人的"秘密任务"。

关于任务的缘起，因为没有当事人的陈述，后人众说纷纭。《宣和画谱》说李煜"颇闻其（韩熙载）荒纵，然欲见樽俎灯烛间觥筹交错之态度不可得，乃命闳中夜至其第，窃窥之，目识心记，图绘以上之"。《五代史补》则说韩熙载晚年生活荒纵，"伪主知之，虽怒，以其大臣，不欲直指其过，因命待诏画为图以赐之，使其自愧"。也有说李煜怀疑韩熙载借欢宴为掩护拉帮结派，积蓄实力，图谋不轨。还有说李煜想重用韩熙载，派周、顾二人秘密考察。总之，在李煜与韩熙载之间，信任是缺位的，开诚布公是不存在的。

奉命执行该"秘密任务"的周文矩、顾闳中都是宫廷绘画高手。周文矩的情况在上一篇已有介绍。顾闳中与周文矩齐名，生卒年不详，是李煜的画院待诏，擅长人物画。在度过了一个印象深刻的夜晚之后，周、顾二人凭借着细致的洞察力和惊人的记忆力，用笔墨颜料将当晚韩府的欢宴忠实记录了下来。

周文矩、顾闳中分别作画，两幅画作直到元代尚存。之后周作消失在了历史之中。故宫博物院则存有一幅传为顾闳中所作的画卷，该画为绢本设色，纵28.7厘米、横335.5厘米。但画中的许多细节，却是宋代的风格，比如韩熙载戴着北宋末年流行的东坡帽，女性梳着宋代流行的方额式发髻，屏风和床榻周围绘制的山水画有非常明显的宋代山水画意境。以上皆可证明现存画作是南宋摹本。临摹者水平高超，造型准确精微，线条工细流畅，色彩绚丽清雅，基本复刻了原作并按照宋代风格改画了细节。画作本无款，前隔水存南宋人残题"熙载风流清旷"等20字，引首有明初程南云篆书题"夜宴图"3个大字，拖尾有行书"韩熙载小传"，人们据此命名为《韩熙载夜宴图》。这也是顾闳中唯一传世的作品摹本。

顾闳中是一位细致的观察者、忠实的记录者，以笔为相机、以绢为底片，将当夜韩府的弹丝吹竹、清歌艳舞、主客欢笑的各个瞬间永久保留了下来。

自右向左铺开，欢宴按时间先后进行，大致可分五个画面。最右边的画面是"听乐"。硕大的罗汉床两端各坐一人，穿红袍的是状元郎粲，右手支在床上、左手紧抓膝盖，身体前倾，坐姿散漫，饶有兴致地观看演出。郎粲极可能是韩熙载的得意门生。另一端褐衣高帽的美髯公就是主人公韩熙载，同样前倾身子，散盘着腿，双手自然垂落。床前的长几上摆满美酒点心，供主客取用，而非之前每人一桌、桌上摆放各自食物的分餐制。罗汉床的右侧，紫薇郎朱铣坐在椅上，正对观众；他的对面、背对观众的是太常博士陈致雍。宾主都望向一位弹琵琶的女子，她是教坊副使李嘉明的妹妹。李嘉明负责宫廷戏乐，坐在一旁，侧身凝神望着妹妹。他面前的小几明显矮于罗汉床前的长几，上面摆放着小份吃食。中晚唐，随着床榻形式的变化，中国人开始了从席地而坐到床榻盘腿再到坐在椅子上的转变，相应地，分餐制也开始向会食制转变。"听乐图"中有人盘坐床榻，有人端坐座椅，饮食也是分餐和会食共存，体现了中国人生活习惯过渡时期的景象。李嘉明侧后方坐着的蓝衣女子，是名噪一时的舞伎王屋山。后方站立着的，是韩熙载的门生舒雅、侍妾秦若兰。

第二幅画面是"观舞"。刚才旁观的王屋山下场跳起"六幺舞"。六幺舞是唐代最流行的软舞，多为女子独舞，以舞袖为主，踏足为节，舞姿轻盈柔美。白居易的《琵琶行》中就有"初为霓裳后六幺"的记载。王屋山穿蓝色衣裙，背对观众，侧露半个脸庞，扭动着柔软的腰肢，带动衣袖在背后摆动，妩媚而不张扬、伸展却又含蓄，如同含苞待放的花朵，体现出一种高级的美感。

韩熙载亲自擂羯鼓助兴。郎粲等宾客饶有兴趣地观看舞蹈，而韩熙载的好友德明和尚很突兀地出现在画面中，躲在伴奏打板的人身后，目不斜视，略显尴尬地拱手而立，低头朝向韩熙载。他仿佛红尘欢场的过客，出现在了不恰当的时间和不恰当的地方。

再向左，是第三幅画面"暂歇"。歌舞升平过后，众人中场休息。韩熙载与四名家伎坐在床上闲聊，身边一位侍女端来水盆请他净手。

第四幅画面是"清吹"，是全画最轻松的内容。韩熙载解衣，敞胸露腹，脱掉鞋子，盘坐椅上，左边五名歌女正对着观众合奏，而李嘉明亲自执板伴奏。这应该是韩熙载整晚最放松的时刻，手上拿着一把大蒲扇，轻轻摇动，一旁的侍女也摇着扇子，驱赶秋热。

最左边的画面是"散宴"。曲终人散，欢宴终将有散去的时刻。韩熙载整理好衣装，手持鼓槌，招呼离去的宾客们。或许是聚会过于欢快，宾客们和姬妾们依依不舍。陈致庸坐在椅子上，拉着侍女的小手调笑；最左甚至还有一对宾客姬妾搂搂抱抱，女方似乎在嘤嘤哭泣，男方则轻搂腰肢、轻声安慰。全图没有人与主人家话别，韩熙载孤零零一人，显得有些尴尬。至此，夜宴图告终。五大内容共处一卷，以屏风隔扇相分隔，又巧妙连接，完美地展现了一场宾客云集、长达数个时辰的盛宴。

舒展画卷，我们似乎忘记了这是一份"间谍报告"。顾闳中必须在画作中完成皇帝的旨意。

顾闳中的超人之处在于，他欲言又止，不撒谎也不明言，在热闹的表象下埋有诸多线索，引导观者自行探究正常之下的异常、想象画面之外的内容。细察之下，《韩熙载夜宴图》伏笔众多。比如，只在"听乐"场景中，韩熙载、郎粲、朱铣、陈致雍、李嘉明、舒雅等人完整地端坐一堂，其他场景中则都没有人物全景，并没有明白地交代所有参与者的行踪和作为。顾闳中既"汇报"了当夜欢宴的所有参与者，又没有暴露每个人的所作所为。更明显的一个通融是，画作中两次出现卧床。第一次出现是"听乐"场景，罗汉床的后面，床沿隆起红被子，高高隆起的被子可能是来不及整理，也可能是蜷缩着什么人，而从横在床头的琵琶来看，里面很可能是个歌伎。歌伎蒙在被窝里干什么呢？第二次出现是中场休息，韩熙载等人休息的床榻后面也有一张卧床，同样有高高隆起的蓝色被子，同样极可能藏着人。顾闳中在这里含蓄地表达了韩府夜宴的淫乱。

在"观舞"场景中，背身合掌低首而立的德明和尚是谜一样的存在。他不属于淫乱的红尘，而属于韩熙载的内心。对政治绝望的韩熙载，内心还是难以自洽，便向红尘之外的高人寻求精神的安宁。德明和尚就是他寻求帮助的精神导师之一。南唐后主李煜继位后终日饮酒填词，不理实务，国势日趋衰微。南唐在群雄割据混战中败局已定。韩熙载曾向德明和尚倾吐苦闷："中原常虎视于此，一旦真主出，江南弃甲不暇，吾不能为千古笑端。"韩熙载已经放弃了政治追求，却发现自己要从旁观者进一步沦为失败者，甚至成为笑柄。这是性情高傲、曾经胸怀治国安邦梦想的韩熙载不能接受的。可是，他又能怎么办呢？他还要面对朝

《韩熙载夜宴图》局部

堂的政治纷争，应付皇帝的猜疑，不得不躲进声色犬马中以求自保。

　　《韩熙载夜宴图》进呈给李煜后，李煜放下了猜疑。他相信韩熙载已经醉生梦死，不会有政治威胁，只是对韩熙载的夜夜笙歌加以警告。韩熙载随即将蓄养的姬妾都解散了，并向后主上表承认错误。可是数日之后，韩熙载故态重萌，"群妓复集，饮逸

如故"。他的收入终究有限，无法承受夜夜笙歌。韩熙载千金散尽，生活陷入困顿，就化身乞丐，拎着破琴，打扮成盲人模样，由门生舒雅手执拍板，敲敲打打，逐房向诸姬乞食。有时遇到姬妾与他人私会，韩熙载便笑言，不打扰他们的雅兴了。朝野传为笑谈。乞讨终究不是办法，韩熙载就向李煜上表哭穷。李煜也很头疼，扬言对韩熙载毫无办法——其实，这样的韩熙载是皇帝最需要的。李煜最终动用内库的金钱给韩熙载填补窟窿。

在红尘中"自污"的韩熙载，终究是压抑的。

整幅《韩熙载夜宴图》，觥筹交错，歌舞升平，韩熙载沉溺欢场，却没有一丝一毫的笑容，反而始终眉头紧锁，满怀忧郁。听乐时漫不经心，闲谈间心不在焉，即便是为王屋山擂鼓伴奏也是双目凝视、面无笑容。他清醒地预判了失败的结局，却无能为力；他清楚地了解时政的不堪，却忙于自保。对政治上有所追求的人而言，哀莫大过于此。看似狂放不羁、纵情声色的表象之下，藏着一个失意、忧虑、正直的灵魂。

李煜或许看懂了韩熙载在笙歌欢场中的悲凉、愁苦、无奈，却没有看懂他的清醒和坚持。

韩熙载酒色自污，骗过了李煜，却骗不了自己。

遥想当年，弱冠之岁的韩熙载，豪气万丈地与好友李谷打赌："如果江南用我为相，我定当长驱北上，直取中原！"李谷则说："如果中原用我为相，取江南易如反掌！"李谷后来位列后周重臣，参与军政决策，支持南征，封赵国公，死后获赠侍中。

曾经才华横溢、立志报国的韩熙载，却毕生壮志难酬、碌碌无为，只留下了一幅幅放荡享乐的画面。开宝三年（970 年）韩熙载卒，享年 69 岁。南唐政权摇摇欲坠，又支撑了数年后，李煜向宋朝纳土归降。

后世读书人常常追忆宋朝为人间天堂，是文人最宜居的时代。富庶繁华的社会经济使得奇巧精致的珍宝器玩、一叹三叠的宋词唱曲、灿若群星的英雄才子、西湖池畔的轻歌曼舞等一切都成为可能；也助推自由蓬勃的社会风气、宽松包容的政治风尚成为现实。中国社会结构伴随科举的深度推行、平民社会的确立、商品经济的活跃而最终成型，并延续了千年之久。普通人日益成为历史的主人。有趣的是，政治军事的脆弱与经济文化的繁华如影随形。面对外部的军事威胁，两宋均从失败妥协走到屈辱灭国；高度富庶的物质文化，都在北方的铁蹄面前悄然玉碎。

作为文化高度昌盛的朝代，两宋留下了大量书画精品。故宫所藏的多数书画文物精品都是两宋作品。其中，既有见证宋朝稳定与奢华的《雪夜访普图》《清明上河图》，也有表现君臣官民内心世界的《赤壁后游图》《千里江山图》、还有关照受压迫受忽视的升斗小民的《纺车图》《货郎图》《灸艾图》……

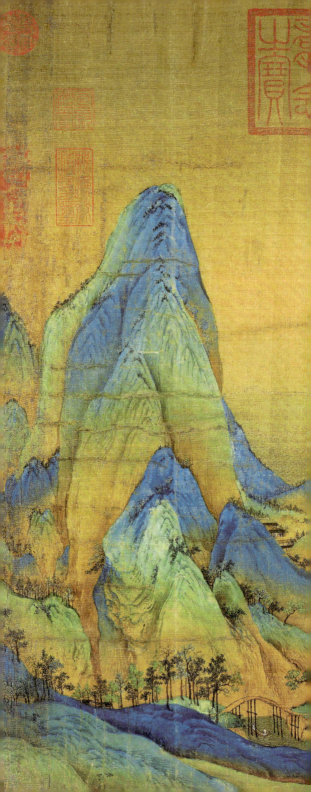

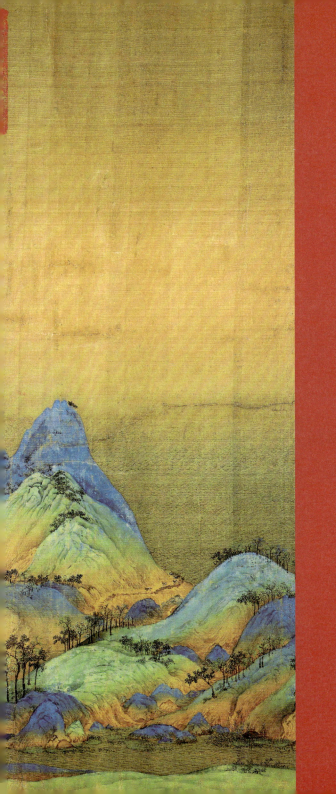

人间天堂

两宋的脆弱与繁华

《雪夜访普图》

酝酿『文武之变』

960年，后周殿前都点检赵匡胤发动"陈桥兵变"，由禁军将士黄袍加身，推翻后周，建立了北宋王朝。

赵匡胤向各道、各藩镇派遣使者，通报改朝换代。藩镇纷纷质问使者：新朝皇帝是赵匡胤，那么宰相是谁？枢密使、副使是谁？禁军统帅、将领又是哪些人？询问完毕，藩镇大帅们认可"（新朝）皆不改旧"，这才下拜接受新朝诏书。

大家对新王朝的欢呼雀跃之情荡然无存，对新皇帝的拥戴效忠之心更是无从谈起。

之前40余年间，中原走马灯般地换了5个王朝，平均每个皇帝在位不到4年。各地接到"新皇登基"的喜讯着实太多了，谁能保证赵匡胤不是下一个短命皇帝，大宋王朝不是第六个转瞬而逝的王朝呢？

赵匡胤母亲杜氏荣尊为皇太后。接受庆贺时，杜太后满脸忧愁："吾闻为君难，天子置身兆庶之上，若治得其道，则此位可尊；苟或失驭，求为匹夫不可得，是吾所以忧也。"杜太后非常清醒，皇位既是尊荣，又能吞噬人。

"短命皇帝"的梦魇，深深缠绕在赵匡胤的心头。新生宋朝的最大挑战，来自骄兵悍将。中唐以后，藩镇军事势力持续膨胀，最终恶化为藩镇割据混战。骄兵悍将们"喜则连衡而叛上，怒则以力而相并，又其甚则起而弱王室"，构成了唐朝后期和五代十国时期的主要政治生态。嚣张武人扬言："天子宁有种邪？兵强马壮者为之尔！"（《新五代史·安重荣传》）确实，五代时期所有君王和藩镇主帅，无不是军力强盛的赳赳武夫。赵匡胤本人就是在后周禁军中成长起来，最终以禁军统帅的身份推翻后周的。他自身就是骄兵悍将威胁皇权的鲜活证据。

赵匡胤的皇位是武力竞争的结果。他在诸多手握重兵的将领支持下，打倒了一个个竞争者。登基后，赵匡胤投桃报李，尚需仰仗这些将领的实力，加官晋爵，委以重任。石守信、王审琦等将领依然占据关键的实权岗位。赵匡胤与将领的关系，名义上是君臣，实质为合作伙伴。可是，排他性是皇权的本质属性，皇帝不可能有"合作者"。如何处理拥戴自己的实权将领，必须提上日程了。处理功臣最简单有效的策略是"夷戮诛杀"。五代君主便常常猜疑将帅，屠戮功臣，但此举杀敌一千自毁八百。况且王朝初建、局势未定，赵匡胤不愿为之。可他又希望趁着自己的声望和掌控力都处于巅峰之时，抓紧解决此问题。登基之初，赵

匡胤抓住一切机会，有步骤地逐步解除拥兵大将的实权。在几波
人事调整中，非嫡系将领都调离了要害军职，军队掌握在赵匡胤
的亲信手中，皇权对禁军的掌控大大加强。那是否可以高枕无忧
了呢？

有一个人觉得赵匡胤的布局换汤不换药，并未解除军权威胁
皇权的根本问题。这个人就是赵普。

赵普出身低级官僚家庭，又身逢乱世，便做出了最现实的选
择——委身藩镇强权。赵普很早便追随赵匡胤，出谋划策，是陈
桥兵变的主要策划者。事后，同为开国元勋，石守信、王审琦等
武将擢升为禁军统帅，掌握兵权，"官爵阶勋并从超等，酬其翊
戴之勋也"，赵普却只是被授以四品的枢密直学士，此后数年官
位不显。这样的权力布局，对幕后谋主显然是不公平的。可是，
五代十国，骄兵悍将称雄，文人士大夫则命如草芥、自身难保，
不得不依附于藩镇，成为武力的附庸。五千年中华史，文官势力
之弱，无有出其右者；武人之强，也达到了历史巅峰。赵普清
楚，他的个人际遇，是整个政治体制中结构性问题的反映。

赵普的过人之处在于没有停留在为自己、为文官争取利益的
层次，而是将个人际遇与国家长治久安关联起来。血淋淋的历史
和残酷的现实都表明，起起武夫是动荡制造者。赵普的救世之方
是以文人主政纠正武夫当国的诸多弊端。北宋初年面临的实权将
领处置难题，恰好是扭转武夫当国局面的良机。

勤勉求治的赵匡胤、赵普君臣二人始终保持着密切的联系。
工作之余，赵匡胤经常前往功臣家微服私访，其中一大去处便是

赵普府邸。赵普每次退朝都不敢脱去衣冠。一天夜里，积雪笼罩大地，大风裹挟着寒意肆虐开封城内外，赵普料想皇帝不会雪夜外出，换上便服准备休息。

夜已深沉，叩门声突然响起。赵普慌忙疾步出屋，看到站在风雪之中的赵匡胤。赵普惶恐迎拜，将皇帝引入铺设双层坐卧垫褥的正厅坐堂。厅堂中炽炭烧肉，赵普妻子亲自行酒，赵匡胤客客气气地唤声嫂子，如同寻常百姓走亲戚一般。

赵普问："夜深寒气重，陛下为什么还出来？"赵匡胤若有所思地说道："自唐亡以来的数十年间，皇帝就换了十姓，天下兵革不息，这是什么原因呢？我想息天下之兵，为国家建长久之计，不知有什么办法？"

赵普直言不讳："镇节太重，君弱臣强而已。惟稍夺其权，制其钱谷，收其精兵，则天下自安矣。"国家动荡不安，没有其他缘故，就是方镇力量太重，君弱臣强而已。想摆脱困局，恢复君臣之道，只有限制武将的钱粮、剥夺武将的精兵。如此，天下自然安宁。具体而言，就是要剥夺石守信、王审琦等赵匡胤心腹的实权，将他们驱逐出权力核心。

赵匡胤正在逐步将非亲信将领排除出军队领导层，但是对石守信、王审琦等心腹还是信任的。赵普之前三番五次指出石守信、王审琦等人不可主兵，现在旧事重提，赵匡胤不耐烦地回答："彼等必不吾叛，卿何忧之深邪？"石守信、王审琦等不仅是赵匡胤的基本武力，是"元从翊戴"功臣，还是赵匡胤的结拜兄弟，更重要的是他们没有居功自傲，也没有飞扬跋扈。尤其是侍卫马步军都虞候张令铎，出了名地忠厚老实。这样的人会谋反吗？赵匡胤不相信。

赵普说："臣不担心他们谋反，但臣观察他们都没有统御之才，恐怕不能制伏部下。军伍之间万一跳出来一两个作孽倡乱之人，他们肯定会被胁迫叛乱的。"赵普说得委婉，但这一幕不就是陈桥兵变的重演吗？万一有人把黄袍披到石守信身上，他不就是赵匡胤第二了吗？

赵匡胤不愿面对如此残酷的事实，说："石守信、王审琦受国家厚恩，怎么会辜负朕呢？"赵普见赵匡胤还在自欺欺人，便说了一句极为露骨的话："只如陛下，岂负得世宗？"

世宗即周世宗柴荣，他欣赏、提携赵匡胤，将最精锐的部队托付给他，可谓恩重如山。可是柴荣尸骨未寒，赵匡胤便发动陈桥兵变，欺负孤儿寡母，篡夺了恩人江山。你自己尚且如此，又怎么能保证结拜兄弟在权力的诱惑面前会更加自律呢？赤裸裸的一句话，驳得赵匡胤哑口无言。皇帝最为敏感的权力神经，被赵普深深刺痛了。赵匡胤不得不痛苦地打断他："卿勿复言，吾已喻矣。"

历史发展表明，当晚赵匡胤、赵普君臣的磋商是何等重要！正史和笔记小说都记载了这个雪夜，内容大同小异。这个雪夜已经成为中国政治上的著名场景。

现藏故宫博物院的《雪夜访普图》（绢本设色，纵143.2厘米、横75厘米）完美复刻了当晚的君臣问答。

白雪皑皑，天地一色。赵普府邸屋宇数重、门庭宽敞，厅堂

《雪夜访普图》

铺着红色地毯，二人盘膝围炉而坐。上首的赵匡胤头扎巾帽，身穿盘领窄袖袍服，前胸及两肩袖上织有盘龙纹，腰束锦带，身材俊伟，气宇不凡，侧首聆听；赵普身着便服在下首侧坐，拱手答语，恭敬地出谋划策。右边门旁一女子托盘走来，正是赵普的妻子。二人座前炭盆正旺，火上支架上的烤肉吱吱作响，旁边还热着酒、摆着碟碗杯盏。画面动静结合，似乎君臣二人相谈甚欢，兴之所至就拿起一块烤肉，再配上一杯热酒……

与大堂的温暖景象不同，屋外寒气逼人。厚厚白雪在夜幕帮助下，覆盖远山、屋脊和草木。一株树叶掉光的大树挺立庭院之中，树上停着两只寒鸦；几杆被积雪压弯的竹子伴着一块覆盖着厚雪的怪石。庭院大门半掩，门外左侧站着四个侍卫，牵马擎伞等候，或缩脖，或呵手，或捂耳，都瑟缩着身躯，静静对抗雪夜的寒意。他们是宫廷侍卫，显然已等候赵匡胤多时了。这也突出了赵匡胤雪夜访贤、君臣二人深谈甚欢的主题。

整幅画采用平行画法，将多个视角放在一个平面里，是中国画典型的散点透视法。画作主题突出，构图主次分明，设色精丽典雅，人物屋宇刻画精细生动，表明画家一丝不苟、技艺精熟，带有典型的宫廷画风。画作左下方有款识"锦衣都指挥刘俊写"。刘俊，生卒年不详，明朝中期的宫廷画家，存世作品还有《刘海戏蟾图》（现藏中国美术馆）、《汉殿论功图》（现藏美国大都会艺术博物馆）等，因为画艺出众而获得了锦衣都指挥荣衔。

"雪夜访普"之后，赵匡胤迅速将会商共识转化为行动。赵匡胤能够与唐太宗并列"唐宗宋祖"，并非浪得虚名。他有超常的政治责任和忧患意识，在利益和原则上毫不妥协，同时处事细腻、手腕高超，在政治操作中灵活柔软。他既要加强皇帝集权，又想保全结拜兄弟之情。怎么能和平地一举两得呢？

建隆二年（961年）七月的一天，赵匡胤召石守信、王审琦等把酒言欢。酒酣耳热之际，赵匡胤举杯说道："没有众位卿家竭力拥戴，朕不会有今日的九五之尊。"将领们纷纷回答皇上洪福齐天，这是他们应该做的。赵匡胤切入正题："只是你们有所不知，当皇帝不如做节度使快活自在。朕自登基以来，就没有睡过一个安稳觉！"

石守信等人闻言不对，纷纷离席跪地，顿首陈奏："今天命已定，谁敢再有异心？陛下何出此言？"赵匡胤说："天下谁人不想荣华富贵？如果有人拿出黄袍披在你们身上，你们虽然没有谋逆之心，又怎么能拒绝黄袍加身呢？朕与大家，往日势如比肩，今日情同骨肉，朕绝对信任大家。但是，禁不住不断有人进言，说你们的坏话。长此以往，朕担心大家君臣一场，不能善终。"

石守信等人头皮发麻，纷纷谢罪："臣等愚不可及，没有想到这一层。恳请陛下可怜我们，指一条活路。"

赵匡胤趁势提议："人生如白驹过隙，不如多积金银田宅留给子孙，平日歌舞升平，颐养天年。君臣之间无所猜嫌，难道不是圆满的结局吗？众卿不如各自挑选一处地方，出守外藩，朕绝不轻易更替。辖区的赋租收入，足以确保大家优游卒岁，不亦乐乎？朕再与大家互结婚约，以示君臣无间。如此，君臣相得，千古佳话。"赵匡胤的提议照顾到各方利益，不愧为务实之选。石守信等人拜谢道："陛下考虑臣等生死，念及肉骨之情。"

第二天，侍卫都指挥使石守信、殿前都指挥使王审琦、殿前副都点检高怀德、侍卫都虞候张令铎、侍卫都指挥使罗彦瑰、殿前都虞候赵光义等人纷纷称病，自请解除军职。他们是中央禁军的核心将领。赵匡胤趁势准许。至此，开国实权大将都遭到了清洗。史称"杯酒释兵权"。

赵匡胤吸取武将跋扈、皇权衰微的教训，得出结论："宰相须用读书人。"赵匡胤选择文官士大夫作为政治盟友，是因为读书人习得文武艺，只能货与帝王家，他们天然带有依附皇权的倾向。相比武官群体，文官的威胁性要小一些。解除武将实权后，赵匡胤、赵普以"重文抑武"为基本国策。重文，重用儒臣，大兴文教，大规模推行科举制度，给予文官高官厚禄与宽松自由；抑武，防范压制武官，以文官统率武官。比如，北宋武官依然可以担任知州，却不能主持本辖区科举，不负责地方税收财政，权力移于新设立的通判一职。通判由文官垄断。武官首长遇事不能专决，必须通判附署。宋朝官制叠床架屋，一定程度上与此有关。

痼疾一朝而解，"杯酒释兵权"可算是中国历史"文盛武衰"的转机，是文武关系变易的枢纽，对北宋乃至之后的历史产生了巨大影响。

重文抑武、权力制衡，塑造了宋朝相对宽松自由的社会氛围。宋朝"未尝轻杀臣下""不以文字罪人""不杀士大夫及上书言事人",都是值得肯定的政治传统。两宋政治的成功,推动了经济、文化和社会的全面繁荣。重文抑武为之后历朝忠实继承。中国的政治结构、文化认同乃至社会精神面貌随之得以塑造。如果说之前的官僚政治尚且包括文官和武官两大群体,那么此后千年的官僚政治几乎等同于文官政治。文武分离,诞生了不同的"文武之道",形成了社会的刻板印象。最常见的一个刻板印象就是文官都是饱学之士,武人则不学无术、有勇无谋。在强盛的皇权之下建设一个繁荣的文治政府,是皇帝与文官共同的利益追求。

建隆早年那个大雪压枝的夜晚,心怀忧虑的赵匡胤冒寒造访赵普,君臣侃侃而谈间确立了之后千年中国政治的一大原则,进而塑造了中国传统社会。

《赤壁后游图》

告别苏轼，成为苏东坡

　　元丰五年（1082年）十月十五日黄昏，黄州（今湖北黄冈）一个平凡的时刻。

　　46岁的苏轼离开耕读的雪堂，返回住处临皋亭。他和两位本地的朋友一起走过黄泥坂地。当时霜露已降，树叶全落。三个人的身影倒映在地上，抬头能见到明月高悬。苏轼东张西望，内心轻松愉悦，一边漫步一边吟诗，与朋友有问有答。

　　行走在如此良夜，苏轼游兴大起。

　　黄州城依山傍水，城池西北部的江岸上有一座山，名叫赤鼻矶，山呈赭红色，巨石突出江中，犹如天然城壁。本地人认定此地便是东汉末年周瑜大败曹操的"赤壁"古战场。事实上，那场奠定三足鼎立之势的大战发生在蒲圻（今湖北赤壁），黄州赤壁并非三国古战场。但又有什么关系呢？苏轼只是需要一个地方，寄怀古幽思，泄胸中块垒，至于此地是真实赤壁还是他苏轼个人的赤壁，并不重要。在黄州期间，苏轼对赤壁情有独钟。就在当年，苏轼创作了以黄州赤壁为主题的代表作《念奴娇·赤壁怀古》，这也是宋词杰作之一：

> 大江东去，浪淘尽，千古风流人物。故垒西边，人道是，三国周郎赤壁。乱石穿空，惊涛拍岸，卷起千堆雪。江山如画，一时多少豪杰。
>
> 遥想公瑾当年，小乔初嫁了，雄姿英发。羽扇纶巾，谈笑间，樯橹灰飞烟灭。故国神游，多情应笑我，早生华发。人生如梦，一樽还酹江月。

重游赤壁之心顿起，苏轼又惋惜地说："有客无酒，有酒无肴。月色皎洁，清风吹拂，我们该如何度过如此良夜呢？"一位客人回道："今日傍晚，我撒网捕到了一条大嘴细鳞、形状如同吴淞江鲈鱼的江鱼。不过，去哪里弄酒呢？"苏轼马上赶回家和妻子商量，妻子说："我有一斗酒，藏了许久，就是为了应付你的不时之需的。"于是，苏轼主客三人携酒拎鱼，再次到赤壁石下游览。

冬日的长江，静水深流；陡峭的江岸，断崖高耸。远处，山高月小；近处，江面水位下降，露出了往日未见的礁石。三个月前，苏轼也游览过赤壁。当时"清风徐来，水波不兴""白露横江，水光接天"。时光从盛夏入初冬，所见的景象已经完全不同了。

上一次游览，苏轼与朋友们欢笑吃喝，"看核既尽，杯盘狼藉"之后，互相枕着靠着睡在船上，不知不觉东方已经露出白色的曙光。或许是因为水位下降了，这一次苏轼决定攀爬赤壁高崖。他撩起衣襟上岸，一边踩踏险峻怪石，一边拨开纷乱的野草和虬枝，终于攀上了通常只有猛禽才会涉足的悬崖顶端。

一股成就感油然而生，苏轼俯视江面，两位朋友也在抬头仰望高处的苏轼。苏轼猛地一声长啸，草木震动，高山共鸣，深谷回声，似乎带动大风呼啸、江涛汹涌。他的耳边仿佛回荡起800多年前，也是在这样的冬日，年轻的周瑜、诸葛亮等人在此地火烧连营、建立千古功业的风声、涛声。他仿佛听到了这千古功勋对他的召唤，"羽扇纶巾，谈笑间，樯橹灰飞烟灭"。

水天一色，苏轼独立于天地之间，不由想起个人的悲欢冷暖……

三年前，43岁的苏轼刚刚赴任湖州知州。之前，苏轼宦海沉浮，虽然因为与王安石新党的杯葛而辗转州县，但也称不上仕途失意，官职依旧稳步升迁。与炽热的仕途追求和经世济民抱负相纠缠的，是他的书生意气和文人本色。知州到任后，需要例行公事向皇帝上谢表。苏轼在呈送宋神宗的《湖州谢上表》中蘸上感情，写道："愚不适时，难以追陪新进。""老不生事，或能牧养小民。"表达了对新法在地方施行不当以及新党党同伐异的不满。不出意外，苏轼沾上了"谤讪朝廷"的罪名，上任才三个月便遭御史台逮捕，解往京师。此事发酵为著名的"乌台诗案"，苏轼的性命徘徊在鬼门关前，受牵连者数以十计。幸亏宋太祖赵匡胤定下的"不杀士大夫"国策，苏轼最终躲过一劫，被贬为黄州团练副使，"不得签署公事，不得擅去安置所"，其实是流放监禁。

在除旧布新的爆竹声中，元丰三年正月底，苏轼犹如惊弓之鸟一般，顶风冒雪，离开东京汴梁，翻越大别山，径往黄州而去。

"乌台诗案"是苏轼人生的转折点。他与花团锦簇的仕途诀别，此后屡遭贬谪；他也告别了富贵安逸的生活，开始了奔波天涯海角的颠沛流离。中国历史的诡异之处在于，许多优秀的文人士大夫都要遭遇自己的"乌台诗案"，越是才华横溢、期许崇高的文人，打击越重，内心的调试也越艰难。20岁时，苏轼即进士及第，高居榜眼。当日，宋仁宗读了苏轼的制策，回宫后高兴地告诉皇后："朕今日为子孙得两宰相矣。"23年后，昔日的宰相坯子，却侥幸免于死刑。如何调试内心，是重新求得精神自洽，还是光荣蜕变？

大别山南、扬子江北，默默无名的黄州以它的宽容、朴实和山水，接纳苏轼，共同谱写中国文化史上的著名一幕。

苏轼在黄州只有短短四年，这是他后半生最安逸的一段时光，也是他成功蜕变的关键时期。

居住黄州已近三年的苏轼，此刻正站在赤壁的崖顶，看水天一色、风浪东涌，忧伤、悲哀、恐惧等情绪接连涌上心头。高处不胜寒，苏轼下山回到船上，吩咐艄公将船划到江心。艄公将船橹抱在怀中，任凭小船随波逐流。时至半夜，冬日的江面让苏轼感觉异常冷清、寂寞。一尾白鹤，自东向西，横掠江面。它的翅膀硕大如车轮，尾羽漆黑如裙摆，白羽光洁如衣衫。白鹤拉长声音鸣叫着，擦过船只向西飞去。

不久，主客三人依依惜别，苏轼昏沉沉睡去，梦见一名道士，羽衣蹁跹，来到临皋亭前，向苏轼作揖后询问："赤壁之游乐乎？"苏轼询问他姓名，道士低头不答。苏轼认为这名道士是刚才江鹤的化身："呜呼！噫嘻！我知道了，刚才划过夜空、飞鸣而过的，就是道长吧？"道士笑而不答。苏轼突然惊醒，他打开窗户一看，哪里有什么道士或飞鹤。天地之间，晨曦中的黄州城白茫茫一片……

鹤，自由飞翔，象征着放达隐逸，象征着超脱不群，象征着超然尘世。

苏轼之前醉心山水，寄身大自然寻求精神解脱，表面看来他交朋友、饮酒游玩、作词写赋，但并未真正超脱于心灵创伤、彻底战胜悲痛与迷茫。所以，白鹤飞进了他的脑海深处，梦醒之后，道士和白鹤都倏然不见了。不过，月夜踞石攀木、登临高崖、俯江长啸的苏轼，比三个月前沉醉在清风徐来之中、酣睡在水波不兴的江面的苏轼，向前迈进了一大步，更加勇敢，更加旷然豁达，更加慕仙出世。

他没有全然相信出家就能实现内心自洽，也没有在山水自然中求得身心轻松，他意识到精神的重构只能由内而外、只能靠自我实现。即便心似已灰之木、身如不系之舟，也要坚持内心的理想，忠诚于精神的感悟，不以物喜不以己悲。这一刻，苏轼实现了精神蜕变，放下了执念，决定做一个浪漫潇洒的人，决定把时间放在有趣的事情上，比如游江、观月、品菜肴、记录蔬果草木、尝试新鲜事物，以及与有趣的平凡人做朋友。

醒后的苏轼，提笔写下了一篇新赋：

是岁十月之望，步自雪堂，将归于临皋。二客从予，过黄泥之坂。霜露既降，木叶尽脱，人影在地，仰见明月，顾而乐之，行歌相答。已而叹曰："有客无酒，有酒无肴，月白风清，如此良夜何！"客曰："今者薄暮，举网得鱼，巨口细鳞，状如松江之鲈。顾安所得酒乎？"归而谋诸妇。妇曰："我有斗酒，藏之久矣，以待子不时之需。"于是携酒与鱼，复游于赤壁之下。江流有声，断岸千尺；山高月小，水落石出。曾日月之几何，而江山不可复识矣。

予乃摄衣而上，履巉岩，披蒙茸，踞虎豹，登虬龙，攀栖鹘之危巢，俯冯夷之幽宫。盖二客不能从焉。划然长啸，草木震动，山鸣谷应，风起水涌。予亦悄然而悲，肃然而恐，凛乎其不可留也。反而登舟，放乎中流，听其所止而休焉。时夜将半，四顾寂寥。适有孤鹤，横江东来。翅如车轮，玄裳缟衣，戛然长鸣，掠予舟而西也。

须臾客去，予亦就睡。梦一道士，羽衣翩跹，过临皋之下，揖予而言曰："赤壁之游乐乎？"问其姓名，俯而不答。"呜呼！噫嘻！我知之矣。畴昔之夜，飞鸣而过我者，非子也邪？"道士顾笑，予亦惊寤。开户视之，不见其处。

　　元丰五年（1082 年），苏轼于七月十六日、十月十五日两次舟游赤壁，各写下一篇以赤壁为题的赋，后人将第一篇称为《赤壁赋》，第二篇称为《后赤壁赋》。

　　文豪不幸黄州幸，因为苏轼的这些诗赋，黄州赤壁超越了真正的赤壁，成为文化战场，成为东坡赤壁、文赤壁。又因为苏轼，黄州成了宋词的根据地，成了中国文化的驿站。

　　苏轼的赤壁，与苏武的北海牧羊、陶渊明的世外桃源、王羲之的兰亭雅集、杜甫的成都草堂等并列为文人士大夫的重要符号。它们都饱含着熟知中华文化之人能够意会却不能尽言的内涵。《赤壁赋》一出，以此为题材的绘画作品便已出现，绵延至今。历代赤壁题材的画作大致可分为山水画和故事画两种。前者往往截取苏轼泛舟夜游的场景，此类早期作品有金代武元直的《赤壁图》；后者往往是空间转换的连景长卷，大多分段展示《后赤壁赋》的故事情节，现存的有北宋乔仲常的《后赤壁赋图》、南宋马和之的《赤壁后游图》、明代文嘉的《赤壁图卷并书赋》、明代丁玉川的《后赤壁赋图》等。除了乔仲常的画作现藏美国博物馆外，其他作品都藏在北京故宫博物院和台北"故宫博物院"。这些泛泛描绘苏轼赤壁游的画作，统称为"赤壁图"。北京故宫还藏有《缂丝仇英后赤壁赋图卷》，可见"赤壁图"题材还有丝织等形式。

　　北京故宫收藏、禁止出国（境）展览文物之一，南宋马和之的《赤壁后游图》卷是这类题材的佼佼者。图卷是绢本淡水墨画，纵 25.9 厘米、横 143 厘米。

《赤壁后游图》

赵构草书《后赤壁赋》

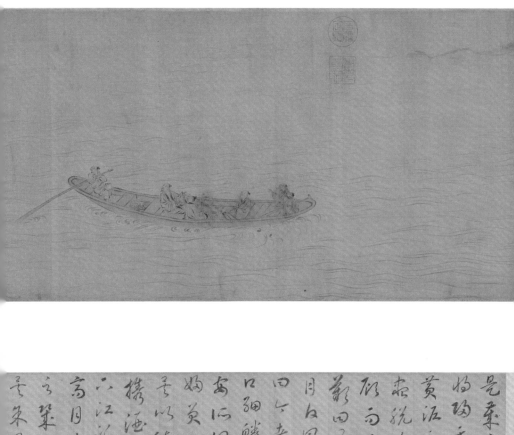

是歲十月之望步自雪堂
將歸于臨皋二客從予過
黃泥之坂霜露既降木葉
盡脫人影在地仰見明月
顧而樂之行歌相答已而
歎曰有客無酒有酒無肴
月白風清如此良夜何客
曰今者薄暮舉網得魚巨
口細鱗狀如松江之鱸顧
安所得酒乎歸而謀諸婦
婦曰我有斗酒藏之久矣
以待子不時之需於是
攜酒與魚復遊於赤壁之
下江流有聲斷岸千尺
山高月小水落石出曾日
月之幾何而江山不可復
識矣予乃攝衣而上履巉巖

画面夜色苍茫，明月高悬，长江浩渺，远山起伏，一舟在江心随波漂泊，苏轼三人据舱而坐，饮酒闲聊。对面，"赤壁"断岸千尺，崖上杂树丛生，崖下水落石出。一只白鹤掠过，吸引了苏轼的目光。画家选择了遇鹤场景，来展示《后赤壁赋》和苏轼之游。马和之，生卒年不详，钱塘（今浙江杭州）人，于宋高宗绍兴年间登进士第，官至工部侍郎。他曾为画院待诏，执南宋早期宫廷画家之牛耳。宋高宗、宋孝宗两朝画重华丽，但是马和之的画作清雅圆融，画面清灵脱俗，笔触飞动潇洒，法度细腻严谨，具有典型的文人画气息，体现了其高官士大夫兼宫廷画家的身份特征。

《赤壁后游图》卷的价值，还在于"书画双绝"。图卷左另接绢布，为宋高宗赵构御笔草书《后赤壁赋》卷全文。墨迹纵25.9厘米。书法作品笔法精熟，笔画稍显瘦峻，体现出了赵构追求锋棱筋骨的个人风格以及深厚的书法功力。

后人对赵构的刻板印象基本是一个偏负面的政治角色，冤杀岳飞，苟且偷安，在位36年"直把杭州作汴州"，自满于偏安之局。赵构并非政治成功者，却继承了父兄的文艺基因，酷爱书法，"凡五十年间，非大利害相妨，未始一日舍笔墨"。他遍临晋唐各家，书法自成一格，精于行、草书，笔法洒脱婉丽，自然流畅，是南宋书坛最重要的书法家之一。考虑到宋徽宗－宋高宗父子的至尊身份，两宋之交的书坛其实为他俩所左右。

政治失意的苏轼，在宋高宗时期哀荣备至。赵构追赠苏轼"太师"这一极高的荣衔，并加美谥"文忠"。这其中自然有现实

张若霭篆书《后赤壁赋》

政治的考虑，但赵构与苏轼的惺惺相惜之情也不能忽视。

草书《后赤壁赋》钤龙朱文圆玺、"太上皇帝之宝"朱文玺印记，可证赵构抄录《后赤壁赋》应当在 56 岁禅位为太上皇之后。三四十年的权力争斗，从血雨腥风中进进出出，赵构并没有留下什么惊天伟业，相反招致了不少骂名。然而，有谁意识到他毕竟延续了宋朝的国祚，有谁在意他年轻时的梦想，又有谁了解他子嗣断绝的悲凉？在赤壁图与赋中，赵构与苏轼产生了精神共鸣。政治失意，苏轼坚持自我，投身文雅有趣的生活；赵构以退为进，以太上皇的名义走完了人生的最后 15 年。他与养子宋孝宗关系融洽，与现实政治若即若离，极可能是中国历史上最成功的太上皇。从某种角度而言，赵构与苏轼殊途同归。

《赤壁后游图》卷拖尾还有张若霭篆书《后赤壁赋》全文。张若霭是名臣张廷玉之子，也是文人型的书法家，以书画供奉乾隆内廷。

元丰三年（1080年）的春天，苏轼携家带口来到黄州，惶惶然无所居。知州徐君猷惜才，将一座废弃的临皋亭和一片废弃的军营划拨给苏轼一家。在清风明月之中，苏轼俯下身去，一锄锄开垦这片约有50亩的土地。在这片城东的坡地上，苏轼营建了"东坡雪堂"，并自号"东坡居士"。

从此，苏轼从北宋幕前隐去，苏东坡在中国文化史上横空出世。

《清明上河图》

东京的繁华 是如何绘制的？

　　如果要评选最著名的中国古画，那么非《清明上河图》莫属。

　　凡是有华人的地方，就有关于《清明上河图》的故事在流传。它之所以闻名遐迩，是因为其纵 24.8 厘米、横 528 厘米的超大篇幅，将 500 余位人物和数以百计的楼阁、店铺在画面中组织得有条不紊，搭配成饶有趣味的场景，鳞次栉比的商铺和形形色色的人物蕴含着丰富的历史信息，同时画卷还附有后世 13 家题记，钤 96 方印，传承有序，属于禁止出国（境）展览文物之一。

　　有关《清明上河图》的研究汗牛充栋，仅后世著名画家的临摹之作就有多幅。它仿佛是一个神秘的宝藏，越深入探究，疑问反而越多。"清明"到底是什么时候，"上河"是指汴河还是一个动作？有人从中看出了冗兵冗费和社会危机，发问繁华背后是否隐含着"靖康之耻"的伏笔；有人研究画面中的商事、商标，进而探究画卷植入了多少商业广告；有人好奇画中虹桥下的客船事件，进而联想到首都汴梁作为大运河中枢在宋代经济中的作用；还有人分析画中体现的建筑、交通工具等器物，追问画作在中国传统文化传承中的地位；更有"吃货"惊喜地发现了早在宋代便有外卖快递的证据，进而还原北宋的食谱和烹饪技巧。这幅人天之奇迹、不朽之名作，当得起五千年"历史文化宝藏"之名。

正如《红楼梦》衍生了"红学"、紫禁城衍生了"故宫学"，《清明上河图》俨然催生了一门"清明上河学"。

当后人流连汴梁的城乡街巷、垂涎画中的蔬果美食，随同画中人物为生计而奔波，因其遭遇而或喜或怒或哀或乐的时候，殊不知这座洋溢着烟火气的大都市也是彼时的新鲜事物。中国城市并非历来这般模样。

北宋的汴梁城，站在了中国"坊市制度"土崩瓦解、城市自由蓬勃发展的节点上。

从先秦直到北宋早期，中国的城市都是"坊市分开"的格局：城墙围成一个封闭空间，内部再划分成若干封闭性小区。汉代早期之前居住区称为"里"，以后称为"坊"。每个坊的四周筑有夯土的坊墙，隋唐洛阳城内的坊墙厚度约为4米，高度一般不会超出常人肩部，而长安城的坊墙高达9米。坊内修有纵横笔直的道路，居民住宅沿路修筑，门窗只能开向里面。每个坊都是规规整整的矩形，唐代长安城的绝大多数坊长、宽都在400米出头，坊与坊之间是宽达三四十米的街道。整座长安城犹如一个巨大的棋盘。白居易描述："百千家似围棋局，十二街如种菜畦。"

官府设置专职人员严格治坊。唐代每坊的四角设置武侯铺，由卫士值守；四面开门，定期开关，供百姓出入；官府有重要事情或者惩恶扬善的事迹，都会张榜到坊门。据说，"牌坊"就来源于此。贞观十年（636 年）以后，开关以鼓为号，晓鼓三千、暮鼓八百。当时长安城直通外廓城门的六条大街上设有街鼓，长安官民在鼓声中开始一天的作息。每日五更，坊门跟着宫城、皇城、外廓城的大门开启；日落后各道门户随之关闭。坊门关闭后，街上行人断绝，空无一人，只剩下天空中孤零零的月亮。这种制度称为"宵禁"，违犯夜行的称为"犯夜"。东汉末年，年轻的曹操担任洛阳北部尉，到任后在尉廨门左右各悬五色棒 10 余根，对于违犯禁令的人，不避豪强，一律用棒打死。宵禁之严，可见一斑。

坊作为居民区，不能开设作坊、商店或者娱乐场所等，后者的功能由"市"来承担。

一切工商业生产和民间娱乐活动都在市进行。在市内，作坊与店铺必须排列在规定地点，按照出售商品种类划分为不同的"行"。每家每户都插立标牌，标明行名，明示商品的种类。和坊一样，官府对市也施行严格管理。市场内的商品、交易人、度量衡、交易契据乃至价格、税收都要接受官吏的监督和管辖。市场交易时间大致与坊门开关一致。长安、洛阳等大都市的交易时间较长，边远州县市场交易时间要短得多，杜甫诗歌有云："山县早休市，江桥春聚船。"

店铺商家效益再好，实力再雄厚，也不能任意扩大经营、向外发展店铺。官府限定好了店铺的规模。官府奉行管制的逻辑，追求政治统治安全。只有州县治所所在城市才能设置市场，其他城市不能设置市场。出现在其他城市的市场，都是非法的。普通州县所在城市只能有一个合法的市场，较大州县和京都可设两至三市。比如长安城有东、西两市，洛阳有丰都、大同、通远三市。市之外的所有交易，都是非法的。

坊间住人，市场交易，界限分明，制度森严，于隋唐时期达到顶峰。坊市之别，简单明确，有助于城市的美观以及交通和消防安全。居民的生活和经济活动，受到严格管理和限制，再结合保甲等制度，官府可以轻松掌控全局。但是，再严厉的制度也敌不过自然规律，掩盖不了社会的蓬勃生机。

坊市制度巅峰之时，也是其趋于瓦解之际。

社会分工不可抑制。隋唐人口繁衍，经济发展，大批农民、手工业者、小商贩等持续流进城市。城市人口不断增加，规模日益扩大。唐长安城、洛阳城都是人口超百万的大都市。汹涌而来的新市民，缓慢而持续地冲破了原有的条条框框。坊间住宅不再是方方正正的统一房屋，居民开始按照实际需要扩建房屋，沿街开门开窗日益普遍，最后发展成侵占街道建房。宽阔的道路遭到侵占后甚至不能通车了。唐朝中叶以后，长安各坊里出现了不少小商贩，走街串巷，叫卖商品。他们不再遵守官府的时间、地点限制，与居民们自由交易。饼铺、馄饨店、茶肆、酒肆、旅舍等星星点点地出现在各坊之中，与民居毗邻。长安东市西北的崇仁坊、西市东北的延寿坊发展成为新的商业区，繁华程度甚至超过了两市。而且，长安在9世纪还出现了夜市，昼夜人声鼎沸，灯火不绝。长安的宵禁制度已经形同虚设。成都除了法定四市外，又形成灯市、花市、酒市等定期交易场所：正月灯市，二月花市，三月蚕市，四月锦市，五月扇市，六月香市，七月七宝市，八月桂市，九月药市，十月酒市，十一月梅市，十二月桃符市。饭店、酒肆、旅舍等与衣食住行息息相关的店铺遍布坊间，居民们离家不远就能买到所需物品。坊市制度已然名存实亡。

然而，晚唐和五代的官府依然固守坊市制度，希望将蓬勃发展的城市重新纳入条条框框之中，多次处理"侵街打墙""接檐造舍"等行为。后周时，周世宗下诏允许居民临街"种树掘井，修盖凉棚"，算是对坊市制度的有限修正。但是，大梁（今开封）官民侵占街衢建造房屋现象非常严重，违章建筑举目皆是。周世宗也发起了拆除违建、拓宽街道的运动。时任开封府尹王朴雷厉风行，不畏权势，以极端手段强制拆违拓宽，当街乱棍打死了一名不作为的官员。即便如此，王朴最终也只是拆掉了部分违章建筑，稍微把街道拉直拓宽了一些而已。

一边是蓬勃跳跃的城市脉动，一边是强硬求稳的城市管理，北宋王朝将如何平衡呢？

正面回应此间矛盾的，是北宋的第四位皇帝——赵祯。赵祯的庙号是"仁"，恰如其分，他选择顺应形势发展，与民为便，于景祐年间（1034—1038年）正式废除了坊市制度。

此后，百姓只要纳税就可以自选地点开设商店，不受坊市限制。存在上千年的宵禁制度同时取消，人们夜晚出门不再是违法行为。汴京城不再是规规整整的棋盘，商铺、邸店、商楼、茶肆、食店随处可见，就连宫城南边御街两边的御廊也允许商人入内买卖。城内还发展出了专门的娱乐区域——勾栏瓦舍。瓦舍中人头攒动，座无虚席，老百姓入内吃喝方便，来去自由。勾栏瓦舍演出的内容，既包括了当时所有的戏曲、曲艺品种，也有相扑、拳术套路、十八般武艺等表演。制度的进步，造就了一座又一座繁华都市。宋朝的城市日益繁华。首都汴京人口最繁盛时达到 150 万人左右。唐朝人口在 10 万户以上的城市只有 13 个，这个数字在宋朝超过了 50 个 ❶。

《清明上河图》便描绘了 12 世纪北宋都城汴京东角子门内外和汴河两岸的喧嚣热闹，告诉后人古代都市能繁华到何种程度。

全画可分为三大段。首段描绘市郊原野，茅檐低伏，阡陌纵横。中段以规模宏敞、状如飞虹的虹桥为中心，描绘汴河及两岸风光。虹桥大名上土桥，是汴京水陆交通的汇合点，桥上车马如梭，商贩密集，行人熙熙攘攘。一艘漕船放倒桅杆，正准备穿桥而过。船工们紧张劳作，百姓好奇围观。这座横跨汴河的木拱桥，是全图的核心。尾段是市井街道、公廨寺观，商店鳞次栉比，店首扎棚结彩，官绅差役、贩夫走卒、巫医工匠、僧道乞儿、车轿驼马络绎不绝。但就现代人热衷的餐饮业，《东京梦华录》便有记录："处处拥门，各有茶坊酒店，勾肆饮食。市井经纪之家，往往只于市店旋买饮食，不置家蔬。"画面的末尾是汴京内城东南高大的东角子门城楼，掩映在林木中，丝毫不显突兀。

比较唐长安城地图和《清明上河图》，可见两座伟大的都城有着两种迥异的风格。

一百多万长安的官民，居住在一个个大致相同的区域和建筑中，严格按照响彻城市上空的鼓声展开一天的作息。在这座雄伟壮丽的城市中，每一个人的人生似乎都是事先规划好的，似乎只是庞大的统计数据中的一个。《清明上河图》的大街小巷中，大商家在门前扎起了"彩楼欢门"，悬挂旗帜招揽生意，实力不济的摊贩则走街串巷，甚至占道经营（虹桥上尤甚）。每一个人都在为生计而奔波，每一个人的面容都清晰可辨，不再是一个个默默无闻的数字。

汴河，北宋漕运交通枢纽，河里船来船往，首尾相接。汴京，汴河运来的繁华都市，两岸商业繁华，人口稠密。

北宋全盛景象，定格在了笔墨之间。

《清明上河图》用笔兼工带写，大至河流城郭，小到摊贩手中的货物、招牌上的文字，丝毫不失；鸟瞰式构图，用传统的手卷形式，采取"散点透视法"组织画面。画面长而不冗，繁而不乱，严密紧凑，如一气呵成的手卷。

汴京城在封闭与开放、管制与市场之间，选择了开放，拥抱了市场。坊市限制破除后，城市格局不再规整方正，官府的管控协调也不像原来那般简单、低成本。一个活跃、自由、繁芜、杂乱的城市，给治安和统治提出了新的命题。但是，市场的活力、市井的繁华、生活的质量，不就体现在这种活跃而繁乱之中吗？市民选择了这样的生活，最终导向了市井繁华、社会安定。

社会自有运行逻辑，城市自有前进动力，站在人类发展的自然规律一边，是《清明上河图》留给后人的深意。

《清明上河图》的作者张择端，生卒年不详，琅琊（今山东诸城）人，宋徽宗时供职翰林图画院，为宫廷职业画家。身处繁华的汴京，加上职业的历练，使得张择端尤其擅长城郭市井画。"靖康之耻"横亘在了张择端的人生中间。北宋亡后，他失业逃难，沦落至卖画为生。正是在落魄和回忆之中，张择端追忆往日繁华，创作了《西湖争标图》《清明上河图》等作品，描绘的都是北宋盛世的市井繁荣、人间盛景。张择端的作品大多失传，存世的除《清明上河图》外，仅有《金明池争标图》（现藏天津博物馆）。

---

❶ 朱瑞熙 . 宋代社会研究 . 郑州：中州书画社，1983：12.

《千里江山图》
——"丰亨豫大"的理想世界*

宋哲宗绍圣三年（1096年），福建仙游县一位王姓书生诞下一子，取名"希孟"，取仰慕孔孟之道之意。王氏虽有栽培儿子之心，无奈能力有限，并不能给儿子提供金汤匙。机缘巧合，王家和仙游老乡、当朝宰相蔡京有所联系。蔡京承诺向王希孟施予援手。

几年后，拥有极高诗文书画造诣的赵佶登基为帝，是为宋徽宗。中国的文化事业迎来了璀璨的辉煌，绘画事业尤其受惠良多。现存书画珍品，有相当一部分创作于宋徽宗时代。

即位之初，宋徽宗召集天下画界名手，命数百名画师当场作画，结果他对大多数应试者很不满意。这件事刺激宋徽宗于崇宁三年（1104年）创建了中国历史上唯一的皇家绘画学校——"画学"，选拔少年俊秀，系统培养绘画能力，希望能从中优选出高素质的宫廷画师。

个人的命运，固然要靠自身努力，但历史进程发挥着同等重要的作用。

画学为普通人家子弟提供了向上跃升的可能性。蔡京将招生信息传递给了老家王氏，王希孟的人生目标便设定为了宫廷画师。小小年纪的他告别东南沿海的仙游故乡，翻越西北方向的丘陵进入江西，来到了长江中游的著名城池——九江。这一路上，王希孟饱览了东南丘陵的旖旎秀美，游览了大名鼎鼎的庐山。之后，王希孟顺江而下，过金陵、润州到苏州，逐步深入长江胜景和江南风光，沉浸在吴侬软语和鱼米膏腴之中。"西塞山前白鹭飞，桃花流水鳜鱼肥""沾衣欲湿杏花雨，吹面不寒杨柳风"，王希孟在南朝四百八十寺中见识到了中国文化的深厚积淀。

告别江南，王希孟顺大运河北上，在皖北地区进入汴河，成功抵达了首都汴梁。他很可能在沿途的某处书院求学过，时间从数个月到一两年不等。也可能他是靠不同的亲友、受托人的接力援助，才断断续续完成了这数千里的漫长旅途。

东京汴梁的画学，生徒定额 30 人，学制三年。大观元年（1107 年），第一届生徒结业，12 岁的王希孟入学，成为画学的第二届生徒。

画学注重学生综合素养的培养，教学内容丰富。王希孟既学习了佛道、人物、山水、鸟兽、花竹、屋木的创作，也学习了书法、文艺等，"以《说文》《尔雅》《方言》《释名》教授，《说文》则令书篆字，著音训，余书皆设问答，以所解义观其能通画意与否"，努力成为画艺广博、笔力超群的宫廷画家。

大观四年（1110年），第二届生徒学满结业，要想进入翰林图画院还要通过考试。宋徽宗非常重视宫廷画家人选，亲自出题、阅卷。他往往以诗句为题，喜欢那些引人遐想、意境深远的画作，排斥平铺直叙、图解式的绘画，他要挑选的是文人画家而非画匠。一次，宋徽宗以"野水无人渡，孤舟尽日横"出题，大多数考生都画一艘空舟系于岸边，点缀鹭鸶、鸦雀栖息于船舷或蓬背，考生宋子房则画一名渡工横笛卧于船尾，表示路无行人、渡工无聊至极，最终成功入选宫廷画家。遗憾的是，15岁的王希孟惨遭淘汰，未能进入梦寐以求的宫廷画院。此时，蔡京政争失败，发配杭州，自身难保，已经不能施予任何援手了。

朝廷安置王希孟入文书库为小吏。文书库是朝廷存放陈年税赋档案的库房，地处偏僻、远离宫廷，且王希孟从事的是抄抄写写、登记核对的琐碎吏事，与绘画丝毫无关。对于一个有志于绘画的少年，这基本与折磨无异。一年多时间里，在一卷卷纸轴上的认真抄写，无形中培养了王希孟细致严谨的作风和对卷轴布局的把握能力，也算是"因祸得福"。

政和二年（1112年），蔡京回京复相，权势迅速攀到了高峰。当时北宋承平日久，府库充盈，一派繁荣景象。君臣志得意满，蔡京迎合宋徽宗好大喜功的心态，提出了"丰亨豫大"之说。他引用《周易》"丰亨，王假之"和"豫大有得，志大行也"，曲解君王利用天下的富足和太平有所作为的本意，蛊惑君王宣扬国力、张扬盛世。于是，北宋朝廷大兴土木，铸九鼎，祭明堂，祀园丘，修新乐，造万岁山……

绘画是歌颂盛世的重要工具。王希孟在蔡京的运作下多次向宋徽宗进呈画作，再次向宫廷画院发起冲锋。

王希孟的画作并没有契合宋徽宗的需求。徽宗渴求的是能够完美展现"丰亨豫大"的盛世景象、画面华美富贵、笔力精致细腻的鸿篇巨制。王希孟的画作，显然没能符合这一要求。不过，皇帝在少年的画作中看到了一道光亮。相比已经成名的或者年长的画家，接受过系统教育且创作欲望旺盛的王希孟就是一张优质的白纸。宋徽宗喜欢提携少年新进，通过他们的画笔，将自己的梦想酣畅淋漓地泼洒在白纸之上。有蔡京背书的王希孟自然是重点栽培对象。

宋徽宗将自己意欲歌颂的盛世景象和理想的创作理念传递给王希孟，多次对他进呈的画作提出意见和改进要求，还赐予了常人难以负担的原材料。他赐给王希孟数十米精美宫绢。它和同时期的《瑞鹤图》《听琴图》《江山小景图》等极可能出自同一类织机。他还提供了鲜亮的矿物质颜料：红颜料来自赭石，绿颜料取自孔雀石，青颜料提自蓝铜矿，白颜料从砗磲而来。这些昂贵的矿物质颜料在千年之后还能够保持富丽堂皇的效果，完美契合了宫廷巨制的绘画需求。

宋徽宗设想的画作"粉饰大化，文明天下，亦所以观众目、协和气焉"，他亲自创作的画作大多重色重彩，富贵鲜亮。中国的画风都为之一变。以北京故宫博物院、台北"故宫博物院"所藏北宋画作为例，《纺车图》《灸艾图》乃至《清明上河图》展现了升斗小民为生计而奔波的辛劳艰苦，隐含着作者悲天悯人的情怀；文人画作中《渔村小雪图》的清寒、《珊瑚笔架图》的率真、《潇湘白云图》和《四梅图》的峻峭冷逸，则饱含了文人画家的清白隐逸之情。宋徽宗将其扭转为"丰亨豫大"。宋英宗时期的韩琦在《安阳集钞》里提出了这种"真、全、多"的审美观："真"是景物的写实要如生；在此基础上要尽可能完整，即"全"；"多"则是场景要大，表现内容要丰富。这类画作，在技法上求真、求精、求细，在画面上求大、求全、求多，在色彩上求鲜亮、求明丽、求浓墨重彩。宋徽宗时期的画作普遍体现了这种审美，山水画则是其中的代表，追求全而多、大而长。

王希孟在短期内准确把握了这种审美要求，创造性地开始创作巨幅山水画。首先，他大量使用石青、石绿色。早在山水画鼻祖《游春图》中，青绿色便成了重要元素，但是王希孟使之成为主色。无论是苍翠葱郁的山岚还是绵延不绝的水域，王希孟都以青绿色来表现。水天相交处以赭色接染，表现空间空阔辽远。矿物质和植物颜料的融合使用，使得中国画的色彩表现力发挥到了极致。其次，王希孟采取了纵51.5厘米、横1191.5厘米的巨大横向卷轴，比《清明上河图》还要高1倍、长2倍。山水画早期主要是立轴。立轴无法横向展示山水的绵延与雄阔。北宋中后期，山水画开始变为全景式的横向手卷，表现大山大水和丰富的层次。最后，山水巨制对用笔求极高，但凡有一笔失误便前功尽弃，王希孟创作的巨大山水用笔精准，一点一画均无败笔。得益于长期的积淀和充沛的精力，王希孟的画作几乎是一气呵成，细节处都很精准。比如，山水画中的人物细小如豆，却衣着相貌无不表现完备；水面上的船舶无一重复，客船、漕船、渔船、脚踏船、小舢板等十多种类型表现得无不精妙。

每一次创新，都是机缘巧合。王希孟的人生经历似乎都是为山水画的创新准备的。

政和三年（1113年）春天，宋徽宗赵佶终于看到了王希孟花费半年多时间绘制成功的巨幅山水：

江山壮丽、烟波浩渺，远处峰峦起伏绵延，近处水草丛生。山水间散落着野渡渔村、长桥野市、水榭亭台、茅庵草舍、高崖飞瀑、长松修竹等景致，穿插着捕鱼、驾船、游玩、赶集等活动，动静结合。在壮美的山水之间，行人驾舟赶船，樵夫下山赶集，童子洒扫庭院，文人饮茶对弈，游客静坐观瀑……山水一色，天人一体，风调雨顺，天下一统，山川秀美，百姓访客、喝茶、游山、垂钓，好一幅现世安稳、人间值得的盛世景象。

王希孟充分利用了长卷的优势，多点透视，将画作景致大致分为六部分，每部分均以山体为主要表现对象，各部分之间或以长桥相连，或以流水沟通，既相对独立，又相互关联，山水巧妙地连成一体，观者可以移步换景。经过研究对比，发现画作囊括了王希孟年轻时足迹所至地域的景致。画作最南端的是东南沿海仙游县的九鲤湖双瀑和四叠瀑，以及与该县菜溪岩相类似的三层僧塔，水中还有海边的礁石，远景中甚至出现了海景气象；再向西北则是赣北庐山、鄱阳湖一带，取景庐山外廓和鄱阳湖湿地及湖船、民居等；在江西，取景长桥和诸多干阑式建筑；在开封，画作收录了各类漕船、客船。地域距离开封越近，景物越清晰、越准确，如画中大运河的漕船和客船表现得最为精确，其次是苏州的长桥，再次是庐山和鄱阳湖的景致，最后是福建东南沿海的景观。这与王希孟的记忆规律相一致。

18 岁的王希孟在画作上倾注了几乎全部积淀与心力。

这幅山水画大气磅礴、壮观雄伟，震撼人心，宋徽宗非常满意。王希孟完全领悟了"丰亨豫大"的审美观，完美地落实并加以创新，将全景式的大山大水青绿画推向了高峰。

按照宋徽宗赏画的惯例，王希孟的作品先交内府裱褙装潢完毕，宋徽宗再请近臣和宫廷画师共同赏阅，接着在当年闰四月初一面赐蔡京。宋徽宗常常将画家进呈的佳作转赠给贵戚朝臣，张择端的《清明上河图》就曾转赠给宋徽宗的舅辈向氏。王希孟的作品转赠给引荐人，体现了宋徽宗对蔡京推荐的肯定，他还称赞了一句："天下士在作之而已。"

蔡京在作品上书写了最早的题跋：

> 政和三年闰四月一日赐。希孟年十八岁，昔在画学为生徒，召入禁中文书库。数以画献，未甚工。上知其性可教，遂诲谕之，亲授其法。不逾半岁，乃以此图进。上嘉之，因以赐臣京，谓天下士在作之而已。

画作本无名，王希孟未命名，宋徽宗亦未赐名。直到清中期，乾隆皇帝编纂《石渠宝笈》时将此画鉴定为"宋王希孟千里政和三年閏四月一日賜希孟年十八歲昔在畫學為生徒召入禁中文書庫數以畫獻未甚工上知其性可教遂誨諭之親授其法不踰半歲乃以此圖進上嘉之因以賜臣京謂天下士在作之而已

《千里江山圖》局部

蔡京題跋

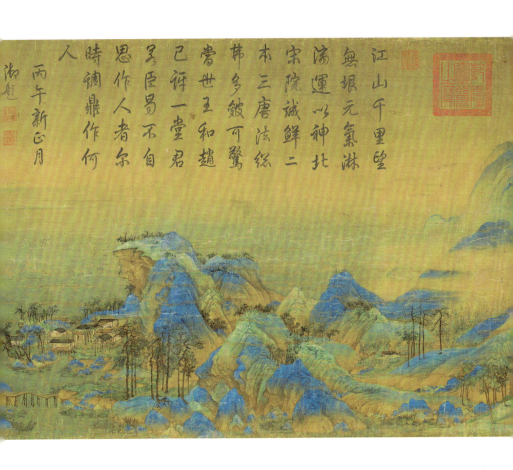

江山千里望
無垠元氣淋
漓運以神北
宋院誠鮮二
本三唐法絕
韓多皴可驚
嘗世王和趙
已許一堂君
子臣昌不自
思作人者尒
時調鼎作何
人
丙午新正月
海叟

江山图，定为上等"。因此，该画得名《千里江山图》。

　　王希孟年纪轻轻就达到了创作的高峰，遗憾的是蔡京的题跋是关于其个人信息所有的信史。他的人生前路如何？《千里江山图》之外，他还有其他作品吗？后人都不得而知。主流观点是王希孟在创作完成不久后即早逝。毕竟《千里江山图》面积相当于

60 000多平方厘米，即便是一位成熟的当代工笔画家，在如今的照明和物质条件下，也至少需要大半年时间完成，更何况是在北宋的物质条件下。对十七八岁的王希孟来说，这一次创作肯定透支了他的身体和精力。就画作本身而言，王希孟的线条勾勒乏力、行笔细弱，恰好是他醉心创作、身体羸弱的征兆。这也是画作最大的不足。

《千里江山图》既是王希孟的代表作，也是他生命的绝唱。

北宋末年，蔡氏家破、王朝覆灭。汴梁画学在靖康之变（1127年）中毁于战火，之后再未复建。《千里江山图》也踏上了辗转颠沛之途，不知流转何处。稍晚，两宋之交的画家江参也创作了一幅水墨山水长卷《千里江山图》（现藏台北"故宫博物院"），更知名，得到的文人题咏也更多。清初，王希孟《千里江山图》重现江湖，入藏紫禁城。溥仪出宫，携带此画。民国期间，《千里江山图》流落民间，新中国成立后才由国家购回，重返紫禁城。如今，画作保存完好，上面有宋徽宗、乾隆皇帝等20多位帝王的钤印。

王希孟之后，青绿山水发展成中国山水画的主要类型，并远播日本，对日本绘画产生了深远的影响。

但《千里江山图》之后，几乎没有一件青绿山水画能达到王希孟的气势和高度。

---

* 本文参考余辉. 细究王希孟及其《千里江山图》. 故宫博物院院刊，2017（9）：5-33, 157; 杨新. 关于《千里江山图》. 故宫博物院院刊，1979（7）：65-66.

汝窑天青釉弦纹樽

——中国瓷文化的明珠 *

回溯沧海桑田的时空隧道，中原腹地的河南中西部，唐宋时期覆盖着茂盛的森林和丰沃的陶土，人类活动场景与今日大不相同。

唐宋汝州下辖的梁县、龙兴、鲁山等地，方圆几百里，除了树木繁茂外，还分布着含有方解石、钾钠长石、长石砂岩、叶蜡石、萤石、硬质高岭土、软质高岭土、石英等主要原料的优质陶土，具有生产陶瓷的得天独厚的资源优势。

中国是陶瓷的故乡。大自然赐予的一块块平凡的泥土，在中国先民的手里化身为光彩炫目的陶器、瓷器，直至成为中国的代名词。

中国人将聪明才智和精神追求都倾注到了一块块泥土之中。中原先民自古便是制陶高手，汝州一带的百姓在采泥烧陶的时候发现，在温度更高的烈焰中烧制的陶器，器面光滑、触感细腻、色彩迷人，不同寻常。这些经过高温锤炼、胎质更加紧密、釉质更为优良的陶器，进化为了瓷器。

在千百年的工艺探索中，汝州的工匠们在陶器釉质中加入了玛瑙，使得成品青瓷釉质更加饱和滋润。他们还发现当地胎釉中氧化铁含量适当（约为 2%）时，在大约 1 200 摄氏度的炽热烈焰中可以烧成淡淡的天青色、粉青色或天蓝色。其中的天青色是中国的传统颜色，它介乎绿色和蓝色之间，是中国人对天空颜色的描述。天青色的出现，使得"青瓷"名副其实，并成为中国瓷器的一大门类。不过，中国人钟爱的天青色很吝惜出场机会，只有在合适的火候下才会现身。一旦温度过高，天青色便会变为黑色。这需要工匠们恰到好处地掌握火候，精心呵护每一件作品。在汝州的唐墓中，曾出土残破的天蓝釉汝瓷碗、天蓝釉汝瓷缸，证明在唐朝时汝州的瓷器生产已经相当成熟，可以生产诸多生活用品。不过，瓷器在唐代还是奢侈品，并没有进入百姓的寻常生活。

时光来到北宋，瓷器正式取代陶器成为中国人主要的生活用品。瓷器进入成熟发展期。

北宋朝廷创办了多家官办瓷窑，专供宫廷用瓷。宋人崇尚清静无为的态度，追求含蓄淡雅的艺术，生产了许多器型简洁、色彩淡雅的瓷器。其中，河北定窑生产的白瓷，通体洁白，胎体轻薄，受到宫廷的欢迎。到北宋后期，皇家渐渐觉得定窑"有芒不堪用"，同时更青睐青瓷，于是在汝州设置官窑，烧制贡瓷供应宫廷。窑址选在了汝州龙兴县清凉寺。

缕缕青烟在清凉寺的窑口升腾而上，工匠们热火朝天又小心翼翼地进出劳作。

这些不知名的升斗小民，如轻烟一般散入历史的天空，不会料到在自己手里会诞生中国文化的璀璨明珠。"纵有家财万贯，不如汝瓷一片"，他们不经意间丢弃的一片残破瓷器，就抵得上后世的一家中产之资。

青瓷在薄薄的香灰色胎体外面包裹着厚厚的淡天青色釉。薄胎厚釉，是汝瓷的第一个特点。它的第二个特点是那散发着清淡含蓄气质的迷人天青色。汝瓷以釉质、釉色取胜。为了最大限度呈现特有的釉色，工匠们尽可能减少胎体暴露的面积。和其他窑口的瓷器底部乃至脚部都暴露胎体不同，汝瓷基本通体包釉。工匠们发明了"裹足支烧"工艺，用细细的泥钉支撑着瓷器，入窑烧制，烧成后敲碎泥钉，剥离出完整的青瓷。只是，底部会留下三个细细的小点，那是泥钉的支撑点。因为器体重量的覆压，露出胎体的小点不是针尖般细小，而是如同芝麻粒的椭圆形状，称为支钉，俗称"芝麻挣钉"。这是汝瓷的第三个特点。也有少量的汝瓷采用垫饼或垫圈垫烧，圈足底端或外底一周无釉。汝窑开创的支钉烧制法，为其他瓷窑所采纳，逐渐成为古代瓷器的一个普遍特点。

中国传统文化从来没有就物论物，而是在器物上倾注了中国人的审美和精神追求。

汝瓷的美，就在于它完美契合了宋人的精神世界，进而成为中国人精神世界的一部分。

汝瓷的价值在于，在形、色、纹诸方面实现了器物与文化的水乳交融。

首先，汝瓷釉色有天青、粉青、天蓝、月白等，色调深浅不一，但都离不开清淡的天青色基调。这种主色调冷暖适中、朴素典雅、清淡飘逸，与宋代统治者和士大夫群体推崇的清淡含蓄的审美情趣相通。细赏釉色，随光变幻，有着"雨过天晴云破处""千峰碧波翠色来"的意境，明亮而不刺目，"似玉非玉而胜玉"，敲击厚釉声稳如磬。这是汝瓷大受欢迎的首要原因，也是青瓷烧制过程中最难控制的关键点。釉色是不可控的，玛瑙、氧化铁等成分会因为温度的细小变化发生复杂的化学反应。为了得到理想的天青色，工匠们不知道要试验多少回、失败多少次。

其次，汝瓷釉面呈现出蝉翼纹细小开片。这原本是新烧制的青瓷在冷却过程中的瑕疵，胎釉冷却的时间或者程度不一致，表面出现细小的裂痕，但又没有达到残次品的程度。士大夫则从不完整中看出了另类的美感。完美不可求，世人只能在不完美的世界中坦然前行，在不完美的外物中发现美。厚厚釉面的裂缝犹如春天开裂的冰面，人们习惯称之为"冰裂纹"。此外还有"梨皮""蟹爪""芝麻花"等形象的称呼。釉泡原本也是瓷器生产过程中的瑕疵，汝瓷的釉泡大而稀疏，有"寥若晨星"之称。欣赏者也将之理想化为一种另类美。

最后，汝瓷器型古朴大方，线条优美。已经发现的汝瓷有仿青铜器、玉器造型，有皇家所用的生活用品、文房用具，还有宫廷的供品等，都是小型器，追求小巧精致。即便是清凉寺之外的汝州其他地区的民窑，产品也很少供真正的劳动者使用，器型大致如官窑所求。这些玲珑小巧的瓷器表面光洁朴素，基本没有纹饰。汝窑极少有造型秀丽、刻花装饰的产品。有人说宋朝是推崇"极简"的时代，清淡光素的汝瓷又一次完美地契合了时代的审美。

一件件朴素清雅、典雅考究的青瓷，经历了熊熊烈焰的炙烤，成功披挂上天青釉外衣，被人们小心翼翼地从汝州护送到汴梁，散入王侯之家。

同时代盛产青瓷的还有越窑、耀州窑、龙泉窑等。遗憾的是，它们都不能烧制出那种浓淡适中、朴实含蓄的天青色，其他青瓷釉色普遍偏绿。北宋社会最青睐的还是汝瓷。后世将北宋的汝、官、哥、定、钧等官窑称为"五大名窑"，又以汝窑居首。狭义的汝窑特指龙兴县清凉寺的官窑，也称"汝官窑"；广义的汝窑泛指北宋汝州境内的所有窑场，那些供应广大官民瓷器的民窑比官窑数量多得多，产品也多得多，也称"汝民窑"。

汝官窑为宫廷供瓷的时间约在哲宗元祐元年（1086 年）到徽宗崇宁五年（1106 年），大概只有 20 年。时间短，再考虑到烧制难度大，汝窑的产量不会太大。金军南下后，汝窑立刻从辉煌的高峰跌落谷底，不复存在。到南宋时，汝瓷便已经是难得的珍品了。

带着对北宋辉煌成就的缅怀，带着对汝瓷精神文化内涵的认同，汝瓷的价值随时间的推移而日益放大。汝瓷成为诸瓷之首，是象征中国瓷器文化巅峰的明珠。

中国人普遍认同汝瓷的淡雅宜人，文人士大夫尤其推崇那诱人的天青色。汝瓷珍稀不可得，明清官民便开始仿烧，出现了许多仿汝瓷产品。而存世的真正汝瓷，珍藏于深宫大内。宋、元、明、清，历代宫廷内府都收藏汝瓷用具，越往后越视若珍宝，与商彝周鼎相提并论。明朝正德皇帝开始在景德镇大规模仿制天青色瓷器，清代雍正、乾隆时期景德镇御窑厂仿烧的汝瓷达到全盛，生产规模巨大，而且质量精美。清朝的仿汝瓷重釉色、轻造型，造型几乎都是时下流行式样，底部一般署有当朝年款，容易识别。

汝窑瓷器因传世稀少、具有极高的文化价值而被世人视为稀世珍宝。尽管人们对汝瓷的辨别存在分歧，但不管采用何种标准，传世汝瓷都不足百件，主要收藏在北京故宫博物院、台北"故宫博物院"、上海博物馆以及英国大英博物馆等处。

得益于明清历代帝王的精心征集、大力搜罗，故宫是存世汝瓷最大的藏家。其中，北京故宫博物院藏有传世汝瓷19件，包括洗、盘、碗、三足樽、三足承盘等；台北"故宫博物院"藏有21件原清宫旧藏汝瓷。天下汝瓷，一半在故宫。

故宫博物院收藏的最珍贵的汝瓷是禁止出国（境）展览的汝窑天青釉弦纹三足樽（高12.9厘米，口径18厘米，底径17.8厘米）。这尊缩小版的仿青铜器瓷器保存完好，古朴典雅，直口、腹筒、平底、三足，上下直径相同，三足为蹄形。该器皿具有典型的汝窑特色，满施淡天青釉，釉面莹润光洁，布满细碎纹片，

汝窑天青釉弦纹三足樽

汝窑天青釉弦纹三足樽底部

底部有 5 个细支钉痕。在外壁口沿、中腹部、近足处分别有 2、3、2 道凸起弦纹，一共是 7 道弦纹。宋代小瓷樽属于摆件，汝窑、定窑、龙泉窑都有生产，汝瓷的弦纹最不明显，若有若无，也体现了宋人含蓄内敛的审美情趣。

目前传世汝窑三足樽只有两件，故宫一件，另一件收藏于英国。

此外，故宫收藏有汝窑天青釉盘（高 3.5 厘米，口径 19.3 厘米，足径 12.6 厘米），撇口浅腹，圈足外撇，通体淡天青色釉，釉质纯净，釉面冰裂纹片，是上品汝瓷。底部刻有"寿成殿皇后阁" 6 个字，是南宋后宫珍藏。还收藏有汝窑天青釉碗（高 6.7 厘米，口径 17.1 厘米，足径 7.7 厘米），撇口深弧腹，圈足微外撇，通体淡天青色釉，莹润纯净，如青天映于湖水之中，水天交融，堪称汝窑精品。这只碗的可说之处在于底部镌刻隶书乾隆四十二年（1777 年）御题诗一首。诗曰：

> 秘器仍传古陆浑，只今陶穴杳无存。
> 却思历久因兹朴，岂必争华效彼繁。
> 口自中规非土匦，足犹钉痕异匏樽。
> 盂圆切己近君道，玩物敢忘太保言。

作为狂热的文物爱好者和自命不凡的鉴赏家，乾隆皇帝有着在各种文物古迹上刻画盖章的习惯，即使是稀世珍品的汝瓷也不能幸免。乾隆的刻字恰恰破坏了工匠们精心追求的通体釉质。最

汝窑天青釉洗

可惜的是，乾隆皇帝在台北"故宫博物院"的镇馆之宝汝窑青瓷无纹水仙盆上刻诗：

> 官窑莫辨宋还唐，火气都无有葆光。
> 便是讹传猧食器，蹳秤却识羕恩偿。
> 龙脑香薰蜀锦裠，华清无事饲康居。
> 乱碁解释三郎急，谁识黄虬正不如。

这首诗暴露了乾隆皇帝真实且有限的鉴赏能力。呈现在乾隆面前的汝瓷早已褪去了烟火气，包裹着一层温润舒适的釉质，所以被乾隆当作"火气都无有葆光"的老瓷器。乾隆皇帝把它当作"猧食器"，也就是小狗的食盆。"蹴秤"就是踩秤称重，小狗体重的增加自然是主人豢养的功劳。尽管只是几百年前的"宠物用具"，乾隆皇帝依然非常珍爱这件汝瓷，专门给它定制了一件紫檀描金台座，座内安抽屉。如此珍爱，自然离不开"规定动作"——题诗刻字。事实上，所谓宠物食盆是水仙盆，是宋人养水仙的雅器。

该件水仙盆的闪光点是"无纹"。正如前述，开片是汝窑生产过程中的普遍瑕疵，是汝瓷的一大特征。光洁无瑕的釉面对生产要求极为严苛，需要实现完美的温度把控。所以，釉面无纹的汝瓷又是稀世珍品中的顶级佳品。台北"故宫博物院"藏汝窑青瓷无纹水仙盆釉层完整润泽，几乎没有一丝裂纹，是人们所见唯一完美无瑕的汝瓷，堪称传世汝瓷中的最佳品。

* 本文参考吕成龙. 记"清淡含蓄——故宫博物院汝窑瓷器展". 文物天地，2016（9）：68-75.

《富春山居图》

——一幅『殉国未成』的画*

它是中国山水画的巅峰之作，士大夫奉为山水画之圭臬。

它是元朝画家黄公望的杰作，更是文人精神追求的结晶。

这幅国宝级名画就是《富春山居图》。

黄公望是天赋、勤奋和丰富阅历"三合一"的伟大画家，创作出《富春山居图》绝非偶然。

他的前半生，努力追逐世俗的成功，生活在别人的期许之中。黄公望，本姓陆，原籍江苏常熟，自幼父母双亡。浙江永嘉黄姓老者，年九十而无子，见少年陆某容貌清秀，便收养为嗣，取"公望子久矣"，给养子改名为"公望"，字"子久"。黄公望沿着"读书—仕宦"的道路，对仕途孜孜以求，度过了宝贵的青年和中年时期。非常遗憾，既没有家世背景又身处元朝民族等级的最低等（南方汉人），黄公望几乎没有仕途可言。我们没有查到其明确的官场履历，有说他曾是浙西廉访司的书吏，有说他在中年之际进京当过中央衙门的书吏，可以确定的是延祐二年（1315年），47岁的黄公望因受上司牵连蒙冤入狱，罹祸多时。

出狱后，黄公望绝意官场，出了监牢就入道观，成为云游四方的"大痴道人"。这是黄公望人生的第一次转变，走出红尘，追求自适的人生。

自由的黄公望，开始在半百之年捡起画笔，以诗画自娱，并曾卖卜为生。人生的坎坷、命运的冷暖，加上重视观察写生的学习路径，都使得黄公望画艺快速精进。明代李日华的《紫桃轩杂缀》形容"子久（黄公望）终日只在荒山乱石、丛木深筱中坐，意态忽忽，人不测其为何。又每往泖中通海处看急流轰浪，虽风雨骤至水怪悲诧而不顾"，黄公望尤其擅长山水画，所画千丘万壑，皆奇谲深妙。他后来居上，终成位居"元四家"（黄公望、王蒙、倪瓒、吴镇）之首的大画家。

爱好与坚持能够培养一个艺术家，却不能造就顶级的艺术家。顶级艺术家必定是站在艺术积累的顶端，在文化积淀和自身精神之间寻求自洽，汲取资源，完成蜕变。从人生自适到精神自洽，是黄公望人生的第二次转变。他最终在古稀之年成为一个精神自由、内心丰富的人。

富春江，钱塘江中游的别称，山清水秀，人烟点染，兼有江南的温婉富庶，以及严子陵、孙坚、杜牧、罗隐、陆游等历史文化名人积淀下的文化底蕴。天下佳山水，古今推富春，暮年黄公望常年驻留此地。至正七年（1347年）前后，年近八十的黄公望与同道好友郑樗（字无用）在富春江地区游览。富春江两岸的春夏秋冬、桃花流水、山峦关隘和酒旗人家，令人流连忘返。大自然能够荡涤人心，愉悦心灵。郑樗沉醉其中不愿远离，热情请求丹青妙手黄公望用山水画留住富春江美景。

中国山水画数百年的沉淀，黄公望八十年人生的感悟，都在呼唤着一幅山水佳作的诞生。郑樗的请求犹如催化剂，催生了《富春山居图》。

黄公望正处于创作山水长卷的最佳状态，此时他有足够的创作经验和思想准备，可以从容不迫地绘制自己理想的画面。黄公望在富春山区进行了长时间的游览与写生，晚年主要定居富春山区。他不慌不忙地进行构思，并没有采用一整张长卷，而是用多张纸拼接的方式，自由创作悠悠山水。富春江山水在淡雅墨色中浸润开来：

一座顶天立地的浑厚大山拉开了百里江山的鸿篇巨制，江南山水湿润，层峦环抱，山上松柏轻摇，散布山野人家；土坡上的枯苔小树连着渡口、小桥；江面泛着小舟，水波丝草灵动，阔水细沙延伸向远处。画面前端繁茂葱郁、大气磅礴，逐渐繁华落尽，树叶入秋掉落，万物萧瑟肃静，大地流向苍茫。画面后部大片留白，两叶小舟并行江中，几个渔夫劳作其上，卑微渺小的身影如同大千世界的尘埃。最后的大段留白，似乎暗示着富春江的起源，也留下了无限的想象空间。

秋天的富春江，充满了江南悠游林泉、萧散淡泊的诗意，令文人士大夫无法抗拒。黄公望用白纸淡墨，精准提炼并传递出了

《富春山居图》

世傳富春山居圖為黃子久
畫卷之冠昨年譌其為
山居圖者有董香光鑒玖
特方謂富春圖為墓廬
題寄意後於沈德潛文中
如其派流人閒嘗乱一譌為
状雨寅冬畫永慎多
名賢其題則此發在馬上有
光愛走邸潘以及幾水甘光

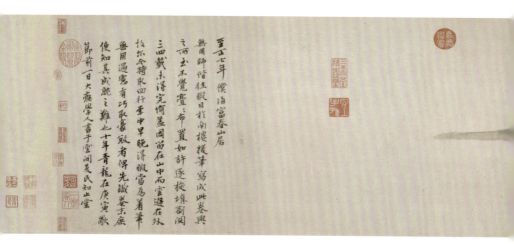

至正七年僕歸富春山居
無用師偕往暇日於南樓援筆寫成此卷興
之所至不覺亹亹布置如許逐旋填劄閱
三四載未得完備蓋因留在山中而雲遊在外
故爾今特取回行李中早晚得暇當為著筆
無用過慮有巧取豪敚者俾先識卷末庶
使知其成就之難也十年青龍在庚寅歜
節前一日大癡學人書于雲間夏氏知止堂

富春江的气质。明代著名书法家董其昌自述观摩此画的愉悦感时说："心脾俱畅。"

《富春山居图》超越了单纯的山水画，深入文化观和人生观的层次。如何与世界相处、如何与自己相处、如何在复杂的现实生活中保持士人的尊严、如何在贫瘠的土壤上维持精神的丰硕，这是中国士人追寻的永恒课题。黄公望用亲身经历和山居图，给出了自己的回答，在中国文化史上留下了一道深深的印记。

黄公望的创作相当缓慢，仅《富春山居图》一幅作品，有说花费了三四年，有说长达七年。具体时间已经无考。黄公望边创作边云游，继续从山水中汲取养分，仿佛要穷尽一生的心力来完成它。可以确定的是，作品在创作过程中就已经展现出了不凡的品质，收获了诸多赞誉，以至于郑樗担心日后他人会巧取豪夺。黄公望在作品尚未完成的情况下，提前在中间题跋了如下文字：

> 至正七年，仆归富春山居，无用师偕往。暇日于南楼援笔写成此卷，兴之所至，不觉嵩嵩布置如许，逐旋填剳，阅三四载，未得完备，盖因留在山中，而云游在外故尔。今特取回行李中，早晚得暇，当为着笔。无用过虑有巧取豪夺者，俾先识卷末，庶使知其成就之难也。十年，青龙在庚寅，歜节前一日，大痴学人书于云间夏氏知止堂。

文后盖印"黄氏子久"。黄公望不仅自我勉励要抽空完成创作，还宽慰郑樗不必过虑，他提前明确了作品的归属。然而，驰骋艺术场的顶尖人物，也猜不透社会的险恶。《富春山居图》完成之日，便是争夺开始之时。中国古代名画中，尚且找不出如它这般命运多舛、归属纷纭的第二幅作品。郑樗果真仅仅是画作的过客而已，有人费尽心思谋取佳作却为人嘲讽才不配画，有人偶然获得山居图却不幸为亲友窃走，有人异常钟爱富春山却不得不忍痛割爱。

《富春山居图》完成将近 300 年的明末，江苏宜兴吴家将其收入囊中。

宜兴吴氏是官宦世家，吴之矩于万历十七年（1589 年）中进士，同榜者有焦竑、董其昌、高攀龙等。该榜堪称龙虎榜。吴之矩仕途并不顺遂，因触犯权贵阉宦而遭罢黜。好在吴家有的是金银，罢官归乡后，吴之矩移情园林，醉心于别墅、诗文。他在宜兴郊外修建了别业，命名为"兰墅"，又名"南岳山房"，泉石林鸾，甲于江左。彼时局势尚属和平，江南繁华又前所未有，是文人士大夫的一段美好时光。吴之矩等富裕文人"极爱繁华，好精舍，好美婢，好娈童，好鲜衣，好美食，好骏马，好华灯，好烟火，好梨园，好鼓吹，好古董，好花鸟，兼以茶淫橘虐，书蠹诗魔"（张岱《自为墓志铭》）。在江南的烟花梦幻之中，吴之矩大约卒于万历末年（1620 年）。

吴之矩有三子，长子早亡；次子宦游在外；幼子吴洪裕，字问卿，万历四十三年（1615 年）中举，此后不再赴会试，而是陪伴父亲左右。或许相对于官爵和富贵，吴洪裕更钟意文雅江南的锦绣风光，希望余生在湖光山色中以书画自娱。吴之矩可能将园林宅第、书画古玩等都留给了幼子吴洪裕，其中肯定包括吴之矩的同年好友董其昌以千金抵押给他的《富春山居图》。

吴洪裕号枫隐，便将别墅更名"枫隐园"，作为文人雅集的据点：

> 有别业曰兰墅，挹一邑之胜，名人王稚登、董其昌皆从之游，为绘图作记。洪裕常寝其间，日招客饮酒，醉后辄讽陶杜诗。（《宜兴县志》）

古今画家之中，吴洪裕最推崇黄公望，视为画圣。在黄公望的山水中，吴洪裕不仅看到了江南，也看到了山水画的集大成——这是千百年民族文化层层累积的成果，更悟到了人与外界相处的理想状态——这是一代代文人士大夫精神探索的结晶。《富春山居图》自然成了吴洪裕的心头宝。吴洪裕对这幅画爱不释手，30 年间几乎形影不离，"置之枕席以卧以游，陈之座右以食以饮。倦为之爽，闷为之欢，醉为之醒"。他甚至专门修建了一座"云起楼"来安置这幅画，"周围名花绕屋，名酒盈樽，名书名画、名玉名琴环而拱一《富春山居图》"。

如果没有 1644 年的甲申之变，吴洪裕的后半生应该逍遥自在，继续悠游太湖湖畔。可惜战火很快燃到宜兴，文人的天堂跌落凡尘，碎得一塌糊涂。在烽烟乱世，豪富如吴洪裕也只能东躲西藏，沦为难民。逃难前，吴洪裕面对万贯家财没有拿一金一银，而是左手拿着《富春山居图》，右手举着隋唐智永和尚的草书《千字文》，被裹挟着加入逃难的人群。

这是多么"滑稽"的一幕：昨日的超级富豪，今日举着两卷纸，蓬头垢面，狼突豕奔……而在吴洪裕心中，自己左手托举着辉煌的中国文化，右手高擎着读书人的精神火种。只要这两样东西还在，中华就能复兴，江南就能复建。

顺治七年（1650 年），吴洪裕的生命走到了尽头。他没有子嗣，决心效仿唐太宗将心爱之物王羲之《兰亭序》陪葬的先例，临终前焚烧《千字文》和《富春山居图》，以字画"殉国"。弥留之际的吴洪裕无法亲自动手，嘱托家人协助完成心愿。第一天，他看着家人焚毁了《千字文》。智永和尚是王羲之后裔，也是书法大师，其《千字文》价值自然无须多言。

第二天，厄运降临《富春山居图》。吴洪裕看到宛如自己生命一般的山水画渐渐为火焰吞没，剧痛刺穿了他已经模糊的意识。吴洪裕痛苦地闭上了双眼。也就在这一刻，侄子吴子文眼疾手快，迅速将手伸入烈焰中取出画作，然后投入其他作品，骗过了吴洪裕。

吴洪裕与世长辞，完成了"焚画殉国"；吴子文以画易画，挽救了《富春山居图》。

万分遗憾的是，火焰已经将部分画作焚为灰烬。侥幸的是，《富春山居图》是数米长卷，且有前隔水、引首、包首等装裱保护，画作主体被毁不多。画作原长约三丈，烧毁起首部分约二尺，残存部分中间也烧出了几个连珠洞，断为一长一短两截。短的一截，即浑厚大山片段，相对独立，工匠装裱为新的作品，取

《剩山图》

名《剩山图》；长的一截，火痕斑斑，六纸七接，每纸的长度大致相等，约106厘米，取黄公望给郑樗题跋中的"无用师"三字命名为《无用师卷》。《剩山图》长51.4厘米，《无用师卷》长636.9厘米，原作共存688.3厘米。

从此，《富春山居图》不复存在，分裂为两幅作品。

文人士大夫对《富春山居图》推崇备至。自它诞生之日起，就有临摹和仿画作品问世。在临仿的长长名单中，有沈周、张宏、董其昌、赵左、蓝瑛、沈颢、邹之麟、王翚、查士标、方琮、金城、吴湖帆、余绍宋等名人，更有不知名的"造假者"。它或许是赝品、仿品最多的中国画。仅故宫博物院收录的就有沈周、张宏、高树程、黄均、王原祁、王翚等作品。其中王翚临摹本是最忠实于原作的仿品，后人据它来推测已被焚毁的内容。

台北"故宫博物院"收藏的"子明本"《无用师卷》，则牵涉一桩艺术公案。

尽管巨作一分为二，也依然挡不住人们对《剩山图》《无用

师卷》的追寻，无奈临仿作品太多，真假难辨。乾隆十年（1745年），一幅富春山居长卷进入紫禁城。画卷上有"黄公望"的题跋："子明隐君将归钱塘，需画山居景图以赠别。大痴道人公望，至元戊寅秋。"这就是《子明卷》。

狂热的艺术发烧友兼自诩的鉴赏家乾隆皇帝，经过认真甄别，认为子明卷就是真迹，珍爱异常。他充分发挥"题跋狂人"的本性，在《子明卷》上留下了50余段诗跋。当时便有人怀疑其是否真迹，可惜大家慑于皇权，不敢唱反调，只能附和。戏剧性的是，第二年《无用师卷》也进入了紫禁城。乾隆皇帝又一次详加甄别，认为它是赝品，但也承认是质量较好的仿本。嘉庆年间，越来越多的人认为后者才是真迹。民国初年整理紫禁城藏品，专家们比较《子明卷》和《无用师卷》，并多方考证，普遍认为前者的艺术水平较低，是明代摹本，黄公望、刘珏、董其昌、邹之麟等人的题跋全是伪造，孔谔的跋是真的，却是从其他作品上移过来的。《无用师卷》的观赏性或许不如前者，却是真迹。

　　1948 年，《无用师卷》迁徙到台湾，如今是台北"故宫博物院"的镇馆之宝；《剩山图》长期由民间收藏，1956 年由浙江省文物管理委员会向收藏者吴湖帆征集。源自一作的两幅名画，再次为一道浅浅的海峡所"分割"，始终无法合体，更附着了一重家国悲欢。

---

* 本文参考徐邦达. 黄公望和他的富春山居图. 文物参考资料, 1958（6）: 3-8, 34-38; 王小红.《富春山居图》原貌考. 书画世界, 2011（6）: 10-21.

所有的繁华梦忆、一切的磨难煎熬，最终塑造了明清两代中国社会。这是高度成熟的社会形态，这是中华文明的集大成时期，同时也承接了中国历史文化的缺陷与疏漏。明清多有为的帝王，他们驱赶着集权专制的猛兽，挥舞着强健有力的双翅，划过高度稳固的神州大地，穿越五百多年的风尘雨雪，飞向前途未卜的近代……

故宫文物几乎能串联起明朝整个历史。《致驸马李桢手敕卷》透露着明太祖朱元璋隐秘的家世和心思；《一团和气图》是明宪宗的执政宣言；《升庵簪花图》是"大礼议之争"的关联证物，这一事件对明朝历史和政治风气影响巨大；《出警入跸图》中站立着徘徊在勤惰分界点的万历皇帝；点翠嵌珠石金龙凤冠透过后宫妃嫔的泪水，进而折射明末的政治纷争。

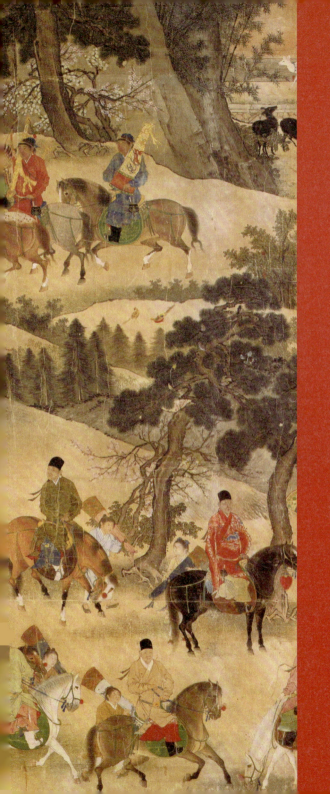

中华升平

明清鼎革
与家国定型

《致驸马李桢手敕卷》——朱元璋的软肋

洪武二年（1369 年）六月二十九日，南京的夜。

明朝开国皇帝朱元璋正处于年富力强的黄金时期，大刀阔斧，建章立制，乾纲独断，耕耘江山。他精力极为旺盛，每天都要处理数以百计的奏章。

又一个奋笔疾书的夜晚，朱元璋在寂静的深夜昏昏沉沉地进入了梦乡。在梦里，朱元璋回到了千里之外的故乡——濠州钟离县太平乡孤庄村，置身于破破烂烂的茅草屋。在飘忽不定的影像里，朱元璋低头看看自己，一副少年的模样。他惊喜地抬头，父亲和母亲果然在茅草屋里忙碌，佝偻着身子，对子女没有一句言语，却竭尽全力地劳作，尽其所能地庇护子女。一切都回到了30 年前……

朱元璋是中国历史上唯一一位崛起于最底层的统一王朝缔造

者，无尺寸之凭借，结束神州大地四百年板荡裂局，开创近三百年的大一统王朝。

无论从何种角度衡量，25 岁以前的朱元璋都是帝国最底层的蝼蚁，如草芥，又如尘土，自生自灭，无声无息。

朱元璋亲笔撰写的《朱氏世德碑记》自述家族概况，仅能追溯到五世祖。朱明皇室出自金陵句容县通德乡朱家巷，朱元璋五世祖朱仲八、高祖朱百六、曾祖朱四九、祖父朱初一、父亲朱五四。元朝底层百姓不配拥有名字，一般以父母年龄相加、出生日期或宗族排名命名。朱元璋以皇帝之尊，不遮丑、不攀附，没有避讳出身之卑，难能可贵。

朱家在元朝是淘金户户籍，但是江南不产黄金，淘金户只能购买黄金以供岁赋。朱元璋祖父朱初一困于赋役，便抛弃田庐，举家迁往泗州盱眙县，大伯朱五一、父亲朱五四两兄弟又迁到濠州钟离县。朱五一在元末明初战乱中子孙灭绝。朱五四娶妻陈氏，生有四子两女。长子朱重四，次子朱重六，三子朱重七，四子就是朱重八（朱元璋）。两个姐姐都比朱元璋年长许多，出嫁也很早。大姐嫁给了王七一，早早离开了家，之后与家人没什么来往；二姐朱佛女嫁给了李七三的儿子李贞。李贞大朱元璋 25 岁，明朝建立后官方称他"醇厚笃实"，其实就是一个老实巴交的老农民。可是，底层农民的交际圈子就这么大，嫁给忠厚老实的农夫是农家女的宿命。

在梦里，朱元璋泪眼婆娑地看着父母，那么熟悉又那么遥远。子欲养而亲不待，对已位居九五之尊的朱元璋而言，遗憾悲苦之情尤其强烈。恍惚间，朱元璋看到二姐夫李贞走进了家门，笑吟吟地向父母打招呼。朱元璋的至亲中，李贞家的境况稍好一些，至少能吃得上饭。李贞忠厚、热心，有时会接济妻子的娘家。朱五四和陈氏看到二女婿进来，抬起弯曲的脊背，热情地招呼起来。看着父母、姐夫其乐融融，朱元璋再也止不住泪水，最后干脆号啕大哭。哭着哭着，父母的影像虚化缥缈起来，朱元璋醒了。

瘦弱无助的少年又成了手握生杀大权的帝王，一切原来只是一场梦。

蝼蚁的生命经不起任何风浪。元至正四年（1344年），淮北大旱，饿殍遍野，朱元璋父母和大哥先后饿死，三哥逃亡他乡。16岁的朱元璋和二哥尝尽白眼，才勉强在本乡小地主刘继祖的怜悯之下将家人草草埋葬。兄弟俩各奔东西，各自苟活。朱元璋当和尚、做乞丐，不放过任何一个谋生的机会。可谁能想到，一个原本只想当个安分农民、能吃饱饭的少年，慢慢被逼上梁山，裹挟进了改朝换代的大潮中……

16岁家破人亡，25岁投军造反，40岁称帝建立大明王朝，朱元璋缔造了政治奇迹。一个没有远大志向的人，一个起步很晚的造反者，最终成为天下的掌控者。

悲苦的童年，深深镌刻进了大明王朝缔造者的灵魂。朱元璋最大的遗憾就是家庭。凡人奋斗的目的，不就是为亲人提供更好的生活，共沐天伦吗？

1368年，朱元璋建立明朝，大规模追封故去的家人。父亲朱五四追封为仁祖，谥号淳皇帝；三个哥哥分别追封南昌王、盱眙王、临淮王。其中，大哥朱重四留下了儿子朱文正，受重用为大都督，他这一脉发展为靖江王世系。二哥、三哥绝嗣。朱元璋追封大姐为太原长公主，可惜她因备受生活的折磨而早逝，没有生育子嗣；追封二姐为曹国长公主。就连当年施舍朱元璋兄弟一块墓地的刘继祖，也追封义惠侯，世袭罔替。

曹国长公主同样早逝，留下丈夫李贞带着儿子李文忠颠沛流离，艰难求生。朱元璋占据滁州后，李贞带着儿子投奔小舅子。朱元璋和二姐家的感情最好，将李文忠视若己出，委以重用。李贞是朱元璋发达后唯一在世的同辈亲人，洪武元年（1368 年）拜驸马都尉、镇国上将军，封恩亲侯，洪武三年拜特进荣禄大夫、开国辅运推诚宣力武臣、右柱国，晋封曹国公。朱元璋特许李贞免于繁冗的朝会，可以赞拜不名，穿五爪金龙袍。

李贞已届古稀之年，朱元璋为了方便往来照看，将南京皇城内的一套宅邸赐给了他。不仅朱元璋经常前去拜访，皇太子、诸王也经常去李贞家走动。作为最年长的皇亲国戚，李贞始终保持淮北农民的本色："今上方以勤俭化天下，吾为戚里之长，苟为奢靡，何以劝率家人！"他穿衣服求适体、不求华丽，饭菜求适口、不求奢侈，不跋扈不干政，宅在府邸安享晚年。

梦见父母后第三天，朱元璋派宦官去探望姐夫李贞。

宦官回宫说，驸马一切安好，还派了本府一个名叫天兴的小太监，带礼物进献马皇后、皇太子。这一切仿佛 30 年前李贞与岳父母频繁走动的情景再现。朱元璋便问，驸马送给太子何种礼物？宦官回答，给太子的礼物是毛笔。礼物虽小，却深得朱元璋的心思。太子喜欢书法、勤加练习，李贞的礼物显然是有备而来。

朱元璋暖心之余，提笔铺纸，亲自给李贞写了一封信：

> 皇帝手书，付驸马李桢拆、藏。
> 皇帝致书于驸马李桢：
> 今年六月二十九日夜，忽梦朕之先君及慈母于平昔家舍间，驸马亦在其傍。朕号哭多时，觉来知是一梦耳。不三日间，遣内官诣府看视。七月十四日，内官回言驸马安好，朕甚欢。又见天兴至，奉到皇后礼甚厚，太子笔甚精，多谢诚意。天兴火者，就带数字，以序骨肉之情。七月初，有人自北平来，言保儿（李文忠）赶上胡元也速丞相，与彼交战，获马一千匹，得到番官平章、左右丞等三百余员。迤逦追赶，达达皇帝（元顺帝）往草地里去了。未知再报何如？今以先报令驸马知，安心勿虑。手书，不备。
>
> 洪武二年七月十四日书

这便是《致驸马李桢手敕卷》（或许是为亲者讳，朱元璋将李贞写作"李桢"）。全信没有一句官话、套话，完全是家人之间的谈话，将家长里短娓娓道来。朱元璋在前半部分叙述了梦境、礼尚往来，后半部分告诉了李贞自己掌握的最新战况。当时，明朝对北方元朝残余势力作战的主将之一便是李贞的儿子李文忠。

《致驸马李桢手敕卷》

在信中，朱元璋称呼大将军李文忠的乳名"保儿"。长辈最骄傲的也是最常提及的便是晚辈的成就。几天前，朱元璋得到北方战报，外甥李文忠大破北元丞相也速，俘获马匹一千匹、俘虏蒙古高官三百余员。李文忠乘胜追击，把"达达皇帝"——也就是元顺帝——撵到草地深处去了。《明实录》将此战的战果夸张了约十倍，但是朱元璋没有必要和至亲吹牛，此信记载的应该是最真实的战况。李贞掌握的信息不如朱元璋及时，朱元璋就在信中第

大軍自下山東所過去處得到迤北省
院官員甚多吾見二將軍留此等於
軍中甚是憂慮恐大軍下營及行
兵此等雜於軍隊中忽白日遇敵不
便夜間遇偷寨者亦不便況各各
皆係有院大衙門難以姑假稱之
親筆至日但得有推柄之賊無分
星夜發來布列於南方觀詔
城也使伏其心然後用之決無患
已於濟寧陳平章盧平章
等家小東平馬德家小及教坊
來至京之後安穩當即遣
家人一名前赴彼舊官去處
言信人心可動

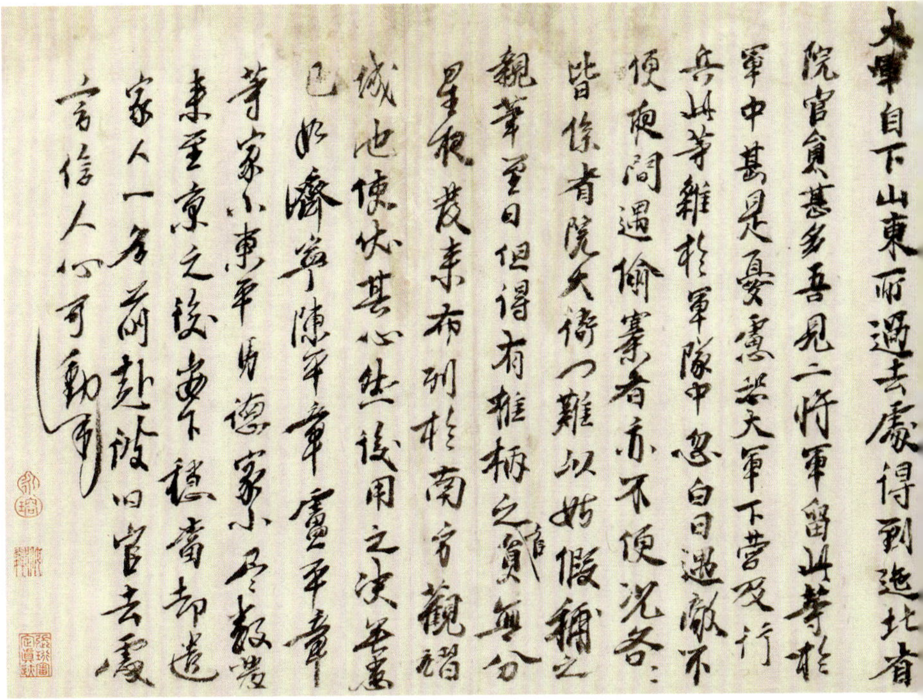

《大军帖》

一时间通报，免得姐夫为儿子的安危担心。末尾，朱元璋宽慰李贞“安心勿虑”。

朱元璋早年没有接受过什么教育，但是这封《致驸马李桢手敕卷》书法工整、瘦劲健拔、布局严密。他的文化水平应该是在后期戎马生涯中自学的。正因如此，朱元璋的书法少了许多教条约束，显得自然生动。这也平添了手敕的家信色彩。

朱元璋现有 7 幅亲笔法书留存：《总兵帖》《安丰令卷》《高

邮令卷》《行书手谕》《大军帖》《跋李公麟临韦偃牧放图卷后》《致驸马李桢手敕卷》。故宫博物院存有其中 4 幅，除上述给李贞的信笺，还有以下 3 幅：

《总兵帖》，纸本行书，纵 23 厘米、横 23.7 厘米，是朱元璋在龙凤十二年（1366 年）二月十八日、十九日间要求总兵汇报马匹数量的便笺，全文为：

> 教总兵官将各营内新旧见在马匹数目报来，毋得隐瞒，就教小先锋将手抹来回话。

《大军帖》，纸本行书，纵 33.7 厘米、横 47.4 厘米，是吴元年（1367 年）十二月朱元璋对进军北方的徐达等将领关于元朝投降官员处置问题的指示：

> 大军自下山东，所遇去处，得到迤北省院官员甚多。吾见二将军留此等于军中，甚是忧虑。恐大军下营及行兵，此等杂于军队中，忽白日遇敌不便，夜间遇偷寨者亦不便。况各各皆系省院大衙门，难以姑假补之。亲笔至日，但得有椎柄之官员，无分星夜发来布列于南方，观玩城池，使伏其心，然后用之，决无患已。如济宁陈平章、卢平章等家小，东平马德家小，尽数发来。至京之后，安下稳当，却遣家人一名，前赴彼旧官去处言信，人心可动。

当时，朱元璋已经刈平南方诸雄，挥军杀向北方。大军直下山东，元朝官员望风披靡。徐达等将领收降很多元朝官员。朱元璋担心留这些降将降官于军中，不利将来，下令前线将投降官员星夜发往南京甄别。信文明白晓畅，对研究元末明初军事形势和朱元璋的政治方略具有参考价值。

洪武三年（1370 年），基本统一天下的朱元璋在《李公麟临韦偃牧放图卷》后作了题跋，全文如下：

朕起布衣十有九年，方今统一天下。当群雄鼎沸中原，命大将军率诸将军东荡西除，其间跨河越山，飞擒贼侯，摧坚敌，破雄阵，每思历代创业之君，未尝不赖马之功。然虽有良骑，无智勇之将，又何用也？今天下定，岂不居安虑危，思得多马，牧于野郊，有益于后世子孙，使有防边御患备虑间。洪武三年二月二十三日坐于板房中，忽见羽林将军叶升携一卷诣前展开，见李伯时所画群马图，蔼然有紫塞之景。於戏，目前尽获唐良骥，岂问胸中千亩机。

朱元璋看到臣下进献的李公麟群马图，由马及人，希得良将，辅助自己进一步施展治国理政方略。此跋颇有汉高祖刘邦高啸《大风歌》的情境。乾隆皇帝见此题跋，批注道："向于卷中见明高帝墨迹，英气飒飒，迸露豪楮，恍睹其仪表。"流露出惺惺相惜之情。

这四幅书法，行文流畅，语言通俗，语意直白。帝王之气不在纸面，而在纸意，帝王胸中自有天下大事、家长里短，事事时时处处都安置妥当。

朱元璋每一次祭庙、每一年诞辰，莫不痛哭流涕，思念故去亲人。无论现实风云如何变幻、政治如何险恶，亲情永远是朱元璋内心最柔弱的部分。

洪武十一年（1378 年），李贞病危。朱元璋赶到李贞府上探望，两人相对哭泣。此后，皇宫与驸马府之间往来探询李贞病情的使臣络绎不绝。但李贞还是不幸病逝了。姐夫的死，意味着朱元璋微时历史的见证人全部走进了坟墓，意味着家族只剩晚辈，死亡开始向朱元璋招手了。朱元璋为李贞"辍朝三日"，亲至祭奠，追封姐夫为陇西王，谥号"恭献"，追赠李家三世为王。李贞，一位淮北的老农，经由一桩平凡的乡间婚姻，凭借忠厚老实的农民本性，后半生享尽了荣华富贵。

此时，驸马府外，朱元璋已经举起了屠杀开国元勋的屠刀，动辄株连上万人的大案将在几年后上演。朱元璋展现出了截然不同的两副面孔。世人所见是皇帝的一面，只有亲人才能看到其亲情的一面。在朱元璋杀伐决断的面孔下，一个前所未有的集权专制的王朝体制诞生了。朱元璋也成为中国政治史上的关键人物，在历史上涂抹了浓墨重彩的一笔。

洪武三十一年（1398 年）六月，朱元璋驾崩，享年 71 岁。《明史》评价他的功业"天授智勇，统一方夏，纬武经文，为汉唐宋诸君所未及"，评价他个人"武定祸乱，文致太平，太祖实身兼之"，是比较中肯和客观的。

《明宣宗行乐图》

——皇帝的『乐』在哪里？*

明宣宗朱瞻基是一位幸运的继承者，他继承了曾祖父朱元璋打下的江山、祖父朱棣巩固的政局以及父亲朱高炽的仁义名声。朱瞻基也是一位合格的继承者，他耕耘祖宗的江山，带领朱明王朝到达了巅峰——他治下的"仁宣之治"是明朝最稳定、最强盛的时期。

一如治下的盛世，朱瞻基个人强壮稳健，热情外向，爱好广泛，享受游乐。

紫禁城之西有西苑（今北海、中南海地区），原为元朝皇宫大内的太液池所在，有琼华岛、废园。朱棣迁都后，在元朝园址基础上，拓展水域，广植花木，发展为皇家三苑（东苑、西苑、南苑）中最精美壮丽的一处。朱瞻基继位后，继续大力营建西苑，"宣德三年重葺西苑之琼华岛广寒、清暑等殿，又作昭和、

《明宣宗行乐图》

乐成诸殿，复营行殿于河东"。政务之暇，朱瞻基的大部分时光都是在西苑度过的，或独居宫殿，或游山赏景，或召集儒臣雅集唱和，或与宗室共叙天伦。

西苑歌舞升平，这是大明王朝最美好的时光。

在治国理政和行宫闲居中，朱瞻基创作了不少佳作，故宫现藏有《武侯高卧图》《三鼠图》等，兼具政治宣教色彩和创作者的闲情雅致，也表现出皇帝不俗的绘画造诣。朱瞻基还是一个热爱运动和乐舞的皇帝。他喜欢射箭，经常在宫苑中欣赏宫中射手赛射，侍从随时准备弓弩箭矢，以备朱瞻基一试身手；他喜欢琴乐，喜欢退朝后"琴操太古遗音"，估计弹琴技术也不差，能演奏《阳春调》《南熏》等古曲，还创作有《花前鼓琴》《竹轩弹琴》《雪夜弹琴》《古琴赞》等诗文……

《明宣宗行乐图》（绢本设色，纵 211 厘米、横 353 厘米）以工细的画法、鲜丽的色彩复刻了年轻皇帝的伟岸形象和年轻帝国欣欣向荣的景象。

在桃杏盛开的季节，西苑树木繁茂，溪水潺潺，一队人马缓缓驶出红墙宫苑，进入林郊。居队伍之首的便是身材魁梧、体态雍容的朱瞻基。他头戴黑色尖顶圆帽，身着红色窄袖衣，外罩无领无袖的黄色长褂。尖顶圆帽源自元代的"笠子帽"，褂源自元代的"比甲"。明朝虽然推翻元朝而立，但继承了不少蒙古游牧民俗，朱瞻基的装束便有浓厚的"胡服"色彩。他的身后是三个随侍宦官。最前面的绿衣人怀抱弓弩、箭矢，弓箭制作精良，上绘精美的黄绿色纹饰。中间的红衣人手持一把包裹着黄锦的剑，剑身以金银二色修饰，剑柄处系红色流苏。此人身后还背着一件头部呈龙状的器物，龙眼用珍珠镶嵌而成。最后的蓝衣人手抱一件两端宽窄不一的长形器物，其外部包裹的黄锦上绣满长龙纹饰。

朱瞻基极可能刚从一场射箭活动中满意而返，精力充沛地赶往下一场活动。

画面下方，山坡下一队人马正伫马等候御驾，马旁各有一个小厮扛着琴袋子伺候着。这些骑马的男子，都净面无须，服饰华丽，头戴黑色小帽，垂带飘扬，衣服交领右衽，膝盖、衣袖和双肩均绘有纹样；服色多样，有红色、桃红色、绿色、玉色、蓝色、茶褐色等多种，且每人不拘一色。尤其是最右边三骑，除膝盖处绘一圈纹饰外，衣袖和双肩也都绘满祥云和麒麟图案，最右侧红衣人胸前绘有一只小虎与麒麟相对。就服饰而言，他们极像是穿戴戏曲服饰、准备表演的演员；就全体无须而言，他们又只能是宫廷宦官。同时符合这两个条件的，只有明代宦官二十四衙门之一的钟鼓司。钟鼓司掌管出朝钟鼓、内廷乐舞和演戏等，成员都是宦官。小厮们肩扛的琴袋子，也验证了他们的身份。

这些钟鼓司的宦官，正在静静等待朱瞻基及其近侍从左方绕树驶来。其中一名宦官似乎迟到了，正从画面左下角驾马疾驶赶来。钟鼓司和朱瞻基两队人马，从不同地方赶来，表明钟鼓司的宦官们并没有参与皇帝的上一场活动。他们是即将开始的歌舞表演的主角。

宦官所骑马匹有各种装饰：自马鞍向前绕过马胸的带子"攀

胸"，马臀部上方的球饰"火珠"，马身两侧的缎带"躞蹀"，有些躞蹀上还缀有铃铛。这些马匹应该不是单纯的坐骑，而是舞马。舞马经过特殊训练，会在乐曲中翩翩起舞，极具观赏性，风靡于唐代宫廷宴会。它们携带着盛唐风华，来到大明王朝，准备奉献一场歌舞升平的表演。钟鼓声未起，观者已经对朱瞻基即将开始的活动充满了想象。

整幅画作，皇帝、近侍和宦官们神态平和，没有丝毫拘谨；钟鼓司的宦官和小厮们或亲切交谈，或比划交流，或含笑等候，气氛融洽。

行乐图是明朝兴起的一种肖像画。它不是标准照，不需要峨冠博带，不需要朝服威仪，而是将画主置身于真实的社会场景之中，描绘其理想的自身形象或者希望人们看到的一面。行乐图的描绘对象不限于皇帝，也有文人雅士，但明清帝王似乎是最热衷这种肖像画的群体。故宫博物院中收藏有多位帝王的行乐图。

究其原因，皇权是一把双刃剑，在赐予拥有者无上的尊荣与享受的同时，也限定了他们的言谈举止。皇帝必须沿着皇权的既定轨道生老病死，不能拥有个人的悲欢喜怒，不能拥有正常人的情感，不能自由离开紫禁城，更不能从事心爱的业余爱好。一旦坐上龙椅，就相当于签订了一份没有休息、没有安全保障、没有退休期限的终生契约。世人皆羡慕皇帝的荣华富贵，却不知他们的苦闷和无奈。皇位的巨大压力，不是寻常人能够承受的。古代的明君圣主，无不是能力非凡、权力欲与精力都超级旺盛的超人。然而，超人在高压之下也需要释放，也依然惦记着心中最柔软的部分。

明太祖朱元璋建立大明王朝的同时，将集权专制体制推向了新的高峰。明朝的皇帝在制度上真正实现了乾纲独断，压力也前所未有地加大。行乐图便在这种背景下战胜了正襟危坐的朝服画，得到帝王们的青睐。

朱瞻基在行乐图中射箭完毕赴琴局，这是他惬意自适的时刻，也是他对纷繁而艰难的现实的逃避——这也是他营建西苑的目的。他把自己的"乐"画在了图中。就这一点而言，帝王行乐图展现了帝王真实的一面，也传递着某些隐秘的历史信息。我们从《明宣宗行乐图》中就读出了明朝前期蒸蒸日上的气象，感受到了皇帝与身边人其乐融融的气氛。

故宫所藏的《御花园赏玩图》和国家博物馆所藏的《明宪宗元宵行乐图》是明宪宗朱见深的两幅行乐图。在两幅画中，朱见深都坐在龙椅上，观看烟火表演、弓手射箭、模拟买卖、蛮夷进贡，享受子女绕膝的天伦之乐。虽然依旧是一派盛世景象，也确实是皇帝本人的理想形象，但朱见深不再骑马驰骋，不再流连山林，而是端坐深宫。或许是因为父亲御驾亲征导致"土木堡之变"的惨烈经历，或许是因为幼年口吃导致与臣下交流不畅，朱见深在帝王生涯中几乎没有踏出紫禁城一步，只在大内欣赏各种演出。而大明王朝的国势，也在皇帝的"宅"之中渐渐走向衰颓。

清代帝王行乐图远多于明代，从康熙到咸丰的历代帝王几乎都留有行乐图❶。雍正和乾隆两位均留有数以十计的行乐图，不过原因截然相反。雍正皇帝将自己献给了皇权，除了必要的生活起居之外没有任何闲暇，全身心地投入皇权永固、江山万年的"伟业"之中，然而他留下的行乐图都是闲云野鹤、醉心山林的休憩图，想必越不可得的事情就越是一个人内心的追求。乾隆皇帝是一个表现欲极强的皇帝，恨不得天下臣民、子孙万代都流传自己政治清明、家族和睦、文武全才的"人设"，他留下了诸多驰骋骑射、舒展文墨、节庆欢聚的行乐图。父子两代行乐图的共同特点是，皇帝都是多元政治文化的形象，显示他们是清朝这个大一统帝国万民拥戴的共主。

雍正皇帝的行乐图主要是《雍正十二月行乐图》（绢本设色，一组12幅）和《行乐图册》（绢本设色，共16开）。前者按春、夏、秋、冬四季12个月的顺序，绘制了"正月观灯""二月踏青""三月赏桃""四月流觞""五月竞舟""六月纳凉""七月乞巧""八月赏月""九月赏菊""十月画像""十一月参禅""腊月赏雪"12幅节令风俗画。画面背景中的楼阁建筑，既有中式园林，又有西式亭台，更有中西合璧建筑，可知是以圆明园为蓝本创作的。圆明园是雍正为皇子时的赐园，经过雍正、乾隆等历代帝王超过百年的持续建设，最终集中国皇家园林之大成，成为中华园林最璀璨的明珠。雍正初期开始，雍正皇帝经常长期逗留圆明园并居园理政。圆明园俨然有与紫禁城并驾齐驱，成为北京城第二权力中心的趋势。

而在《行乐图册》中，雍正是文人、高僧、喇嘛、道长、蒙古贵族、渔夫，甚至是举着钢叉冲向猛虎的戴发套的洋人……其中《围炉观书》（纵37.5厘米、横30.5厘米）一页，雍正一副

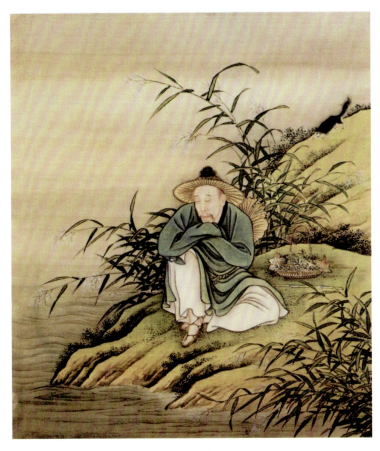

《雍正行乐图》（其一）

汉族读书人装扮，脚踏热气腾腾的火炉，手捧图书专心研读，左侧的多宝柜内放置着先秦彝器、古籍善本、字画手卷，右侧摆放着茶具、食盒，显示了雍正对文人雅士生活的向往。门外迎寒绽放的梅花，则显示出主人不凡的品位和清丽典雅的精神境界。寒冷冬夜，梅香中庭，炉火正旺，恰是安心读书之时，是无数读书人向往的状态，也是为文山案牍埋没的雍正皇帝的向往。

乾隆皇帝的行乐图数量远胜于其父。《弘历雪景行乐图》（郎世宁等绘，绢本设色，纵 486 厘米、横 378 厘米）作于乾隆三年（1738 年），描绘乾隆与众多皇子新年在宫苑赏雪的情景；《乾隆元宵行乐图》（绢本设色，纵 302 厘米、横 204.3 厘米）描绘的是乾隆与皇族子弟们在宫苑内庆贺元宵节的情景。无论是青年还是老年时期，乾隆皇帝都安详端坐，慈爱地观赏子弟们欢庆节日。这些图画不仅描绘了清代紫禁城节庆的热闹内容，也寄托了乾隆对亲情的在意——尽管乾隆的家庭生活称不上完美。而在《乾隆皇帝宫中行乐图》（金廷标绘，绢本设色，纵 168 厘米、横 320 厘米）中，乾隆皇帝一身高士衣冠，倚栏而坐，居高临下，目视一行古装女子举扇持盒，款款过桥。画面工整精妙，树木山石具有宋画特点，根据乾隆皇帝御题诗可知，此图是"松年粉本东山趣，摹作宫中行乐图"，本就是仿宋代著名山水画家刘松年古意之作。在这些行乐图中，乾隆皇帝身着汉族古装，丝毫没有政务之扰，全是悠闲自在、乐天安宁的状态。这种状态可以说是附庸风雅，也是与皇权相斥的——而乾隆皇帝恰恰想让人看到自己拥有此种状态，是横跨政治与文学、平衡权力与内心的天才皇帝。

《道光帝行乐图》（纸本设色，纵 111 厘米、横 294.5 厘米）是晚期的帝王行乐图，描绘的是道光与皇子、公主共叙天伦的场面。道光皇帝手持鼻烟壶，坐在画面右侧"澄心正性亭"中，慈

《弘历雪景行乐图》

祥地注视着子女们玩耍。在左侧"芳润轩"中，皇四子奕詝（咸丰皇帝）和皇六子奕䜣（日后的恭亲王）正在读书习字。尚且年幼的皇七子奕譞、皇八子奕詥、皇九子奕譓则在画面中间无忧无虑地放着风筝。画面右下方，则是道光第四女寿安固伦公主、第六女寿恩固伦公主。这是同样终日勤政的道光皇帝最在意的"乐之所在"。

道光皇帝是横跨中国古代史和近代史的皇帝，身体来到了近代，脑袋却停留在古代。他在位 30 年，兢兢业业，勤勉节俭，却"守其常而不知其变"。他一定很纳闷，为什么自己恪守祖制，未尝一日懈怠，却国势日非，颓势不可逆转？正是在他手中，清朝与英国签下了近代第一个不平等条约——《南京条约》，中国开始进入屈辱的近代。至于道光皇帝在行乐图中展现的子女绕膝，却是爱新觉罗家族的最后盛景。之后，除了他儿子咸丰生育一子外，清朝皇帝再未生育一个子嗣。

幸亏有行乐图，为后人保留了窥探明清皇帝内心的窗口。

* 本文参考杨帆 . 商喜《明宣宗行乐图》考证 . 中国书画，2018（8）：15-18；刘颂岩 . 略论清代行乐图的表现主题与文化意义 . 宿州学院学报，2020（9）：62-66；姜凯伦 .《雍正十二月行乐图》：一位帝王的宏大政治视野 . 美成在久，2020（1）：46-57.

❶ 有观点认为，藏于故宫的《康熙南巡图》《乾隆南巡图》《乾隆射猎图》等也都属于行乐图的范畴。

《一团和气图》

明宪宗的——执政宣言

1464 年，当 18 岁的朱见深继承大明帝国的皇位时，年轻的肩膀立刻扛上了一副复杂沉重、暗流涌动的重担。

15 世纪中期的大明王朝，不可遏制地走在下坡路上。1449 年，朱见深的父亲明英宗朱祁镇御驾亲征，不幸在"土木之变"中全军覆没，败光了帝国主力精锐。自此，明朝从"仁宣之治"的巅峰由盛而衰。这场惨败引发了王朝的一系列内讧。先是叔叔朱祁钰在于谦等主战派大臣的支持下临危称帝，取得了抗击蒙古侵略的胜利；一年后，刚从蒙古囚笼被释归来的父亲又入了叔叔安排在南宫的新牢笼，度过了担惊受怕、衣食无着的七年；景泰八年（1457 年），石亨、曹吉祥等人拥戴废帝朱祁镇发动"夺门之变"，朱祁镇重登帝位。病重中的朱祁钰得知是哥哥政变，连说三声"好"，怀着愤懑与凄凉离开了人世。死后，朱祁钰的帝位不为承认，以亲王礼节入葬；功劳卓著的大忠臣于谦遇害，舆评恶劣。如何评价朱祁钰及其统治的八年，成为横亘在明朝历史中的敏感话题！

这个政治敏感话题，割裂了明朝社会，延滞了原本就已渐显颓势的明朝前进的步伐。

父亲深陷战场之时，朱见深只有1岁9个月；叔叔登基称帝时附带一个条件，便是要立3岁的侄子朱见深为皇太子，不过政局转危为安后，叔叔便在景泰三年（1452年）废朱见深为沂王，改立自己的亲生儿子为皇太子；父亲复辟后，11岁的朱见深又成了皇太子。朱见深的童年仿佛坐在过山车上，过早品尝了权力斗争的波诡云谲。

他是个聪明的孩子，琴棋书画无一不通，尤其擅长绘画。虽然成长期缺乏健康的家庭生活，但个性没有明显的缺陷，且为人处世称得上沉稳周到。成化元年（1465年），已经登上皇位的朱见深明白自己必须完成角色的转化，像一个皇帝一样统筹全局。如何处理持续撕裂社会、影响政治的朱祁钰景泰朝历史，是必须解答的问卷，而他是唯一的考生。

创作于成化元年夏天的《一团和气图》（纸本设色，纵48.7厘米、横36厘米）透露了朱见深对此问卷的思考。

这是中国画中少见的诙谐有趣的小品。画面初看好似一尊盘腿而坐的笑面弥勒佛，体态浑圆。细看之下却有三人，左侧为一位着道冠的老者，笑指右侧，似乎正在交谈；右侧是一位头扎方巾的儒士，笑指左侧，好像在回应交谈。二人各执一页经卷的左

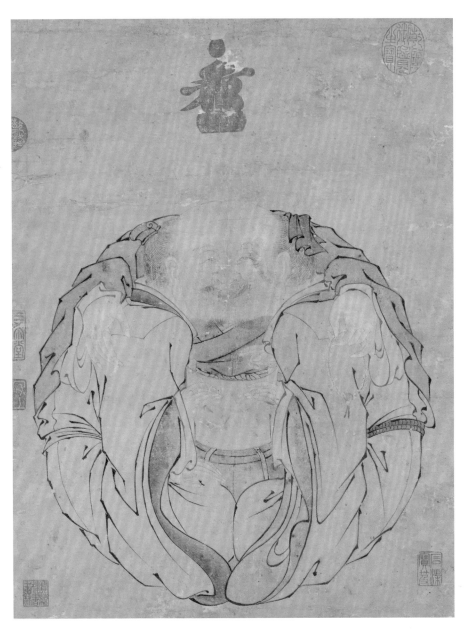

《一团和气图》

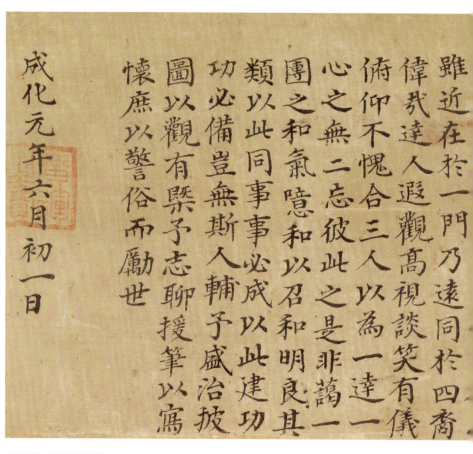

《御制一团和气图赞》

右，谈论的内容应该与经卷有关。两人的侧脸恰好组成中间弥勒佛的正脸，头顶光秃秃，笑容可掬。弥勒佛双手搭在儒、道二人肩上，左手捻佛珠，右手轻搭。作品构思巧妙、人物造型诙谐，线条细劲流畅，顿挫自如，显示出朱见深高超的绘画技艺。

御製一團和氣圖贊

朕聞晉陶淵明乃儒門之秀

陸脩靜亦隱居學道之良而

惠遠法師則釋氏之翹楚者

也法師居廬山送客不過虎

溪一日陶陸二人訪之與語

道合不覺送過虎溪因相與

大笑世傳為三笑圖此豈非

一團和氣所自邪試揮綵筆

題識其上

嗟世人之有生並戴天而履地

咸勻氣人司武丁夋朱而七兵

画面上方有朱见深书写的《御制一团和气图赞》：

朕闻晋陶渊明乃儒门之秀，陆修静亦隐居学道之良，而慧远法师则释氏之翘楚者也。法师居庐山，送客不过虎溪。

一日，陶、陆二人访之，与语，道合，不觉送过虎溪，因相与大笑，世传为三笑图，此岂非一团和气所自邪？试挥彩笔，题识其上：

"嗟世人之有生，并戴天而履地。既均禀以同赋，何彼殊而此异？唯凿智以自私，外形骸而相忌。虽近在于一门，乃远同于四裔。伟哉达人，遐观高视，谈笑有仪，俯仰不愧。合三人以为一，达一心之无二。忘彼此之是非，蔼一团之和气。噫！和以召和，明良其类。以此同事事必成，以此建功功必备。岂无斯人，辅予盛治？披图以观，有概予志。聊援笔以写怀，庶以警俗而励世。"

赞文落款"成化元年六月初一日"，钤印"广运之宝"。

朱见深亲笔解释了画作内涵。图中笑盈盈的弥勒佛应该是东晋的慧远法师，左侧道冠打扮的人应该是道士陆修静，右侧儒士打扮的就是大名鼎鼎的陶渊明。相传慧远法师在庐山东林寺修佛，送客从不过寺旁的虎溪。一日，陶潜、陆修静来访，三人相谈甚欢，心意契合。送别时，慧远法师不知不觉送过了虎溪。等三人意识到后，山林中传来了阵阵虎啸，大家大笑而别。这就是"虎溪三笑"的典故，形容儒、释、道三教中人心意相通、和衷共济，流传至今。朱见深巧妙地表现了"虎溪三笑"的典故，营造了满纸和睦喜气。

尤其是"一团和气"四个字，不仅是朱见深对故事主旨的提炼，也是他对朝政、对帝国的期待。

如果纠结于历史问题，大明王朝无法安然前行；如果不给历史一个明确、公正的结论，逝者不能安息，生者无法坦然前行。

对于舆论普遍寄予同情的于谦冤案，朱见深继位之初就恢复了涉案遭罢官流放的于谦之子于冕的官职。成化二年（1466年），于冕上疏讼冤。朱见深下诏平反，于谦复官赐祭。《于谦传》记载了朱见深的诏书："卿以俊伟之器、经济之才，历事先朝，茂着劳绩。当国家之多难，保社稷以无虞；惟公道而自持，为机奸之所害。在先帝已知其枉，而朕心实怜其忠。"平反诏书承认了于谦的功绩，指出了他在北京保卫战、击退蒙古军队时保卫社稷的大功，也指出了他为奸人所害。于谦冤案的敏感之处在于，它是父亲朱祁镇钦定的，平反在相当程度上是对父亲的否定。而朱见深的策略是宣称"在先帝已知其枉"，父亲也是受到奸臣蒙蔽，知道于谦是冤枉的，有意平反，自己是在执行父亲的"遗愿"。这道诏书，天下传诵。于谦平反，迅速赢得了民心。

在于谦平反诏书中提到的"先朝"，是更加棘手的难题。叔叔朱祁钰的景泰朝八年，是客观存在，不容否认，可是承认了朱祁钰的合法性就动摇了朱祁镇-朱见深父子统治的合法性。如此两难，不容臣下插嘴，天下臣民都想看朱见深如何作为。

朱见深的老师、左庶子黎淳曾提及朱祁钰废黜朱见深太子位的往事。朱见深很严肃地回应道："景泰年间的往事都过去了，朕不会在意。况且，这些不是臣下应当议论的。"成化十一年（1475年），朱见深觉得自己的统治已经稳固到经得起一场有关统治合法性的冲击，便恢复了叔叔朱祁钰的帝号。朱见深以德报怨，不顾叔叔废黜过自己，公开宣布："朕叔郕王践阼，戡难保邦，奠安宗社，殆将八载。弥留之际，奸臣贪功，妄兴谗构，请削帝号。先帝旋知其枉，每用悔恨，以次抵诸奸于法，不幸上宾，未及举正。朕敦念亲亲，用成先志，可仍皇帝之号，其议谥以闻。"朱见深肯定了朱祁钰"戡难保邦""奠安宗社"的巨大功绩，追谥他为"恭仁康定景皇帝"，下令有司修缮景皇帝的陵寝，享受与其他帝陵相同的祭飨待遇。对于极敏感的"夺门之变"，朱见深又一次将锅甩给了"奸臣"，同样说明了父亲朱祁镇生前就知道叔叔的冤屈，非常悔恨。他举的证据"以次抵诸奸于法"，说的是明英宗生前，石亨、曹吉祥等人贪赃枉法事发，遭到惩处。朱见深说父亲朱祁镇还计划有进一步举措，可惜不幸驾崩，因此很大程度上他追尊叔叔朱祁钰也是执行父亲的"遗愿"。

朱见深构建了一套有关景泰历史和"夺门之变"的官方话语系统，既给出了相对合理的解释，又平衡了客观事实与统治合法性的关系。

朱见深用实际行动诠释了何为"一团和气"。他希望臣属们也可以抚平历史的创伤，和衷共济，和睦相处。可是，如果《一团和气图》的深意止步于此，那就小看了朱见深。画面"三人合一"预示着儒、释、道三合一。

儒是孔夫子创建的儒家思想，自汉武帝罢黜百家独尊儒术之后便是古代中国的主流意识形态。儒家思想塑造了古代中国的政治体制，主导着官僚士大夫的思想言行。释指的是释迦牟尼创建的佛教，自东汉初年传入中原之后，在官民思想上攻城略地，伴随东汉末年的乱世纷争，影响日增。道产生最晚，在东汉末年才糅合中国古代的神仙思想、道家学说、鬼神祭祀以及占卜、谶纬、符箓、禁咒等仪式，形成宗教。三股思潮共同冲击着中国人的思想观念，风云激荡。当乱世来临，人们精神无所寄托，遂转托宗教，佛教与道教就会大行其道；而面对纷乱复杂的政局、追求个人荣华富贵时，人们又转向儒家思想，以之为治国理政的利器。入世与出世、执政与隐逸，存在明显的矛盾。在一代代君臣文人的调试之下，儒释道三者也尝试汇通协和。宗教向皇权低头，皇权包容佛教和道教，文人士大夫以儒处世、以道修身、以佛治心，儒释道三者逐渐沟通重叠。明初的社会思想也不例外，朱见深用"虎溪三笑"的典故，也是希望儒释道能三笑合一。

《一团和气图》之后，儒释道三合一的图像越来越多地出现在中国人的装饰、典礼、艺术创作和家居设计之中。现实的和睦相处和思想的沟通合流，成为"一团和气"图像的普遍含义。这是一个典型的中国文化标志。

这与中国社会的思想发展相一致。儒生士大夫在精通"四书五经"之余，敬佛修道，僧人道士们也研习儒家经典，具有相当的儒学造诣。寺院的大雄宝殿供奉着如来，院墙可能绘制着儒家的二十四孝，而偏殿则是财神爷或者送子观音的驻所。同样，进出道观的善男信女可能挂着佛珠，刚从寺院出来。三种源流不同的思想，在中国最终融合为一体，都是传统思想的有机部分。

《一团和气图》没有著名的创作者，也没有高超的技巧，可同样成为一幅传世名画。

它是年轻皇帝朱见深的执政宣言，是成化年间社会思想的发展见证。

至于朱见深，走过艰难的童年和重任在肩的青年，仍不失忠厚本性，《明史》评价他"恢恢有人君之度矣"。他倡导朝野团结、和衷共济，稀释了一连串权力斗争对社会的伤害，缓解了明朝中期的社会矛盾，一定程度上遏止了祖宗大业下滑的趋势。

然而，朱见深的"一团和气"终究还是技术层面的，没有深入战略思想层面。作为一名领袖，仅仅协调有术、驭下有方是不够的，还要规划王朝的发展方向，灌注思想资源。可惜朱见深没有能力为大明王朝提供深层思想。他统治后期，任用汪直等宦官，成立西厂，横恣朝野，加上宠爱年龄相差 17 岁的万贵妃，导致后宫不宁，在《明史》看来是"夫明断如帝而为所蔽惑，久而后觉，妇寺之祸固可畏哉"。"妇寺之祸"指的是后宫干政与宦官专权，二者在明朝晚期都客观存在。《明史》的评价大抵是符合事实的。

成化二十三年（1487 年），朱见深驾崩，庙号明宪宗。他基本上是守成之君，明朝在他统治的 23 年中度过了平稳发展期。

《升庵簪花图》

——风骨藏在插花挟妓中

　　故宫藏《升庵簪花图》（绢本设色，纵 143.5 厘米、横 61.5 厘米），是一幅风格独特、令人印象深刻的文人画。

　　一位略显"油腻"、装扮夸张的中年人，身材臃肿，宽衣大袍，双手掩袖，占据了观者目光的核心。奇怪的是，文人打扮的他头上插满鲜花，红色、黄色、浅蓝……五颜六色的花朵覆盖着他的脑袋。如果说他是一位轻浮的花花公子，却穿着文雅，不像是寻花问柳的公子哥；如果说他是生性潇洒、兴之所至，可分明是一副心事重重、黯然神伤的表情。中年人肥胖得有些变形的脸庞，以及迷离忧郁的神态，表明此时此刻他正处于人生的低潮。

　　中年人右侧有二女随从，衣着华丽，面容白净，一人双臂交叉、手持羽扇，另一人两手捧钵。两人驻足不前，同样迷茫

《升庵簪花图》

地注视着男主人。画面的背景是一株老树，稀疏的红叶点缀其上。细看，树身遍布大窟窿，树顶枝杈残断，蕴含生机却残缺不全。根据惯常的文人画解读思路，老树应该是在隐喻某种人生境遇。可是，《升庵簪花图》又与寻常文人画那么地格格不入。

该画创作者陈洪绶，浙江诸暨人，出生于明朝万历中期，卒于清朝顺治九年（1652年）。少年时，陈洪绶与刘宗周、黄道周等耿直刚强的著名文人为师为友，思想受其熏陶，后因屡试不中，转而专攻绘画。崇祯年间曾奉诏入内廷作画。明亡，陈洪绶遁入空门，后还俗，在杭州一带卖画为生，成为明清交替时期最负盛名的画家，模仿者数以千计。陈洪绶画作还远播朝鲜和日本，他的作品和技法对日本浮世绘产生了重大影响。

那么，一位忧国忧民、有所追求的著名画家，为什么创作这样一个迷茫神伤、高调招摇的另类文人形象？紫禁城又为何收藏这幅画作？

画面右上方题款："杨升庵先生放滇南时，双结簪花，数女子持尊踏歌行道中，偶为小景识之。洪绶。"陈洪绶的自题，介绍了画作创作主旨。"升庵"是明朝杨慎的号，画作因此而名。"簪花"说的是杨慎常常醉酒后以白粉涂面，双鬓插花，挟妓招摇过市。这样的人物，依然成为陈洪绶创作的主题，关键是要明白"升庵簪花"的前因后果。

杨慎，四川新都人，内阁首辅大学士杨廷和之子，正德六年（1511年）24岁时状元及第，除官翰林院修撰。嘉靖皇帝嗣位，

《升庵簪花图》局部

杨慎出任经筵讲官。他个性刚正耿直，公而无畏，常借上课讲解之机，借古讽今，劝谏嘉靖皇帝，甚至不惜开罪大宦官也要将犯罪的太监论死。这样的直谏生涯只持续了非常短的时间，便为嘉靖初年的大礼议事件打断了。

大礼议事件是朝野正反双方围绕明朝皇帝世系展开的争斗。明武宗正德皇帝驾崩后绝嗣，皇太后、内阁首辅杨廷和主持迎立正德皇帝的堂弟、兴王朱厚熜入继大统，是为明世宗嘉靖皇帝。不想，朱厚熜是个个性刚强的年轻人，坚持追尊生父为明睿宗，坚持以生父的儿子身份继承皇位，而不是以过继给明孝宗（明武宗之父）的形式继承皇位。表现在皇帝世系上，就是要在明孝宗、明武宗之间插入明睿宗。以杨廷和为首的大多数文官士大夫反对嘉靖皇帝此举，坚持要求他回归明孝宗世系。矛盾难以调和，迅速酿成政争。

发展到嘉靖三年（1524 年），杨廷和已经致仕退休，以行动默默抗议嘉靖皇帝此举；嘉靖皇帝则召支持自己的桂萼、张璁为翰林学士，进而重用入内阁。杨慎偕同列 36 人上书抗议："今陛下既超擢萼辈，不以臣等言为是，臣等不能与同列，愿赐罢斥。"嘉靖皇帝震怒，非但没有罢免杨慎众人，反而切责并处以停俸处罚。在一意孤行的皇权加持之下，嘉靖皇帝逐渐占据了政争的上风。七月，嘉靖皇帝乘胜追击，要删去生父兴献王称谓"本生皇考"中的"本生"二字。如此一来，兴献王就与帝王无异了，士大夫们坚持的大明皇室世系将会动摇。怎么办？皇帝的偏执、强悍，士大夫已经领教过了，寻常劝谏根本不起作用。杨慎再一次登高一呼："国家养士一百五十年，仗节死义，正在今日。"他建议发起死谏。

七月的一天，嘉靖皇帝在外朝东路的文华殿斋戒。从辰时（7至9时）开始，陆陆续续有文官顶着烈日，来到左顺门前，默默地跪在地上，直到聚集了700多人。黑压压的人群中有尚书5人、侍郎3人、都御史2人、九卿23人、翰林20人、给事中21人、御史30人，还有各部、院、寺、监的官员，百官集体大呼"太祖高皇帝""孝宗敬皇帝"❶。

烈日烤得地砖开始发烫，呼声中的哭腔越来越重。

几个小太监出现在了左顺门台上，传口谕命群臣散去。文官们借口没有书面诏书，拒绝离开。诏书到后，群臣依然拒绝散开。接着，锦衣卫奉命出动，逮捕翰林学士丰熙等8人入诏狱。此举火上浇油，场面趋向混乱，哭喊声更响亮了。杨慎更是冲到左顺门前，拍门大哭，"声震阙庭"。此处离文华殿不到两百米，嘉靖皇帝听得清清楚楚。皇帝已经表明了态度，这些饱读诗书又谙熟政治的官员依然执着地拍打着宫门，他们的哭泣不是感叹其观点得不到采纳，而是哀叹观点背后的思想观念得不到伸张。在儒家士大夫看来，王朝是建立在仁义道德之上，而不是权力与实力之上的。正道不存，国之将亡。一声声拍门声，是对政治理想的坚持，是对强权胡为的反抗。

哭喊声、拍门声引来的是更大的打压。午时（11至13时），锦衣卫校尉四出，将五品以下官员134人逮入诏狱拷讯，四品以上官员86人居家待罪。锦衣卫的棍棒与绣春刀，最终盖过了文官们的呐喊，打碎了士大夫的坚持。五天后，最终处理结果出来。四品以上官员夺俸，其中受罚的尚书等高官随后陆续隐退；杨慎等180多名五品以下官员"廷杖"。

廷杖，是明朝发明的施加给大臣的最屈辱的惩罚，皇帝将逆鳞之臣绑出午门，在御道东侧当众打屁股。制度初创时，廷杖是形式高于实质。不过，对视荣誉胜于生命的文人士大夫来说，当众受此屈辱，真的比丢了性命还难受。逐渐地，廷杖常常取人性命，开始从精神和肉体两方面消灭那些清高、顽固的士大夫。这是因为廷杖由太监执行，宦官就把行刑权用作与文官集团争斗的武器。据说，行刑前宫中会吩咐"用心打"还是"着实打"。太监用心打，受刑者常常残废；着实打，则受刑者绝无生还可能。就连现场监督的太监也有自由裁量权，监刑太监脚尖张开，行刑太监要注意分寸，留人性命；脚尖并拢，就是棍棍要人性命了。这一次，被廷杖的官员有17人受刑而死，午门广场一时间血迹斑斑。生还官员中有8人发配边远省份充军，其中杨慎流配云南永昌卫（今云南保山一带）。史称"左顺门事件"。

明代士大夫的气节风骨在左顺门事件中充分展现，而在明朝坚持风骨的代价，也在左顺门事件中暴露无遗。

大礼议事件在中国政治史上具有转折意义。

明清两代是中国政治高度集权专制的时代。明代皇权已经强大到与儒家意识形态分庭抗礼的程度，在与官僚集团的斗争中取得了绝对优势。皇帝需要文人士大夫知天下，却不愿意与文人士大夫共天下。皇帝需要的是顺从皇权心意的顺臣，而不是直臣、诤臣、忠臣。在大礼议事件中，凡是支持嘉靖皇帝尊崇生父的官员都得到了优待，甚至超擢入阁。它传递出明确的信号：顺皇权者昌，逆皇权者亡。可悲的是，汉唐时期的士大夫风骨在嘉靖朝之后迅速消散无存。叩阙死谏，作为士大夫的集体行为，再也没有发生过。之后的文官士大夫，习惯于在皇权允许的范围内行事乃至思考。左顺门事件使"衣冠丧气"，诚如斯言。

左顺门，原本只是紫禁城内一座寻常宫门，却成为士大夫铮铮铁骨的折载之所，见证了中国士大夫最后的风骨。

杨廷和有功于明朝政治，是内阁制度发展过程中的重要见证者；杨慎有功于士大夫风骨，是大礼议事件的重要组织者和抗争中坚，父子两人都是有功之臣，余生却都遭到了嘉靖皇帝的迫害。

《明史》记载"世宗以议礼故，恶其父子特甚"。之前士大夫的流配，都是非终身的，更像"有期徒刑"。遇到朝廷大赦，或者皇帝事后宽免，罪臣都可以返回内地甚至重返官场。谁料，嘉靖皇帝在位长达 45 年，执政期间的 6 次大赦都特意将杨慎排除在外。他多次问起发配云贵高原、数千里之外的杨慎状况如何，听到阁臣回复杨慎"老病"，嘉靖皇帝就感到宽慰。按律，罪臣年满 60 岁可以赎身返家，但考虑到皇帝的态度，竟然没有人敢受理杨慎赎身事宜。

杨慎听说后，选择纵酒自娱、放浪形骸。他闲暇时红粉傅面，作双丫髻插花，与妓女们扶觞游行，一如《升庵簪花图》描绘的状态。可惜，杨慎实在不是一个好演员，他的心思完全写在了脸上，表现在神态里。陈洪绶准确把握了这一点，刻画在了作品之中。幸亏嘉靖皇帝不可能看到这幅画作，不然可能会给杨慎带来额外的麻烦。

难得的是，无论顺境逆境，杨慎都做到了坚持自我，风骨凛然，实践了孔夫子的"达则兼济天下，穷则独善其身"的教诲。虽然身处穷乡僻壤，又为戴罪之身，杨慎在云南的 30 多年中积极作为，热衷文教，组织文人雅集，极大提升了云南的文化水平，甚至亲自上阵，镇压了当地的叛乱。同时，他没有放弃个人的研究与著述，在文史、诗词、书法方面成就斐然，一生留下百余种书籍。后人评价杨慎为明朝三大才子（杨慎、解缙、徐渭）之首、"有明第一博学者"。他是一位真正的士大夫。

嘉靖三十八年（1559 年），杨慎在云南戍所逝世，享年 72 岁。一代才子最终老死边疆。

杨慎最著名的作品或许是《临江仙》：

> 滚滚长江东逝水，浪花淘尽英雄。是非成败转头空。
> 青山依旧在，几度夕阳红。
> 白发渔樵江渚上，惯看秋月春风。一壶浊酒喜相逢。
> 古今多少事，都付笑谈中。

杨慎经历过大起大落，也在纸面上纵览过千年风云，才能写出如此慷慨悲壮、淡泊旷达的作品。他的人生，也如词作所言，大风大浪之中淡泊自守，艰难困顿之中坚持发光发热，完美诠释了一位理想的儒家士大夫的形象。

藏在故宫里的中国史

❶ 百官高呼明太祖，是因为明太祖朱元璋是明朝开国皇帝，代表列祖列宗；高呼明孝宗，是因为他们要求嘉靖皇帝以"过继"给伯父明孝宗的形式继承皇位，延续皇室血统不断，而嘉靖皇帝坚持以原初身份继承皇位，尊明孝宗为"伯考"。

万历十一年（1583年）闰二月的第一天，年轻的万历皇帝朱翊钧宣布将以圣驾诣山陵。一场盛大的谒陵典礼拉开了帷幕。

谒陵，是拜谒祖宗陵墓，瞻仰列祖列宗。明代开国皇帝朱元璋极重孝思，营建祖陵与皇陵于淮河领域，并多次亲谒皇陵，开明代皇帝谒陵之先。明成祖迁都北京，建陵于北京北郊昌平天寿山下，后世皇帝除景泰帝外都葬于此地。该区域最终形成了今日的北京十三陵。

朱翊钧对谒陵极为重视，频繁谕令扈从随行、王公留守、官兵赏赐等事宜。拜谒祖陵并非需要皇帝御驾亲往，之前常指派官员代为行礼。大臣们对皇上此次大张旗鼓御驾亲临，并不十分理解。二月初九，京师风霾。第二天，内阁首辅大学士张四维领衔，借口"风霾陡作，黄沙蔽天"，并援引明太祖朱元璋祖训"谨出入"条，奏请朱翊钧今年的春祀山陵照常遣官行礼，不必亲往。朱翊钧当日即婉拒奏请，谕令谒陵的准备工作不能中止，传示大臣对北京的恶劣天气严加提防。

大臣们不知道，此时的朱翊钧，实在太需要一场盛大的谒陵典礼了！

作为明朝在位时间最长的皇帝，朱翊钧继位时年仅 10 岁。在之后将近半个世纪的皇帝生涯中，万历十一年是一道分水岭。之前 10 年，内阁首辅大学士张居正在李太后、司礼监太监冯保的支持下进行了大刀阔斧的全面改革，明朝一改积弊，出现了朝野艳称的"万历中兴"局面。

在中兴浪潮中，朱翊钧度过了少年时期。张居正、李太后对朱翊钧进行了严苛的管教，督促他读书、修身、观政。小朱翊钧稍有懈怠，生母李太后就责令他长跪。李太后规定儿子除了三六九早朝外，其余每日都必须参加经筵学习。由于大臣尽心授业、李太后严格管教，加上自身的勤奋刻苦，朱翊钧学业精进，有目共睹。朝鲜使臣许篈在《朝天记》中评价朱翊钧"天威甚迩，龙颜壮大，语声铿锵"，"皇上讲学之勤，三六九日，则无不视朝，其余日则虽寒暑之极，不辍经筵"，"虚心好问，而圣学日进于高明"。朱翊钧擅长书法，书写额字"敬畏"二字赐内阁大学士、"责难陈善"四字赐经筵官、"正己率属"四字赐六部尚书。许篈如此称道的朱翊钧"年才至十二，而君德已着如此。若于后日长进不已，则四海万姓之得受其福者"。

朱翊钧是在万众瞩目之中，按照圣贤明君的标准严格教养出来的。他承担着亿万臣民的厚望，也有着超乎常人的自我期许。

万历十年（1582年）六月，主持政务的张居正病逝。20岁的朱翊钧开始亲政。

初登前台的朱翊钧开始直面血雨腥风、明争暗斗。作为乾纲独断的天下第一人，他没有亲人、没有援手，只能终身在泥淖中孤军奋战，直至输给死亡。原本张居正承担的重担以及掩盖的矛盾，汹涌扑向朱翊钧：藩王跋扈，边关告急，官场腐败，财政入不敷出，官僚集团党同伐异……张居正以严刑峻法推行改革，结怨甚多。之前压制的异议在张居正死后，如火山喷发般喷薄而出。朱翊钧亲政伊始，继任的内阁首辅张四维继续推行"没有张居正的张居正改革"，但是行政宽大、删繁去简。即便如此，反对者仍与宦官内外勾结，趁势而起，明争暗斗。此外，司礼监太监冯保与张四维纠集党羽，相互诘难。朝廷政令开始淤塞。

朱翊钧没有退缩，而是迎难而上。首先，他在官僚互劾中站到了以张四维为首的现任内阁一边。张四维虽然不比张居正，但公忠体国，维持了亲政初期政坛不乱。其次，于亲政半年后贬冯保去南京。一个月后，一代权阉冯保病逝于南京。冯保党羽土崩瓦解，朝事焕然一新。

对年轻皇帝而言，这半年的表现难能可贵。犹如一个初入职场的优等生，朱翊钧虽尚不习惯风浪，但仍将其视作必经的考验，一心思索如何做个好皇帝。

朱翊钧的心态，在万历十一年的殿试中展露无遗。当年是三年一届的科考年，三月十五日，朱翊钧亲自主持殿试，向贡士们出了一道长达五百字的策问题目，咨询治本之道。朱翊钧追慕明君圣主，引用司马光提出的"人君大德有三，曰仁曰明曰武"，坦率地对照检查，最后发问：为什么我越想励精图治，帝国的官僚体系却越腐败、法令越松懈呢？是因为我朱翊钧德行不够，缺乏仁义爱民的精神，还是能力不济，为政优柔寡断？

言为心声，朱翊钧当年挑选的进士中就包含了三位日后的宰相：状元朱国祚，内阁大学士；榜眼李廷机，万历后期内阁首辅大学士，以清官贤相著称；第五名叶向高，万历晚期和天启朝的内阁首辅大学士，是明末政坛的风云人物。选才之多，与朱翊钧求治心切有重大关系。

春节刚过，朱翊钧便决心以崭新的姿态，向天下宣告大明盛世、展现雄才伟略。

谒陵春祭，无疑是21岁的朱翊钧以独立姿态，上告列祖列宗、下谕黎民百姓的最及时、最合适的舞台。

二月十二日，万历皇帝朱翊钧带着后妃，离京前往昌平祭陵而去。潞王、居守大臣、文武百官在德胜门送驾。庞大的谒陵队伍，由德胜门出发，沿途铺陈声势浩大的銮驾，朝目的地——昌平天寿山而去。中途到达清河，赐随行的张四维等重臣酒膳；晚上驻跸巩华城行宫，接受蓟辽总督周咏、昌平总兵杨四畏等地方官员及昌平州官吏、师生、耆老的朝见。第二天上午，浩浩荡荡的队伍从巩华城出发，中午驻跸感恩殿，赏赐蓟辽总督、昌平总兵调来的官军每人三钱白银。谒陵的队伍由锦衣卫和京营官兵护驾，地方官兵保卫圣驾属于例外工作，因此有此额外之赏。

朝廷安排画家把这两天的谒陵历程创作为一幅绢本设色画，纵 92.1 厘米、横 2601.3 厘米。全图场面宏大、人物众多，向后人展现了明代銮驾的威仪。

最前排的是披金甲的大汉将军，他们是锦衣卫精挑细选的身材高大的仪仗兵；伴随其左右的是旗手，之后是京营武士，装备刀剑弓箭，或者成队正举金瓜、钺、戟等象征性武器，旗帜飘扬、甲胄鲜明；接着是穿绯色飞鱼服、配绣春刀的锦衣卫，簇拥着全图唯一的正面形象——朱翊钧。朱翊钧戴着插有两根白翎的头盔，身穿银色鱼鳞甲，盔甲上装饰着华丽复杂的龙纹，两臂绣有精美的龙纹，还系着一条红色的缨带，骑着一头黑色的高头大马，佩戴弓箭以及天子剑。朱翊钧所用的笔力远大于其他人物，面目比例偏大，这是中国画突出主角尊贵身份的惯常做法。朱翊钧身后是高举銮盖的锦衣卫，其后又是一队大汉将军骑兵；接着又是大批京营武士，护卫着三排白马拉着的天子专享的玉辂车，车后悬挂天子专享的太常旗。太常旗有十二旒，绘升龙、日月、星辰的图案。玉辂车为前后两排歇山顶房屋形状，模仿紫禁城黄琉璃瓦、面阔五间、进深四间建筑，以玉为配饰，可以满足天子饮食休息、召见臣工、处理政务和用膳的需求。朱翊钧没有选择坐轿，而是骑马在前，符合他此时的心态。内官太监张旗举杖，主要集中在这一区域。随后又是一队骑兵，六七驾马车载着后妃、御用物品，由几队步兵护卫缓缓向前。殿后的是两三队甲胄鲜明的大汉将军骑兵。画面的最后是恭敬目送浩荡队伍的留守文武百官。

二月十四日，朱翊钧开始了紧张的谒陵行程，先后拜谒了明成祖长陵、明世宗永陵、明仁宗献陵、明宣宗景陵，行春祭礼。其中，长陵、永陵是和后妃宫廷一起谒见的。第二天，朱翊钧继续拜谒了父皇明穆宗的昭陵和明英宗裕陵、明宪宗茂陵、明孝宗泰陵、明武宗康陵。其中，昭陵是他率后妃一起谒见的。

朱翊钧兴致很高，计划第二天登长陵、永陵、昭陵的主山。张四维等指出主山极其崇峻，不能攀援，又不能为了御驾登上而开凿道路，怕破坏了皇陵风水，奏请收回成命。朱翊钧不得不妥协，只登临了陵区的山亭。他下令蠲免途经昌平地方百姓本年分田粮。

第四天，朱翊钧率后妃拜谒了恭让章皇后墓。她是明宣宗朱瞻基的第一任皇后胡善祥。明宣宗因为不喜欢胡皇后而将其废黜，晚年引为终身憾事。又拜谒了景皇帝陵。景皇帝即明代宗景泰皇帝，因明英宗为蒙古俘虏而临危救难，后又为明英宗政变夺权。就血缘而论，景皇帝是朱翊钧的五世叔祖。当时，明朝还不承认景皇帝是同等的帝王。另外，朱翊钧派遣都督李文贵祭庄敬、哀冲二太子；派遣内官祭明宪宗废皇后吴氏坟园。庄敬太子朱载鑑是明世宗庶次子，13岁夭折，无子嗣；哀冲太子朱载基是明世宗庶长子，未满周岁早夭。两人都是朱翊钧的伯伯。吴氏则是明宪宗的第一任皇后，因杖责万贵妃而触怒明宪宗，被废为庶人。明孝宗出生后偷养于冷宫，吴氏抚养过几年。明孝宗即位后，以太后礼节伺候吴氏。吴氏逝世后，以妃礼下葬，无谥号。朱翊钧对于家族中的"可怜人"或者敏感人物，不忽视、不回避，一视同仁，可见年轻的皇帝是个忠厚之人。

二月十七日，谒陵大典结束，朱翊钧一行从水路还京。潞王并居守大臣等迎候如前。

宫廷画家又创作了一幅返京巨作，纵 92.1 厘米、横 3003.6 厘米。同样是绵延不绝的繁冗队伍，水陆并进，陆地上官兵威严，水面上武士端立船上，依然只有朱翊钧是正面示人。朱翊钧身穿紫色龙袍，面容端庄，注视着水面。

谒陵大典，是万历中兴后明朝繁盛国力的宣示，是煊赫皇权的张扬，是亲政之初的年轻皇帝向祖宗寻求统治合法性、向列祖列宗汇报开创盛世的决心，更是皇帝本人的心灵净化之旅、力量汲取之旅。

紫禁城的画师们记录的这场盛世大典，谒陵过程为《出警图》，返回过程为《入跸图》，合称《出警入跸图》。"跸"指帝王出行的车驾，"警跸"意为清道，御驾所经道路要提前修整、闲杂回避、扈拥警戒。观赏《出警图》需由右往左，《入跸图》则由左往右，对应一出一入的事实。两幅长卷构图平衡、主次鲜明、工整绚丽，展现了大明王朝的繁华气象和皇权威仪。

因为《出警》《入跸》两图都没有题跋，后人在鉴别画中主角为哪位皇帝时意见分歧。明朝在京 14 个皇帝中一共有 3 人曾拜谒过祖宗陵寝，分别是宣德皇帝朱瞻基、嘉靖皇帝朱厚熜、万历皇帝朱翊钧。根据《万历起居注》记载，朱翊钧谒陵是驾马而去、乘船而归，正好与《出警入跸图》的描绘相符。朱翊钧返京时，文武百官在西直门桥迎驾。而《入跸图》的结尾处绘制的正

《出警图》局部

《入跸图》局部

《入跸图》局部

是西直门桥。综上，基本可以确定《出警入跸图》描绘的是万历皇帝朱翊钧谒陵大典。

　　《出警入跸图》也没有留下创作者的文字，今人认为它们是紫禁城画家的集体作品。其中，徽州画家丁云鹏是主力画家。丁云鹏擅长画人物、兰花，供奉内廷十余年，有《三教图》《冯媛当熊图》现藏北京故宫博物院。《出警入跸图》则于1949年被

运往台湾，现藏台北"故宫博物院"。宫廷画师擅长创作长卷巨作，两幅长卷采用平行透视法，将近百里的谒陵途经景象择其精华浓缩于尺幅间，以朱翊钧为核心铺展开来，凸显人群和仪仗，用笔工整，对环境长笔带过，将城门、城楼等建筑缩小比例绘出。不同的场景用树木、丘陵等稍作隔断，长卷既相互独立又画意相连。

谒陵大典，凝固了年轻天子励精图治的瞬间。可叹的是，这种状态朱翊钧只维持了 4 年。

帝国政务的烦琐、吊诡与恶劣，远超朱翊钧预期。高度集权和皇权专制之下，皇帝已经不是一个人，而是一个机构、一项制度，是一架庞大的统治机器最核心、最关键的部件。在明朝，任何想成为明君圣主的人，必须将自己异化为这个部件，舍弃个人情感与生活。遗憾的是，年轻的朱翊钧做不到，也不愿意做到。他选择了逃避。从万历十四年（1586 年）十一月起，朱翊钧开始沉湎于酒色之中，进而躲进深宫，不临朝、不听政，也不召见臣工，直到 34 年后去世。

《明史》对朱翊钧的评价极低："神宗冲龄践阼，江陵秉政，综核名实，国势几于富强。继乃因循牵制，晏处深宫，纲纪废弛，君臣否隔。……以致人主蓄疑，贤奸杂用，溃败决裂，不可振救。故论者谓明之亡，实亡于神宗，岂不谅欤。"明朝表面亡于崇祯皇帝，实质上亡于他的爷爷、万历皇帝朱翊钧，已经成了史学界的通论。

一心想成为明君圣主的朱翊钧以著名昏君的形象谢幕，成为朱明宗庙中的"明神宗"，再次来到昌平天寿山附近，"住"进了长陵。三个半世纪后，他的长陵将成为第一座，也是唯一一座由政府组织挖掘的帝王陵墓。

点翠嵌珠石金龙凤冠

后冠无人佩戴

1956 年，清风与亮光再次光临沉睡了 300 多年的明神宗万历皇帝的陵墓——定陵。

在这唯一一次由政府主动组织的帝王陵墓考古挖掘中，考古人员在明神宗的墓室中发现了万历皇帝和两位皇后（孝端皇后、孝靖皇后）的棺椁及陪葬品。

人们第一次看到了明代皇后的凤冠实物。凤冠是皇后在接受册命、拜谒宗庙、祭祀祖先、参加朝会时所佩戴的礼帽，是皇后身份与地位的象征。永乐《明会要》记载皇后凤冠为"九龙四凤冠，漆竹丝为圆框，冒以翡翠，上饰翠龙九金凤四，正中一龙衔大珠一，上有翠盖，下垂结珠，余皆口衔珠滴。珠翠云四十片，大珠花十二树，小珠花如大珠花三数"。真实的后冠，亲见者极少，是否如该文所载，就成了一个不大不小的历史之谜。

孝靖皇后凤冠正面

孝靖皇后凤冠背面

定陵内一共出土四顶凤冠：孝端皇后两顶，分别为九龙九凤冠、六龙三凤冠；孝靖皇后两顶，分别为十二龙九凤冠、三龙二凤冠。四顶凤冠分别收藏在三家机构：三龙二凤冠入藏故宫博物院，回到了它原来的地方；六龙三凤冠和十二龙九凤冠保存在定陵博物馆，留在了它们长眠的地方；九龙九凤冠由国家博物馆收藏，成为后者的镇馆之宝之一，并列入中国第一批禁止出国（境）展览文物名录。

三龙二凤冠高 35.5 厘米、直径 20 厘米，重 2.95 千克。冠上装有三条金龙，冠前饰有对称的一对翠蓝色飞凤。正中的金龙和两只凤凰都口衔珠宝结；左右各三扇博鬓 ❶，冠上共嵌红、蓝宝石 95 块，珍珠 3 426 颗。

凤冠的主体是髹漆细竹丝编制的，装饰由翠鸟羽毛点翠的如意云片，珍珠、宝石制作的 18 朵梅花环绕其间。这些如意状的云片是鲜亮的蓝色，很自然地就吸引了观者的目光。点翠工艺复杂且残忍。工匠先用金属线勾勒出图案，再在线条间的凹陷处粘贴翠鸟的羽毛。翠鸟飞翔在水边和丛林之间，它额头和肩背的羽毛以苍翠色为主，鲜亮华丽的蓝色羽毛只是背部的中间一绺。翠鸟死后，羽毛的光泽便会黯淡，于是工匠们从尚且活着的翠鸟背部拔下蓝羽。失去羽毛的翠鸟会在不久之后死去，这些精灵用生命奠定了凤冠明亮的底色。

凤冠顶部有三条金龙，左右两条口衔珠宝流苏。冠后部装饰有珍珠、宝石制成的六扇博鬓，呈扇形左右分开。冠沿镶嵌着红宝石组成的花朵。中原地区并不出产红宝石，红宝石在古代是珍稀的宝物，一直用作护身符、辟邪符和装饰品。三龙二凤冠的前部梅花和冠沿不计成本地镶嵌红蓝宝石，凸显了冠冕的尊贵。整具冠冕金龙翠凤交相辉映、云彩花丛光彩夺目，无论是材质还是工艺，都非同寻常。

遗憾的是，金碧辉煌的三龙二凤冠是一顶无人佩戴的后冠。

它的主人孝靖皇后王氏，一生悲苦，尝尽了人世间的苦难。

她或许一辈子都在等待这顶后冠，却在死后多年才等到姗姗来迟的冠冕。

万历六年（1578年），明神宗大婚，大规模选秀。宣府左卫（今河北宣化）百户之女王氏成功入选，因名次不高，最终分配至慈宁宫服侍万历生母——孝定皇后李氏。一入宫门深似海，成为一名宫女，意味着与家人生离死别，直至宝贵的青春年华耗尽在黄瓦红墙之间。豆蔻之年的王氏踏上了一条看似光鲜实则悲惨的不归路。

三年后，不幸的种子肆意萌发。万历皇帝在探望母亲时，突然临幸了王氏。这是一段丝毫没有感情的孽缘，以至于事后万历皇帝都不愿意赐给王氏信物。王氏怀孕了，这将是万历皇帝的第一个孩子。忠厚的李太后拿着记载万历日常举止的起居注为证，苦口婆心劝儿子，万历皇帝这才承认了王氏，将她从宫女升为妃嫔。王氏幸运地诞下了万历皇帝的皇长子朱常洛。

万万没想到，朱常洛的诞生并没有改善王氏的境遇，反而成为一系列离奇、悲惨事件的源头，生动地诠释了"可怜生在帝王家"的含义。

万历皇帝并不喜欢皇长子朱常洛，而宠爱郑贵妃所生的第三子朱常洵，有意立朱常洵为皇太子。王氏、朱常洛母子在他这个父亲眼中，不仅如同空气，还是阻止其权力实施的障碍。万历二十一年（1593年），12岁的皇长子朱常洛还没有出阁启蒙。在大臣们的一再请求下，万历皇帝才勉强允许朱常洛接受教育，不过皇长子的教育时断时续，教学成果堪忧。相反，郑贵妃势力诬陷朱常洛与宫女淫乱内廷，万历皇帝却轻易就相信了。王氏站出来作证儿子日夜与自己生活在一起，这才免去了一场迫害。

万历二十九年（1601年），朱常洛20岁了。皇后始终无子，朱常洛作为皇长子理应立为皇太子。李太后、公卿大臣都主张早立太子，巩固国本。万历皇帝依然不为所动。李太后亲自劝说万历立长子为太子，万历皇帝嘟囔了一句："他是都人之子。"都人是对宫女的称呼，万历皇帝借口朱常洛出身卑微。李太后气愤地以杖杵地："别忘了，你也是都人之子！"李太后也出身宫女，隆庆皇帝偶然临幸她后，诞下了万历皇帝。万历皇帝羞愧万分，无言以对，十月立朱常洛为皇太子。如此简略的描写，完全无法还原那场持续数年、血雨腥风的政争全貌。朱常洛的拥立过程，史称"争国本"。他将迎来长达20年战战兢兢的太子生涯，还会遭遇扑朔迷离的"梃击案"等考验。太子废立纷争，深刻塑造了明朝后期的历史走向。

无边的深宫之中，朱常洛常年独自对抗明枪暗箭，心理和精神多多少少产生了扭曲。这和他继位后纵欲暴毙与轻信所谓的"红丸"有某种不可分割的联系。更消极的影响是，没有体会到家庭温暖的朱常洛也无法给予自己的儿子健全的家庭，没有培养出人格健全的皇子，严重拉低了明朝最后两代皇帝的素养。朱常洛尚且朝不保夕，他的儿子们更是人见人欺、可有可无的皇孙了。朱常洛长子朱由校长期得不到关爱，也没有正常启蒙，长大后几乎是文盲，更可怕的是他将精力消耗在了胡闹上，情感上依赖身边的宦官魏忠贤；次子朱由检，生母刘氏被喜怒无常的朱常洛无故责罚至死，常年生活在几乎无父无母的孤儿状态，委曲求全，艰难求生，养成了不善交流又刚愎自用的性格。可叹的是，朱常洛、朱由校、朱由检父子三人先后称帝，最终引领大明王朝的航船驶向了覆灭的深渊。

帝王家事便是国事，帝王家庭的悲剧迟早要国家来买单。

王氏同样独自对抗深宫的刀剑与无常。儿子贵为太子，王氏的处境却没有丝毫改善。

紫禁城东六宫中东北处的景阳宫，距离皇帝居住的乾清宫最远，是明清两代安置不受宠妃嫔的冷宫。万历中期以后，王氏是这座冷宫的囚徒。被皇帝抛弃、被宠妃迫害、被奴才欺凌，甚至整整十年不能见儿子一面，王氏终日以泪洗面，直至双眼失明。

万历三十九年九月十三日，王氏病危。皇太子朱常洛请旨看望母亲，万历皇帝同意了。朱常洛跑向景阳宫，要见母亲最后一面。赶到时景阳宫却宫门深锁，朱常洛破锁而入，这才看到了弥留之际的母亲。儿子近在眼前，王氏却看不见了，就连抚摸儿子脸庞的力气都没了，只能伸手摸着儿子的衣服。她凄然泪下："儿长大如此，我死何恨？"母子俩抱头痛哭。当日酉时，王氏气绝而亡。她在深宫中苦熬近 30 年，却始终没有盼到出头之日，连母子相见都成奢望，凄凉地离开了人间，享年 46 岁。

王氏的后事撩动朝野敏感的神经。万历皇帝刻薄寡恩，计划草草埋葬了事。内阁首辅沈一贯、大学士叶向高等坚持要厚葬，毕竟王氏是皇太子的生母。作为折中之策，万历皇帝想将王氏按照祖父嘉靖皇帝未生育的皇贵妃沈氏的规格安葬。朝廷难以达成一致，葬礼一再拖延。转眼到了第二年的八月，天气炎热，停放长达十个月的王氏棺椁腐烂不堪。朝廷这才不得不匆忙卜地，修建坟园，按照妃礼安葬王氏。

虽说是妃礼，但考古发掘表明，王氏的陪葬品寒酸可怜，不仅比不上一般的妃嫔，连民间富户的陪葬都不如。王氏的棺椁内有一把没有任何装饰的银壶、一件满是破洞和缺口的镀金银盘。这些就是王氏的日常用品，可见她生前生活相当清贫，也表明王氏的葬礼徒有其表，更像是万历皇帝应付舆论的表演。

王氏从一个冷宫搬到了另一个冷宫，从地上跌落地下，延续孤独凄冷的岁月。

最终，无情的丈夫万历皇帝病逝了，儿子朱常洛终于登基，成为明光宗泰昌皇帝。泰昌皇帝继位后，立即追尊生母王氏为皇后，并着手准备隆重的移葬典礼。

可惜泰昌皇帝在位仅一个月就暴亡了，王氏的哀荣来不及铺陈开来。

王氏的孙子朱由校继位，成为明熹宗天启皇帝。朱由校追封王氏为孝靖温懿敬让贞慈参天胤圣皇太后，并于泰昌元年（1620

年）十月以隆重的仪式，将祖母的棺椁移入祖父明神宗定陵地宫。王氏终究还是和毫无感情的丈夫"同穴而寝"了，不知是可喜还是可悲。

天启皇帝给祖母补充了三大箱陪葬品，一箱放木制谥册和谥宝，一箱放三龙二凤冠以及玉带、玉佩、玉谷圭、金垒丝珍珠霞帔、金香熏等物品，一箱放十二龙九凤冠。故宫所藏三龙二凤冠就是天启皇帝补给祖母的身份象征。王氏的神主也祀祭于奉慈殿。可怜的王氏终于迎来了迟到的哀荣。

紫禁城中的可怜女人千千万万，悲剧是常态，幸福是奢望。孝靖皇后王氏的故事还算有一个美好的收尾，至少她留下了自己的故事。多少无名的女子，将一生奉献给了帝国，将希望寄托在皇帝的青睐上，却只能将泪水挥洒在每一个冰冷的夜晚。

富贵不等于幸福，金碧辉煌的后冠也可能附带悲惨的故事。点翠嵌珠石金龙凤冠（三龙二凤冠）就是一个典型例子的关键证物。

---

❶ 博鬓是古代妇女的一种发式，流行于唐、宋、明各朝。下垂过耳，鬓上饰有花钿、翠叶之类的饰物，为一种假鬓。贵族女子用来表贵贱、别等级。

朱耷《桃花源记》卷

——失意者的桃花源

崇祯十七年（1644 年），江西南昌，刚满 18 周岁的朱耷拿到了一份血淋淋的"成年礼"：家破人亡！

多年后，以作画为生的朱耷在作品上发明了一种奇特的签押，仿佛是一个鹤形符号，由"三月十九"四字组成。这是他人生的分界线。那一天，崇祯皇帝自缢于煤山；那一天，朱耷的人生被血淋淋地撕裂为截然不同的两段。

朱耷的前半生灿烂明亮。他是明太祖朱元璋第十七子、宁王朱权的九世孙，皇室贵胄后裔。高贵的出身让朱耷从小受到了良好教育，加之个人聪明好学，他 8 岁时便能作诗，11 岁能画青山绿水，18 岁还考中了秀才。明朝宗藩待遇优厚，宗室子弟养尊处优，朱耷却能进学应试，像寻常人一样参与社会竞争，难能可贵。如果说有什么富贵痕迹的话，那就是朱耷学会了悬腕写米家小楷这种上流社会的"小炫技"。不出意外，王孙公子朱耷将度过安逸顺遂的一生。

朱耷的后半生开始于崇祯十七年三月十九日。明朝灭亡不久，清军攻破南昌，朱耷全家 90 多口人皆成刀下亡魂。所幸，朱耷当时与父母、弟弟深居山中，才幸免于难。王孙公子转瞬间成为前朝余孽，朱耷父子踏上四处流亡之路。次年，父亲朱谋觐患暗疾离世；顺治五年（1648 年），朱耷的妻子、儿子接连亡故。

命运硬生生把朱耷推出了正常的人生轨道。

清军围剿前明宗室，明朝藩王即便投降，也惨遭杀戮。外有暴力高压，内有养家重担，朱耷身为兄长，奉母携弟，漂荡到江西省奉新县耕香寺剃发为僧。此后，他流连在新建、南昌一带，隐姓埋名，潜居山野，以保存自己。顺治十八年，朱耷到南昌城郊十五里寻访天宁观遗迹，眷恋此处山川，于是发心重建道院，并改名为"青云圃"。朱耷为僧十三载之后，由佛转道，成了一所道院的开山祖师。宗教是朱耷的信仰，也是他身心的庇护所。遁入宗教，朱耷不用剃发梳辫，从实质到形式都不用向新朝表示臣服。他需要寻找内心的清静安宁，对抗残酷的命运。相比读佛论道，朱耷更倾心水墨笔画。天赋、勤奋再加上精神需求推动，朱耷很快成为南方小有名气的画家。

康熙十七年（1678 年），朱耷 53 岁时，临川知县胡亦堂闻其名，请他到官舍"作客"。在临川失去自由一年多后，朱耷突然大哭大笑，手舞足蹈，癫态百出，最后撕下身上的僧衣投入火中焚烧，独自走回南昌。朱耷疯了！官民都这么看。以后有豪强威逼他去府上作画，几日不让回，朱耷便在大堂之上拉屎撒尿，豪强不得不放他走。朱耷戴布帽、曳长袍，履穿踵决，拂袖蹁跹，儿童随后哗笑。朱耷也不管不顾，与人不言不语，遇到有人要说话，便以"哑"字示人。朱耷变"哑"的另一个说法是，他的好友、僧人澹雪因出言不慎，被新建官府抓进监狱，死在狱中。朱耷不得不装聋作哑。他父亲朱谋觐也是颇有名气的画家，中年之后变哑不能言语。而朱耷的早年，据说是"善诙谐，喜谈论，娓娓不倦，尝倾倒四座"的翩翩公子，后半生却长年累月不发一言，这是何等悲凉。

被迫堕入无声的世界之后，绘画就成了朱耷与世界交流的方法。

朱耷擅长水墨大写意，主攻花草。后人看朱耷传世作品，第一个感觉通常是"简陋"，硕大的宣纸上孤零零地立着一只鸟、一条鱼或者一枝枯梅，至多再多一两块凌乱的石头。可我们的眼睛不自觉地被小鸟、鱼、枯梅吸引，会发现寥寥几笔却线条娴熟、内涵丰富、酣畅淋漓。画面越简洁，线条越寥落，对画家的笔力、思想意境要求越高。朱耷做到了。其作品给后人的第二个感觉是，画面平淡疏远。画面着墨不多，山水多写残山剩水，鸟兽鱼虫都以白眼示人，给人拒之门外的疏远感，初看难免有所反感，继而略觉诙谐，最后敬佩画家的坚持与坦然。"白眼"是朱耷作品最显著的标记，既是朱耷对喧嚣世俗的态度，也是他对走向盛世的清朝的态度，是他所理解的对待人与社会的态度。这是朱耷生活与心性的体现。他理解的生活，淡泊宁静，又应该有所坚持。"白眼向人"是朱耷的风骨，也是他直面惨淡人生的勇气。

朱耷的画名越来越盛，他充分利用墨色浓淡、画面留白，几笔就勾勒出含义深厚的作品，在水墨写意画、文人画领域承前启后，登上了新高峰。

60岁时，朱耷的作品中开始出现一种奇怪的署名，看似"哭之""笑之"，细看却是"八大山人"四字连缀起来，寄托他哭笑皆非的苦闷。也有人说，朱耷是将"朱"字拆开为"八"，"耷"字截上部为"大"，"山人"是他的生活状态，隐居山林做个干净简单的人。"八大山人"逐渐取代了朱耷，成为他的代称，上升为中国美术史上一颗闪亮的明星。

八大山人的日常状态，和他的画作一样，冷淡疏离。他蓬头垢面，反应迟钝，徜徉于茶馆酒肆，喜欢饮酒，却无酒量，饮不满升便醉。醉时，大笔挥毫，十多幅画一挥而就。山僧、贫士、屠夫、孤儿，无论谁向他索画，朱耷都有求必应，慷慨相赠。

因为谋生乏术，老年朱耷衣食无着，徘徊在饥寒交迫的边缘。徽州人程京萼，是一个能诗工书的儒商，欣赏朱耷的画作，有一天登门拜访，发现画家生活堪忧，于是导演了一出戏。第二天，程京萼向朱耷投笺索画，并且留下重金。程京萼教朱耷把自己的卖画信张贴在醒目处，信笺云："士有代耕之道，而后可以安其身。公画超群轶伦，真不朽之物也，是可以代耕矣。"这次广告策划相当成功，大家见之争相购画，造访者不绝于途。结交程京萼后，朱耷开始卖画。朱耷在自题诗《题画寄呈梅野先生之作》中说："传闻江上李梅野，一见人来江右时。由拳半百开元钞，索写南昌故郡词。"他的作品大约是每幅五十文，当时"河水一担值三文"，可见虽然拥有相当的市场，但售价不高。八大山人的生活还是近乎赤贫。时人并不觉得八大山人及其作品是名家名作。

在困顿凄寒之中，八大山人也寄情文字、漫游心灵。东晋诗人陶渊明的《桃花源记》是他反复阅读的短篇。一个为生计奔波的渔夫，无意之间穿越一个神奇的洞穴，来到一个阡陌纵横的农村，鸡犬之声相闻，人们不知有汉，无论魏晋。可叹的是，渔夫并未留恋美丽的居所、简单的生活、淳朴的民风，毅然离去，最终求返不得。陶渊明创造的"桃花源"成为后来文人钟情的创作题材，人们从中读出了单纯和平等，读出了没有阶级没有压迫的社会理想状态，更多的人向往其中的与世无争，寄托隐逸心志。朱耷也不例外，投入桃花源的单纯隐逸和精神构建之中。他多次抄写《桃花源记》，还曾赠予同为明朝宗室后裔、入清后家破人亡、同病相怜的画家石涛。

康熙三十五年（1696 年），71 岁的朱耷又一次抄写了《桃花源记》。这幅行书作品得到了妥善保存，并且配上水墨画和名人题跋，成为纵 26 厘米、横 211 厘米的长卷，现存北京故宫博物院。

长卷最右是一幅清代无名氏的山水画。画家截取了进入桃花源的内容，画面以一个硕大的洞口为主，洞口停着一叶小舟，不见渔夫，却有一条小路通向远处，路边有数个行人，远方有村舍

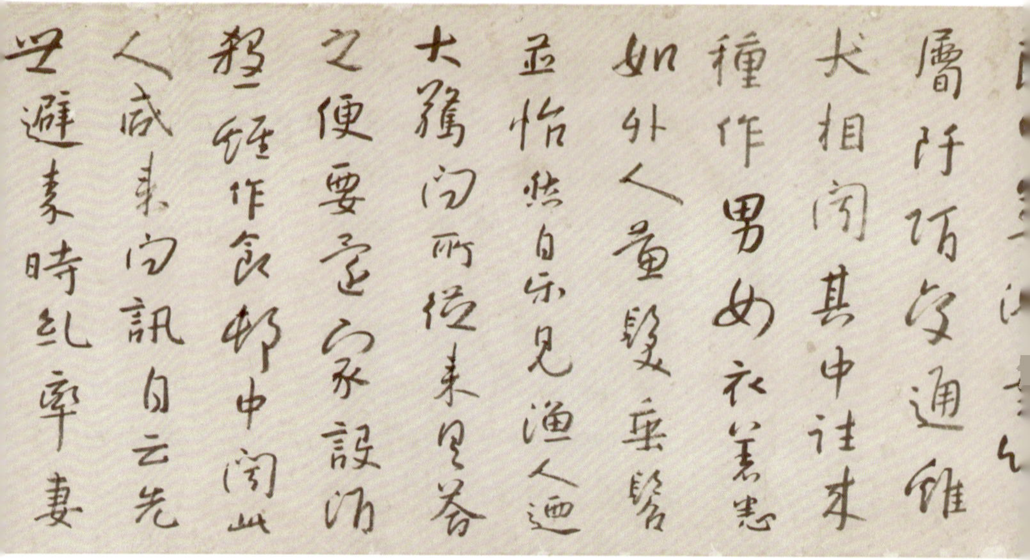

閭阡陌交通雞
犬相聞其中往來
種作男女衣著
如外人黃髮垂髫
並怡然自樂見漁人乃
大驚問所從來具答
之便要還家設酒
殺雞作食邨中聞此
人咸來問訊自云先
世避秦時亂率妻

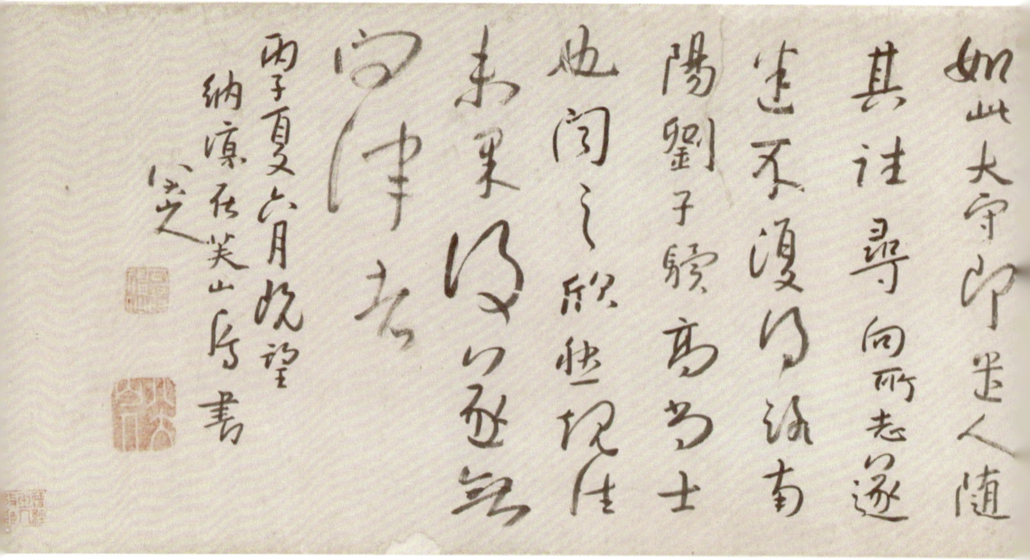

如此太守即遣人隨
其往尋向所志遂
迷不復得路南
陽劉子驥高尚士
也聞之欣然規往
未果尋病終後
遂無問津者

丙辰夏六月既望
納涼於笑山房書

《桃花源记》卷

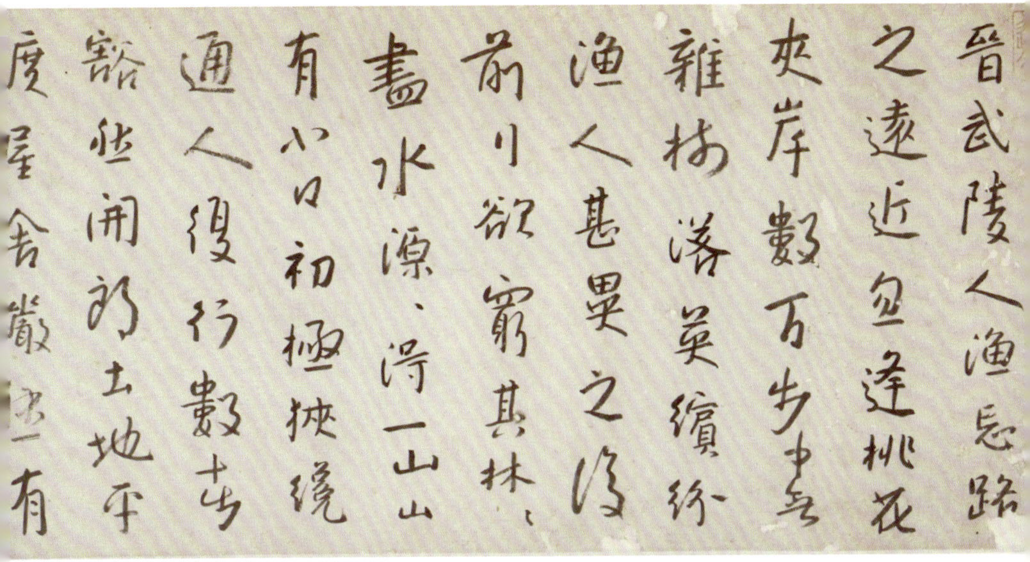

晉武陵人漁忘路
之遠近忽逢桃花
夾岸數百步中
雜樹落英繽紛
漁人甚異之復
前行欲窮其林、
盡水源、得一山山
有小口初極狹纔
通人復行數步
豁然開朗土地平
曠屋舍儼然有

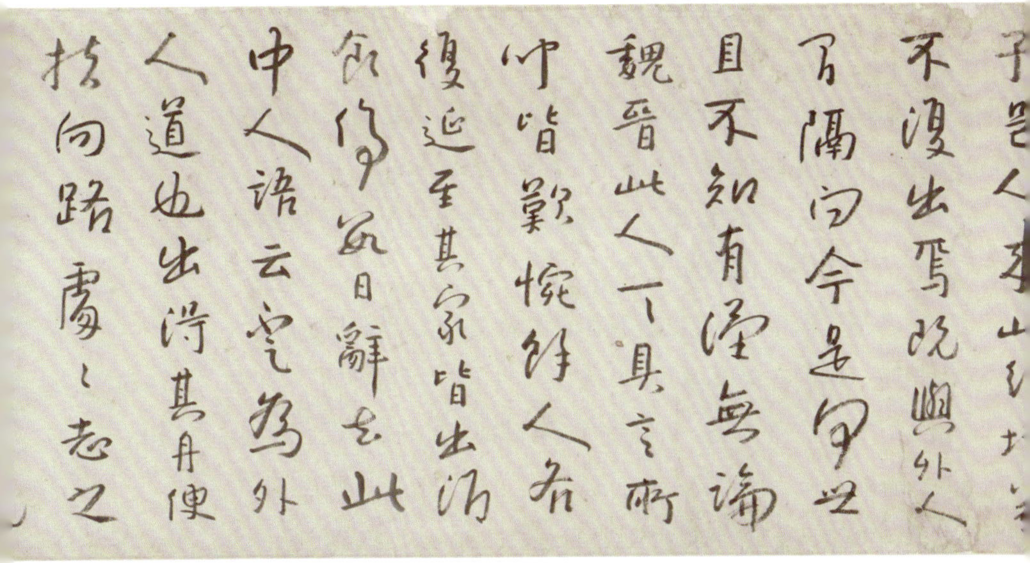

良田美池桑竹之
屬阡陌交通雞犬
相聞其中往來種
作男女衣著悉如
外人黃髮垂髫並
怡然自樂見漁人
乃大驚問所從來
具答之便要還家
設酒殺雞作食村
中聞有此人咸來
問訊自云先世避
秦時亂率妻子邑
人來此絕境不復
出焉遂與外人

間隔問今是何世
乃不知有漢無論
魏晉此人一一為
具言所聞皆歎惋
餘人各復延至其
家皆出酒食停數
日辭去此中人語
云不足為外人道
也既出得其船便
扶向路處處志之

《桃花源记》卷山水画部分

民居。那就是上千年来中国人追寻的桃花源。这是桃花源故事的开端，也是最美好的部分、充满希望的地方。朱耷一生飘零，几乎没有得到人世间的温暖，这幅配图似乎能给苦苦寻觅"世外桃源"的老画家些许安慰。

卷左，朱耷抄写了《桃花源记》全文，文末署"丙子夏六月既望，纳凉在芙山房书，八大山人"，钤"可得神仙""八大山人""遥属"等4印。行书后有近代陈师曾、齐白石题跋二则。世人皆知朱耷是名画家，或许忽视了他的书法造诣。事实上，朱耷书画俱佳，黄宾虹对其书法评价很高，称之"书一画二"。这幅行书《桃花源记》是朱耷少有的完整书法作品。

　　纵观该作，有清秀平和的气质，更有浑厚高古的风貌。笔势流畅，结体多变，是朱耷的晚年佳作。朱耷当时的状况应该相当不妙，无论是精神上还是身体上。但是，一个伟大的艺术家总是能够跳脱现实的窘迫不堪，表达出超越时空的纯粹与干净。行书《桃花源记》没有丝毫的穷困污垢，朱耷化身八大山人，悬腕运气，纸墨生发，挥洒70年的人生感悟，描绘了一个理想世界。曾收到朱耷《桃花源记》书法赠礼的石涛，在《题八大山人大涤堂图》中说："江西山人称八大，往往游戏笔墨外。新奇迹奇放浪观，笔歌墨舞真三昧。有时对客发痴癫，佯狂李酒呼青天。须臾大醉草千纸，书法画法前人前。"朱耷安贫自洽、豪放不羁的状态跃然纸上。

古稀之年的朱耷在南昌城郊搭了一所草房，在其中度过了他孤寂、贫困的晚年，直至去世。有客人造访晚年朱耷，"其翰艺大非时俗比。但亦贫，以书画为生活，不得不与当事交，亦微憾耳"。朱耷不得不与饥寒贫困、与俗世官吏周旋斗争，直至生命的终点。

朱耷自评画作"山河仍是旧山河，墨点无多泪点多"，满屏都是惨淡的人生和孤苦的心境。随着时间推移，他的水墨写意画艺术越来越受到广泛推崇和追捧。朱耷在世时"佯狂装哑，游戏笔墨，以消磨劫后生涯，人目为狂，而不知其内心之悲苦"，身故后却好评如潮，画家争相以朱耷传人自居，观者纷纷走进朱耷的内心，以解读其人其画为荣。朱耷的境遇，可与西方的凡·高类比。

八大山人在人世间冷眼旁观，人间也待之以冷，却浇不灭他内心的温暖与纯真。

如今，落款"八大山人"的作品拍卖价动辄千万乃至过亿。一个"白眼"价值千万，不知朱耷泉下有知，是否又要以"哑"示人？

山河依旧，唯独多了个冷眼旁观的老遗民。大约是1705年，朱耷的生命消逝在帝国的茫茫人海之中，如蝼蚁般悄然无声。朱耷本以为自己一肚子的幽怨哀愁和不合时宜的固执，会在岁月飞逝中散得无影无踪，不料在黑白水墨中得到了永恒。

"十全老人"乾隆皇帝是中国古代最后一个盛世——"康乾盛世"——的掌舵者，也是大量紫禁城文物的搜罗者、鉴赏家——尽管他的鉴赏水平值得怀疑。相比其他皇帝，故宫中与乾隆皇帝有关的文物最多。乾隆皇帝的喜怒哀乐、光荣与梦想乃至挫败，都不可避免地体现在他的藏品中。

观赏这些文物，一个承平日久、民物雍熙的时代徐徐展开，一个精力充沛、血肉丰满的乾隆皇帝呼之欲出：他风度翩翩地骑马矗立在《大阅图》中，检阅八旗子弟；他沉着冷静、驰骋狩猎，出现在诸多《巡狩图》中；他整顿了"二十五宝玺"，期望大清江山能够国祚绵延；他还启动了中国历史上最大的文化工程《四库全书》的编修，雕刻了世界上最大的玉器"大禹治水图玉山"，反复绘制《万国来朝图》，沉醉于天朝上国的伟大盛世中……

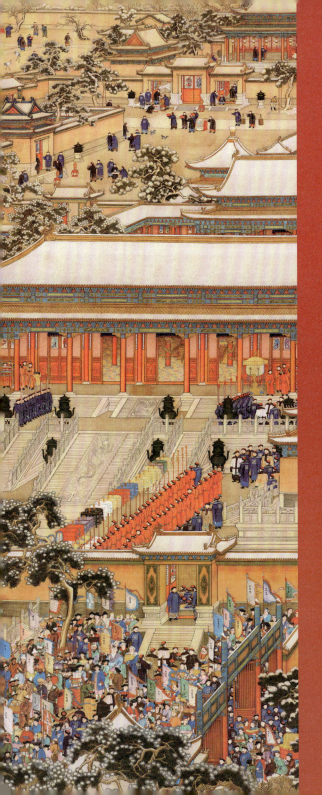

盛世天子

成败乾隆皇帝

《乾隆皇帝
大阅图》
——
马背上的
王朝

乾隆四年（1739 年）十一月，秋阳杲杲，天高云淡。

南苑，在北京永定门以南十二里，五朝皇家猎场，明清两代苑囿，往日的鹿鸣虎啸、鹰飞鱼跃景象，当天为旌旗招展、刀枪林立所替代。29 岁的乾隆皇帝全副武装，头戴金盔，身穿铠甲，佩带弓箭，戎装跨马，首次检阅八旗劲旅。

彼时，大清帝国和这位青年皇帝一样，风华正茂，如日中天。

满族自马上得天下，先人崇尚骑射武功。游牧民族的尚武气质标识他们的身份，也是清朝统治天下的根基所在。入主中原后，历代皇帝都倡导"国语骑射"，陆续创建了南苑阅兵、木兰秋狝、南海冰嬉等融皇室宣威与戎事操演于一体的活动。而大阅，即皇帝检阅八旗官兵，列为帝国法定军事礼典之首，彰显军威的同时提醒君臣上下勿忘根本。皇帝大阅的主要场地是南苑，一处超越京畿其他所有皇家园林面积之和、既能栽种养殖又能驻军操练的巨大苑囿。此外，皇帝也会在香山、西苑等离宫别苑检阅护军将士，两地各建一座阅兵用的"阅武楼"。创业的自豪与守业的责任，如风一般流连在兵马夹阵之间，混杂在人喧马嘶里面。

作为入关后的第四任皇帝、一位跃跃欲试想建功立业的后来者，爱新觉罗·弘历明晓"骑射乃满洲之根本"，视八旗劲旅为治国理政的爪牙，视骑射武功为八旗凝聚的法宝。大阅，自然是乾隆皇帝习武重军举措的题中之义。终于，在乾隆四年，一场筹备已久的大阅兵隆重登场。

红黄蓝白各色旗帜鲜艳飘扬，八旗精锐尽出，将士们身披甲胄，各执本旗旗帜，分阵排列。左翼四旗为镶黄、正白、镶白、正蓝，依次而东，西上右翼四旗正黄、正红、镶红、镶蓝，依次而西，东上各按旗为队。排在前面的是汉军火器营、满洲护军火器营、满洲骁骑火器营，并列而各别其队。号角高扬，军旗猎猎，受阅官兵一眼望不到尽头，场面蔚为壮观。

营伍成列后，兵部堂官奏请乾隆皇帝驾临帐殿。南苑建筑密度极稀，空旷的场地上建有专供皇帝阅兵的晾鹰台。大阅之前，内务府武备院在晾鹰台搭建黄幄帐殿。乾隆皇帝从暂歇的南苑行宫穿戴吉服，骑御马万吉骦前往晾鹰台。武备院执事张曲柄黄盖，侍从乾隆后行。乾隆至帐殿，换上大阅甲胄；王公大臣、侍卫等随扈人员也都摄甲胄，随侍骑着万吉骦的乾隆皇帝检阅八旗官兵。

这是一个皇帝最美好的年纪，满腔的雄心壮志，从容而热情地等待时世的催化、检阅。

这也是大清王朝最美好的岁月，一切欣欣向荣，奔向政通人和、河清海晏的盛世巅峰。

乾隆皇帝意气风发，英姿勃勃。阅兵（"阅阵"）之前，青年皇帝亲试武功，驾驭高头大马试射，连发七矢，七发中的。随扈群体喝彩一片。接着，"兵部堂官奏请阅阵，上亲阅队伍，兵部堂官二人，甲胄骑而导。总理事务王大臣、满洲大学士、内大臣、侍卫前引后扈，皆擐甲乘马。上入，自左翼、出右翼，由列阵中路，行经骁骑护军前锋诸队南、火器诸队北。将校军士之在南者，各就其列，回身北以向。俟驾过，乃复初"。

阅遍营阵，乾隆皇帝返回晾鹰台黄幄帐殿，升宝座，大臣、侍卫及诸执事官员列侍如前。一阵清脆响亮的螺声响起，演习（"行阵"）开始了❶。

当日，乾隆大阅演习的确切情形，已经不可考。我们可以从康熙皇帝大阅行阵的内容，窥见乾隆当日观看到的演习。康熙二十四年（1685年），康熙皇帝也在南苑西红门内的旷地大阅八旗官兵。八旗劲旅按旗排为三队。康熙皇帝带上皇子一道擐甲阅兵，内大臣、侍卫、大学士及各部院大臣随扈左右，前张黄盖，后建大纛，周阅八旗兵阵。演习开始，鸣螺擂鼓，一方官兵抬着鹿角行进，另一方三队人马与之对抗。号令官挥动红旗则枪炮齐发，鸣金则止，再擂鼓挥旗，再发枪炮，如此反复九回。第十回，枪炮密集环发，鹿角阵变换成八门，三队兵马迭次出击，首队居中，二、三队分列左右雁行。鹿角门关闭，鸣号角，第一方官兵齐声呼喊推进。最后鸣金收兵，各阵停止，凯旋回师。阅兵结束，皇帝赏功罚过，赐将士酒食。

乾隆四年的大阅，演习内容大致相同。当日随扈检阅的大学士张英在《南苑大阅恭纪十二韵》中记载演习内容为：

> 七校腾骧夸虎旅，三驱指顾视龙旗。
> 弓弯明月垂金勒，人度春风动铁衣。
> 铠甲光疑林雪满，骅骝色斗岭云飞。
> 普天雷动钲声出，卷地风鸣猎骑归。

宫廷画家金昆领衔、十人参与的《大阅图》则描绘了乾隆皇帝南苑阅兵的壮观场面。《大阅图》分"幸营""列阵""阅阵""行阵"四卷，尺幅巨大，纵 68 厘米、横 15 米，画有官兵 16 000 余人，人物和武备都描绘细致。遗憾的是，该作于清末散佚，第一卷"幸营"下落不明，第二卷"列阵"藏在北京故宫博物院，第三卷"阅阵"和第四卷"行阵"流入拍卖市场，为私人收藏。"行阵"描绘了火器连环齐发，浓烟中千军万马前进的场面，大体与康熙时演习内容相同。

乾隆皇帝就乾隆四年的大阅创作了《御制大阅诗》：

> 时狩由来武备修，特临南苑肃貔貅。
> 龙骧选将颇兼牧，天驷抡材骥共骝。

组练光生残雪映，旌旗影动朔云浮。

承平讵敢忘戎事，经国应知有大猷。

乾隆诗才平平，作品政治色彩过浓。这首《大阅诗》也不例外，强调了大阅修武备、记戎事，是经国大计，相当于乾隆本人对大阅的理解与观感。人生的第一场大阅，令乾隆印象深刻、意犹未尽。大阅后，他召来当时最负盛名的宫廷画家郎世宁，命令他创作一幅大阅御容像。

郎世宁，意大利米兰人，康熙末年作为天主教耶稣会的修士来到中国，本想传教，却因为绘画才能被康熙皇帝留在紫禁城绘画。从此，传教士化身宫廷画家，郎世宁在中国挥舞画笔 50 多年，人物肖像、花鸟鱼虫、山水江湖无所不涉、无所不精，是清朝最具代表性的宫廷画家。明末清初，西方传教士给中国带来了西方绘画技法，与中国传统相融合，西方的色彩、透视和布局与中国传统的笔墨、线描等融合发展，形成了中西融合的清朝宫廷画风格。郎世宁在其中发挥了重要作用。他奉命创作的这幅《乾隆皇帝大阅图》，广泛使用西方的光影、透视和鲜艳色彩，复制了乾隆皇帝阅阵的闪光片段。乾隆御容采取正面标准照形式，用笔细腻柔和，年轻的五官、金黄的甲胄、骏马的鬃毛都清晰可见，人和马结构立体，衣服极具质感，带有明显的西方油画风格。画面的背景保留明显的中国传统风格。在一些清代宫廷画中，中西方画家分工合作，一方主要负责西方风格部分，另一方绘制中国传统风格部分（往往是背景或者次要内容）。

清代的帝后画像，照例不署画家名字。《乾隆皇帝大阅图》也没有画家名款，但全图色泽鲜艳、用笔精细，与郎世宁的其他作品风格相同，普遍认为是他的作品。

令人惊喜的是，乾隆皇帝当年大阅的甲胄如今完好无损地保存在故宫中。乾隆大阅甲胄分上衣、下裳、护肩、护腋、袖、裆等。上衣长76厘米，下摆宽74厘米，袖长87.5厘米。下裳长70厘米，下摆宽57厘米。可以推测乾隆皇帝身高170厘米左右。胄高31.5厘米，直径21厘米。全副甲胄穿戴时由纽扣、带子连缀成一个整体。

乾隆甲胄并非铁甲，而是棉甲。铁甲沉重，且花费昂贵，自古只装备中高级军官，渐及精锐士卒。在一支军队中，披甲战士大约只占官兵总额的十分之一，这还未必是甲胄齐全的。秦制，秦人参军，在战场上斩获"甲首"一颗，便可"赏爵一级"。这里的甲首是戴盔甲的首级。秦国士卒只有斩杀中高级军官，才能获得一级军功爵。可见当时盔甲不易得，佩戴者极少。沉重的铁甲在冷兵器时代的防护力是有效的，但中国军队始终没有普及重装甲士，原因可能有二：一是中国战争规模巨大，配甲成本极其高昂；二是骑兵成为战争主力后，编练重甲步兵已经失去了必要性。随着火器出现在元朝战场上，骑兵穿戴沉重的铁甲也意义不大了。明朝后期开始，边关军队开始普及布面棉制、内嵌铁片的新型铠甲，称为"棉甲"。棉甲的防护力下降不多，但成本降低，且轻便，利于将士行动和躲避火器。清军继承明军甲制，将棉甲普及为制式军装。

《乾隆皇帝大阅图》

乾隆大阅甲胄

康熙明黄缎绣平金龙云纹大阅甲

乾隆复制蓝色缎面绣龙纹铁叶盔甲

乾隆皇帝大阅甲胄展示了最高级的棉甲规制，明黄缎主体，绣五彩朵云、金龙纹，甲面有规则的铜帽钉，四周镶黑色福建漳绒边。上衣正中悬钢质护心镜，黄缎上绣各色如意云纹、海水、江崖、珊瑚、宝珠等纹饰，并绣满形态各异的龙饰。胄为牛皮胎髹黑漆，装饰金龙嵌珍珠，胄体有镀金梵文三重，计44字，意为"心咒诅念观世音菩萨"。胄上植缨，缨顶端金累丝升龙托大东珠，缨管饰金蟠龙纹，四周垂大红片金、黑貂缨24条。大阅甲用料考究，装饰华贵，做工精细，历经二百多年依然色彩明艳。

甲胄是紫禁城藏品的一个大类，现存多副帝王铠甲。比如蓝色缎面绣龙纹铁叶皇太极御用甲，上衣长70厘米，袖长70厘米，下裳长64厘米，可见皇太极身材比玄孙乾隆矮小很多。御用甲胸背遍绣云龙、火珠，饰以轮、螺、伞、盖、花、罐、鱼、肠等吉祥物。整副甲胄共重约12.25千克。比如清太宗御用马鞍，木胎，镶银鋄金，鞍桥面铺布，上置丝绒棉坐垫，工艺精细。当年，皇太极使用这些甲、鞍征战沙场，开疆拓土。随着世系推移，皇帝铠甲渐渐趋于奢华，实战性下降，装饰性增强。比如蓝色缎铜钉顺治帝御用棉甲，镂饰金累丝云龙纹，镶嵌珊瑚珠、青金石、绿松石、螺钿珠、珍珠等，已经不适合实战了（顺治皇帝也无须参加实战了）。比如康熙明黄缎绣平金龙云纹大阅甲，衣、背金线绣龙，龙身用红绿线勾边，下摆绣有平水、寿山、海珠、杂宝、珊瑚等纹饰，云、水都以金线勾边。左右护肩绣金龙各9条，中间镶嵌红宝石、东珠。这就更不适合实战了。

制作、保存武备甲胄也是尚武的表现。乾隆皇帝热衷武功的另一个表现是喜欢收藏和赏玩刀剑、弓弩、火枪。他曾下令内务府造办处精工打造了 90 把腰刀、30 口宝剑。90 把腰刀以"天、地、人"三字编号，每个字号各 30 把。绝大部分仍藏在北京故宫博物院，少数流失宫外。2012 年乾隆制金桃皮鞘天字十七号"宝腾"腰刀在拍卖会上以 4 830 万元成交。

玉柄金桃皮鞘天字三号"孔纯"腰刀，现藏故宫，通长 94 厘米，青玉柄 12.5 厘米，重 18 两。清代腰刀设计独特，一般是双血槽，刀口两寸处向上反开刀刃，杀伤力因此增强。钢铁合金经数十道制造工序，富有韧性和强度，切削性良好，据说皇太极征讨朝鲜时，清军配刀常常把朝鲜士兵配刀拦腰砍断。孔纯刀纹饰美观、制作精细，反映了清代冷兵器制造的最高技术水平。此外还有镶鱼皮嵌石把铜边鞘神锋剑、乾隆御用橐鞬和清代侍卫的全套甲胄等。

故宫还藏有一把特殊的"遏必隆腰刀"，刀长 60 厘米，木质刀鞘，外蒙绿鲨鱼皮，紫呢刀套。刀以人名，它本是康熙初年辅政四大臣之一遏必隆的佩刀，主人死后没入宫中。现在刀把上系有一块象牙牌，一面镌"遏必隆玲珑刀一，乾隆十三年赐经略大学士公傅恒平定金川用过"。遏必隆之孙、时任大学士讷亲主持第一次金川之战，劳师靡饷，兵败无功。乾隆十四年（1749年），大学士傅恒持乾隆御赐的遏必隆刀，在军前将讷亲正法。一面刻"咸丰"印一方和"神锋握胜"四字。太平天国起义，咸丰皇帝派大学士赛尚阿为钦差大臣率军出征，行前赐遏必隆刀。然而，遏必隆刀并没有给赛尚阿带来好运，后者终因劳师无功，论死抄家。

盛大的阅兵、完备的武器，无不彰显着紫禁城的尚武气质。

乾隆二十三年（1758 年），年近半百的乾隆皇帝又一次南苑大阅。事后又留下一幅《弘历盔甲乘马图轴》，不过不是郎世宁的作品，而是中国画家不太成功的模仿。乾隆在上方御题《仲冬南苑大阅纪事》，记载当日情形：

> 廿年一举宁为数，周礼分明节候论。
>
> 便设军容示西域，伫看露布靖坚昆。
>
> 好齐以暇千旍飐，既正还奇万炮喧。
>
> 风日晴和士挟纩，非予恩也总天恩。

此次大阅正值清军在西域与霍集占兄弟激烈交战，阅兵现场又有哈萨克、布鲁特、塔什罕的来宾旁观，阅兵因此多了一重扬军威、显国威的目的。乾隆皇帝心里记挂着征战前方的将军兆惠，如果此时能有捷报传来，该是多么锦上添花！

至于郎世宁创作的《大阅图》，自乾隆四年起就张贴在南苑行宫后殿的屏上。辛亥革命爆发后，南苑改为驻军营垒。军阀段祺瑞发现孤苦伶仃的《大阅图》后，揭下送入紫禁城，前清内务府将它张挂在乾清宫。可惜可叹，乾隆皇帝心心念念的尚武之气、骑射传统，终究没有传承下来。此时，大清王朝已经灭亡多年了。

---

❶ 聂崇正."列阵"与"阅阵"：故宫内外的两卷乾隆《大阅图》.紫禁城，2009（8）：90-99.

《乾隆皇帝巡狩图集》

——勇士、君王兼一家之主

乾隆六年（1741 年）秋季，乾隆皇帝来到木兰行围。

行围即打猎。清代皇帝一般有两种狩猎方式：一是行围，皇帝率众边行进边狩猎；二是合围，八旗官兵合围困兽，皇帝居帐中检阅。木兰在今河北北部，地处农耕文明与草原文明的衔接地带，占地广阔，野兽众多，是行围狩猎的好场所，如今的名字干脆就叫"围场"。从康熙四十八年（1709 年）清廷在此建造避暑山庄到嘉庆二十五年（1820 年），清朝的皇帝几乎每年秋天都率领王公大臣、八旗将士，并召集蒙古及北方各少数民族首领到此行围四十余日，盛况一时，史称"木兰秋狝"。

木兰林木葱郁，多产麋鹿，"哨鹿"是秋狝的一项重要活动。发祥于白山黑水的满族，以骑射武功夺取天下，也将此作为操演弓马骑射、保持先正遗风的重要手段。狩猎麋鹿之前，八旗官

《哨鹿图》

兵用口哨模仿鹿声吸引鹿群，方便捕猎，称为"哨鹿"。康熙晚年，这项活动一度中断，乾隆六年正式恢复。刚过而立之年的乾隆，带着对祖父的崇拜之情，第一次以皇帝的身份主持了哨鹿活动，并命令郎世宁等宫廷画家创作了《哨鹿图》（绢本设色，纵267.5厘米、横319厘米）记录这场活动。

　　崇山峻岭，层林尽染，行围的君臣一行人骑马缓缓进入木兰山区。最前列第三人，佩带红锦"撒袋"（弓囊）、骑白马，昂首挺胸，就是乾隆皇帝。乾隆及坐骑描绘最精，应当是郎世宁亲绘；其他人物略逊，但也能看出西式画法，或许出自郎世宁的中国弟子之手；山峦草木以传统画法呈现，应当为中国画家所绘。乾隆时代对皇室画作的需求陡增，在没有照相技术的 18 世纪，乾隆皇帝频繁要求宫廷画家用笔墨复刻皇室生活，画家们不得不通力合作，由此留下了诸多中西合璧、众人接力的作品。这些作品的主人公（通常是乾隆皇帝）一般由郎世宁执笔，背景则由他的同事完成。

乾隆皇帝毕生热衷骑射，狩猎活动是他生活的重要组成部分，他似乎也同样热衷于狩猎画，乐此不疲，为紫禁城留下了丰富的此类画藏。乾隆朝，宫廷画家创作了一大批表现皇帝巡狩骑射的画作，通常截取骑射的瞬间，塑造了一个勇猛的乾隆形象。《乾隆皇帝巡狩图集》是其中的代表。该图集包括《挟矢图》《落雁图》《弋凫图》《射狼图》《刺虎图》《殪熊图》6 幅绢本设色画，尺寸为纵 260 厘米、横 170 厘米左右。其中《射狼图》轴、《落雁图》轴、《弋凫图》轴等画套粘有旧签，日期落款都是"乾隆七年"，可知图集创作于 1742 年乾隆 32 岁时。通常认为，图集也是以郎世宁为首的宫廷画家通力合作的作品。

在《刺虎图》中，乾隆皇帝率领侍卫，手握长戟，跨步上前，刺向猛虎。老虎为皇帝的勇猛所震慑，止步不前。为了烘托乾隆皇帝临危不惧的帝王之气，画家故意将高大的猛虎缩小，形如大猫。在《落雁图》中，悬崖石壁前的乾隆皇帝，骑马弯弓，手动箭发，一只大雁中箭下落，表现了乾隆皇帝精准的骑射功力。在《射狼图》中，乾隆皇帝独自疾驰在山清水秀、层林尽染的围场，

《刺虎图》

《落雁图》

正弯弓瞄准一只逃命的狼。年轻的皇帝，自信满满，弓马娴熟，全画极富动感。在《殪熊图》中，乾隆皇帝与一头黑熊不期而遇。在毫不畏惧、从容搭箭的乾隆皇帝面前，北方强大的黑瞎子害怕了，退缩了，躲避到了树后。在《弋凫图》中，远山连绵，近水流波，乾隆系马柳树，弯弓搭箭，瞄准野鸭。一向机警的鸭子对眼前的危险毫无察觉，反衬出乾隆身手轻盈、反应敏捷。

《挟矢图》是图集中唯一的静态画面，乾隆皇帝骑在马上欣赏御用箭。如前所述，乾隆喜欢制作、赏玩军械，弓箭是他喜爱之物。乾隆皇帝对弓要求极高，御用弓木胎，中加暖木为弓把，用牛角筋胶固定外侧，内面贴桦皮，弦用弹力大且耐用的鹿皮制作。他的御用箭种类繁多，形制多样。箭镞有铁、铁镀金、象牙、角、骨、木等材质；箭柯使用杨木、桦木等；箭羽选用罕见的或富有艳丽色彩的飞禽羽毛。每一支射杀猎物的羽箭，乾隆都要在杆上刻上时间，贮藏起来，用于记功，告诫子孙勿忘武备。

《乾隆皇帝围猎聚餐图》（纵 317.5 厘米、横 190 厘米）是又一幅乾隆巡狩画，不过是群像。款题"乾隆十四年四月奉宸院卿臣郎世宁恭绘"，可见这是乾隆十四年（1749 年）乾隆 39 岁时的景象，也是现存唯一一幅署郎世宁"奉宸院卿"官职的作品。奉宸院是内务府下属三大院之一，管理皇家园囿。奉宸院卿为正三品高官，可见乾隆皇帝对郎世宁的肯定与器重。

《围猎聚餐图》描绘的是狩猎结束后乾隆和侍从官兵们扒鹿皮、切鹿肉、烩鹿汤、烤鹿肉的餐饮场景，可视作《哨鹿图》的

《殪熊图》

《乾隆皇帝围猎聚餐图》

续作。

乾隆十四年秋天的一个傍晚，乾隆君臣一行围猎结束后，找了一处山陵环抱的小盆地，分食所获的猎物。这一次，乾隆皇帝的身材比例没有夸张，他上穿蓝色短褂，盘膝而坐，形象并不高大威猛，甚至没有居于画面突出位置。郎世宁通过乾隆身后色调鲜亮的明黄色宝帐，以及两侧八字形分布的侍从官兵，自然而然地把观者的目光集中在乾隆身上。他依然是全图的中心，不怒而威。两边的官兵，或站立、或半跪、或单膝而坐，姿态各异，绝大多数人手持弓箭、腰刀或虎枪，保持着警备状态。"聚餐"内容体现在画面左边，两人正在剥鹿皮割鹿肉，近处有三名蓝褂侍从正在架锅、烩鹿肉汤，一人跪地添柴，一人双手托盘送鹿肉入锅，一人搅拌铁锅。与之相对，画面正面有三名黄马褂侍从正在炭火上烤肉。煮肉和烤肉之间，有人手持果品、酒水往来其间。画面背景，山峦重叠，苍松翠柏点缀其间，山坳林下歇息着马匹和骆驼，一头卧地休息的骆驼驮着一头猎杀的麋鹿。画面中并没有驰骋、没有猎杀，但没有人否认一场收获满满的狩猎刚刚发生。

这些骑射狩猎画作成功塑造了乾隆皇帝从容沉稳、勇武自信的帝王风范。这是乾隆希望传递扩散的自我形象，也是当时的大清王朝所需要的。在大阅、军械之外，巡狩图成为乾隆皇帝长存骑射传统、保持武备精神的第三种形式。

乾隆皇帝的人生，也浓缩在了郎世宁等人创作的数十幅狩猎画作中：《哨鹿图》《乾隆皇帝巡狩图集》《乾隆皇帝围猎聚餐图》

《乾隆阅八旗马术图》《乾隆皇帝阅骏图》《乾隆射箭图》……

在画中，乾隆骑马走过了春夏秋冬，从而立之年走到了年逾古稀。乾隆三十九年（1774 年）秋，年过花甲的乾隆重温《哨鹿图》，感慨时光飞逝，题写了"御制题写照哨鹿图"："此图乃辛酉年初幸木兰哨鹿，命郎世宁所为者，彼时扈从诸臣，年长于予者如来保辈，颇多少于予者如傅恒辈，共十有二人，今皆不见，怃然有怀。"当年年长的大臣已经逝去，比自己年少的也走在了自己前头，只剩下他孤家寡人。乾隆自己也迈进了晚年。他成功延续了祖父康熙的盛世，将君主专制推向了新高峰，从早年的豪迈奋进到逐渐圆融，在骑射狩猎中呈现出寻常老人的一面。

南苑，水泊密布、草木繁茂、兽鹿聚集，是另一处乾隆皇帝经常狩猎的场所。因为北京城内有三海，南苑又称"南海子"。乾隆十九年（1754 年）春，乾隆皇帝 44 岁，在御制行围诗中写道：

> 南苑临春暮，青郊试小搜。晷观虞者技，宛忆少年游。
> 劳众宁堪亟，携孙自有由。翻犁见耕父，诹稼每延留。

乾隆开始回忆少年游，身边出现了两个 8 岁的孙子，还饶有兴致地观看农夫犁田翻地。年过不惑，狩猎不再是乾隆行围诗的主角了。创作于第二年的《乾隆皇帝射猎图》（纵 115 厘米、横 181.4 厘米），乾隆在同样不甚年轻的侍从配合下猎兔。他骑在骏马上，英武依旧，而猎物从虎狼黑熊变成了野兔。当日南苑狩

《乾隆皇帝射猎图》

猎，乾隆猎获了8只兔子。事后，乾隆皇帝在郎世宁的这幅作品上题行围诗三首：

> 绿原小试佶闲骦，俞骑鸿绚认五斿。胜日寻芳兼示度，雕龙何用赋春搜。

露润青衢草气馣，阳和举目化机舍。季登漫诩中双兔，一日双还倍彼三。

生风耳后最豪情，付廿年前绣壤平。不废武还思谏猎，个中吾自有权衡。

"佶闲骝"是乾隆的第三匹坐骑。从继位之初的"万吉骝"，再到"阚虎骝"，如今是"佶闲骝"，名字的变化也体现了乾隆心态的变迁。乾隆二十三年（1758年），乾隆在南苑射中四兔一獐。年近半百的乾隆不再追求猎物数量，觉得四兔一獐就挺好，他更在意的是身边的人，问随从侍臣："有人曾见少年来？"

乾隆的心态变化在之后的行围诗中愈发明显。乾隆二十九年，他到南苑"小猎"，感叹道："今来不是少年身，择地徐驰谏猎循。"飞逝的年华染白了双鬓，驰骋的骏马放慢了脚步，一个强势的君王松弛了紧绷的神经。时间继续流逝，十年后的乾隆三十九年春，乾隆在南苑行围，当日行围仅猎获两只兔子，和十九年前的八只兔子相比，战绩不佳。已经64岁的乾隆自嘲"忽忽二十年，竟如向之所嘡，实堪自哂然"，不过马上自我安慰："余春秋六旬有四，犹能驰射中双，虽未符昔日所云，差足验习劳弗懈之志。非徒夸精力未衰，藉以解嘲耳。"

乾隆四十七年（1782年）春，年逾古稀的乾隆在南苑行围时回忆起了一生最崇拜的人——祖父康熙皇帝。整整60年前，也是在同样的地点，"余十二岁时恭侍皇祖于南苑习围。盖我朝家法最重骑射，无不自幼习劳。今每岁春间仍命皇子皇孙皇曾孙辈于此学习行围，所宜万年遵守也"。遥想当年，69 岁高龄的康熙皇帝坚持参加了水上围猎。也正是在狩猎中，康熙喜欢上了小孙子弘历。据说，康熙皇帝中意弘历为隔代继承人，让这个心爱的孙子成为帝国的主人。很多人相信，这是康熙传位于雍正的一大考量因素。

回忆，似乎是老年人的专利。他们的另一大专利是看重家规家风的传承。乾隆皇帝就在当年的行围诗中写道：

于此习围忆少年，朝家家法意深焉。今仍命子孙曾辈，一例遵行奕叶传。

故宫珍藏乾隆年纪最大的狩猎图是《一箭双鹿图》（绢本设色，纵 167.5 厘米、横 113.2 厘米），创作于乾隆五十三年（1788年），乾隆皇帝时年 78 岁。马背上的乾隆皇帝已经明显发福，慈祥代替英武占领了他的脸庞，只见他搭弓射箭，一箭击中双鹿。78 岁的老人还能驰骋猎场，相当令人敬佩。一位之前满足于也局限于狩猎兔子的年迈老者，在耄耋之年突然一箭射杀了双鹿，显然存在夸张甚至虚构嫌疑。但不能否认，该画成功地表现出了乾隆皇帝的老当益壮，身体和精神完全当得起乾纲独断的重任——尽管此时他已经下定决心要禅位了。此时，郎世宁已经去世，在历仕三朝、作画五十余载后，他永远留在了北京。这幅《一箭双鹿图》，论者普遍认为主创者是艾启蒙。艾启蒙，波希米亚人，乾隆十年（1745 年）来华传教，延续了郎世宁的职业生涯。他画风精细、中西合璧，但画艺水准不及郎世宁。

《乾隆帝及妃威弧获鹿图》是横跨乾隆木兰秋狝狩猎和家庭生活内容的画作。中年乾隆跨骏马、挽良弓，一箭射向不远处的奔鹿，大鹿应声倒地。一位年轻美貌的妃子骑马紧随侍奉。她的骑术也相当精湛，单手持缰，和乾隆保持适当的距离，另一只手向乾隆呈递羽箭，充当狩猎助手。这名妃子的面部特征及发式装扮不同于满族女子，很可能是来自西域的容妃，即传说中的香妃。没有侍卫、没有仪仗，他们俩度过了一段美好的时光。

乾隆皇帝把一生都奉献给了权力，重担在肩，只有死亡才能让他如释重负。乾隆皇帝的一切言行都是政治，时时刻刻保持工作状态，狩猎便是他的工作。然而，皇帝也是血肉之躯，也有情感和家庭生活，也是一家之主。随着时间推移，乾隆皇帝不再专注于权力，更多地在狩猎中感怀过去、沉醉自我、教诲子孙。巡狩射猎活动及画作，展现了一个勇士、君王兼一家之主的乾隆形象。

二十五宝玺 ——自我规范与皇权愿景

玺者，印也；印者，信也。

早在商周时期，中国人就发明了印信，代表个人或机构。后者用自身的地位权威、信誉尊严为印信背书。而宝、玺，就是君王的印信、皇权的象征。"宝玺者何？天子所佩曰玺，臣下所佩曰印。无玺书则王言无以达四海，无印章则有司之文移不能行之于所属，此秦汉以来之事也。"（《明清帝后宝玺》）在集权专制的传统政体下，宝玺就是国家的象征、政权的象征。

中国第一个皇帝秦始皇登基后，决定雕刻一个与皇权相称的、传之永恒的玉玺，称为"传国玉玺"，作为国家至宝。嬴政选择先秦名玉和氏璧为原料，反复斟酌玺文，最终定下"受命于天既寿永昌"八个字，由天下书法第一的丞相李斯耗费了整整一个月篆刻而成。嬴政和天下臣民似乎都认可这个传国玉玺具有某种完美象征皇权、可以传之万世的神秘力量。

秦朝二世而亡，天下臣民对传国玉玺的认可却流传了下来。它成了法统的象征，只有接过传国玉玺的人才具有统治的合法性。它又是君权神授的象征，只有拥有传国玉玺的人才配代天牧民。这种普遍存在的文化心理，使得一块玉石超越了器物功能，上升为皇权冠冕上最耀眼的明珠。

传国玉玺的交接，也就成了改朝换代的必备"手续"。秦亡，子婴将传国玉玺献给汉高祖刘邦；西汉亡，王莽向太皇太后王氏逼索传国玉玺；王莽败亡，传国玉玺最终由赤眉军拥立的刘盆子拱手奉给光武帝刘秀；东汉末年，传国玉玺一度落入军阀袁术之手，成为后者称帝的一大原因；袁术败后，玉玺归于曹操；曹魏败亡，传国玉玺在禅让仪式上交付晋武帝司马炎。西晋灭亡，北方十六国交替混战，传国玉玺先是由晋愍帝奉送给匈奴刘渊，在割据政权中几经辗转后落入东晋北伐的征西将军谢尚之手。谢尚以三百精骑防护，连夜送至首都建康。传国玉玺重归晋朝。东晋禅位于刘宋，晋恭帝亲手将玉玺传于宋武帝刘裕。之后，传国玉玺在南朝宋、齐、梁、陈之间依次传递。"侯景之乱"中，玉玺一度在乱世中被投入栖霞寺井中，后经寺僧捞出献给陈武帝陈霸先。隋朝灭陈，陈叔宝奉传国玉玺投降入隋。杨氏获得玉玺。隋末，隋炀帝杨广亡于江都兵变，萧皇后携传国玉玺遁入漠北突厥。唐朝虽然统一中国，却没有传国玉玺，一度刻数方杂号玉玺聊以自慰。大将李靖率军讨伐突厥，萧皇后返归中原，传国玉玺重归中原，立刻成为"天可汗"的象征。在这漫长的 1 000 年时间里，传国玉玺号令天下，万民仰望。

大唐亡五代起，传国玉玺先是落入篡唐的后梁之手，梁亡又入后唐囊中。在连绵战火之中，后唐废帝李从珂在后晋和契丹的夹击下大势已去，于清泰三年（936年）年底携传国玉玺与太后、皇后以及儿子全家自焚而死。后唐亡，传国玉玺也永远消失在了熊熊烈焰之中。从秦朝建立（前221年）到李从珂玉石俱焚，传国玉玺历经1 157年的尊贵，最终消失在历史无尽的黑暗之中。

后晋、后汉、后周三代四处搜寻传国玉玺无果，只好镌刻杂号印玺作为权宜之计。虽然之后不断有人声称发现了传国玉玺，历代帝王也无不渴望重获至宝，但最终都无奈地证明是一个又一个仿制的赝品。历朝历代只能沿用或者新刻杂号玉玺，权宜之计成了数百年间的通行做法。这对于大一统的宋、元、明而言，可谓是巨大的遗憾。洪武初年，明太祖朱元璋曾遣徐达率精兵15万大举进攻漠北，一个很重要的目标就是搜索传国玉玺——朱元璋"希望"逃亡漠北的元朝握有传国玉玺。最终，明朝大军无功而返。

在行政实践中，缺失了传国玉玺的帝国政府依然运行有序。传国玉玺的象征意义大于实用价值。现实中需要加盖传国玉玺的文书极其稀少，大量的需求由其他印玺完成。慎用传国玉玺，也是玉玺尊贵地位的体现。

秦汉时期，天子六玺。除传国玉玺之外，秦汉皇帝还有六个白玉制、螭虎纽、用武都紫泥封的印玺，名称和用途分别为：皇帝行玺，用于封国；皇帝之玺，用于赐诸王侯；皇帝信玺，用于发兵；天子行玺，用于传召大臣；天子之玺，用于册封外国君主；天子信玺，用于祭天地鬼神。从三国到隋朝，天子六玺制度不变，六个玉玺的用途有所不同但名称不改。到了唐朝，皇帝增刻了神玺、受命玺，为天子八玺。武则天忌讳"玺"字发音近"死"，改诸玺为"宝"。此后，天子之玺改称天子之宝，官民俗称则"玺宝"并用。发展到明朝，皇帝二十四宝成为定制。尚宝司专职保管和用玺，掌管这二十四方御宝。

明朝末期，一位蒙古牧民刨地时发现一枚白玉汉印，经指认，明确为传国玉玺。成吉思汗的后裔林丹汗短暂得到了这枚玉玺，兵败之后落入皇太极之手。此举似乎象征着两个崛起于塞外的少数民族政权的合法性交接。皇太极因此称帝，定国号为"清"。这枚对清朝创建立下不大不小功劳的玉玺，其实是一枚赤裸裸的假印，其印文"制诰之宝"与传国玉玺完全不符。它很可能是汉朝皇帝赐给匈奴的印玺。皇太极等人显然也明白这是一枚假印，利用完它的价值便很快弃用，另用满汉双篆的杂印。

这些不断涌现的宝玺积累到乾隆早期，竟达二十九种、三十九方之多，而且莫辨来由，用途不明。当时，什么文件使用什么印玺没有固定章法，御玺管理混乱。比如，一方印文"受命于天既寿永昌"的玉印，因印文和传说相同，被认为是真正的传国玉玺，置于大殿正中，而另一方"皇帝奉天之玺"被《大清会典》宣布为传国玉玺，其实是清初镌刻的，名不副实。《会典》记载此玺在"两郊大祀及圣节宫中告天青词用之"，实际上圣节宫中并无告天之事，大祀也不用此宝。更离奇的是，雍正年间，大学士高其位进献的一方碧玉印，竟然一文未刻，也收录为宝玺。

乾隆皇帝对宝玺的认识比较理性。他赞同"治宇宙、申经纶，莫重于国宝"，但对宝玺不迷信。对于当时公认传自秦朝的传国玉玺，乾隆认为该玺"按其词虽类古所传秦玺，而篆文拙俗，非李斯虫鸟之旧明甚"，钦定为赝品。他相信"君人者在德不在宝"，宝玺再珍贵，终究只是一个器物而已，"德之不足，则山河之险、土宇之富，拱手而授之他人"。乾隆的"德"既含人心又以实力为依托，如果失去了实力、丢掉了人心，没有人能凭借区区尺璧保全家国。"故宝器非宝，宝于有德。"（《国朝传宝记》）

乾隆的清醒与理智，是彼时皇权高度集权专制的产物。乾隆足够幸运，经过祖先五代人的努力，清朝基本平定了域内，尤其是乾隆正在缔造的"十大武功"，塑造了一个硕大的帝国；经过赋税改革和运输改良，尤其是新的粮食作物的引进，国家经济稳步向好，国库积蓄缓慢增长；通过创建军机处和改革文书制度等，皇权在政治体制内牢牢确立了核心与绝对强势地位。已经做到乾纲独断的乾隆，可以不必借助外物来烘托权威、巩固政权。时代赐予了皇权自我规范、整理宝玺的可能。

乾隆十一年（1746 年），乾隆皇帝对紫禁城积累的历代宝玺系统考证，将总数定为二十五方。为什么定为二十五方呢？乾隆在《匣衍记》里阐述了两个用意。一方面"定宝数之时，密用姬周故事，默祷上苍，祈我国家若得仰蒙慈佑，历二十五代以长"。

所谓姬周故事，是指中国古代立国最长的东周，享国 500 多年，经历二十五位天子。乾隆希望"我大清得享二十有五之数"，成为另一个超长帝国。另一方面，《周易》谓"天数二十有五"。古人以单数为阳、双数为阴，一三五七九，五个单数相加，总和为二十五。这个数字含有至阳之意。乾隆皇帝以此数来希望王朝绵延。

如果说重订宝玺是皇权的自我规范，那么二十五之数寄托了皇权的愿景。

重定的二十五方御宝分别为：大清受命之宝、皇帝奉天之宝、大清嗣天子宝、皇帝之宝两方（青玉、栴檀木质地各一）、天子之宝、皇帝尊亲之宝、皇帝亲亲之宝、皇帝行宝、皇帝信宝、天子行宝、天子信宝、敬天勤民之宝、制诰之宝、敕命之宝、垂训之宝、命德之宝、钦文之玺、表章经史之宝、巡狩天下之宝、讨罪安民之宝、制驭六师之宝、敕正万邦之宝、敕正万民之宝、广运之宝。乾隆十一年定的宝文，除青玉皇帝之宝为满文篆书外，其余全部为满文本字和汉文篆书两种文字。乾隆十三年创制满文篆法，乾隆下令除大清受命之宝、皇帝奉天之宝、大清嗣天子宝、青玉皇帝之宝四宝因入关前就已使用，不宜轻易外，其余二十一宝由内务府挑选上等的印玺改镌，将其中满文本字全部改用篆书。如今我们看到的二十五宝就是乾隆十三年的产物。二十五宝玺质地有银镀金、玉、金、栴檀木，印纽有交龙、盘龙、蹲龙型制，大的 19.2 厘米见方，小的 6.8 厘米见方，雕制精美，形象生动，是中国宫廷印章的代表作。

大清受命之寶

以章皇序

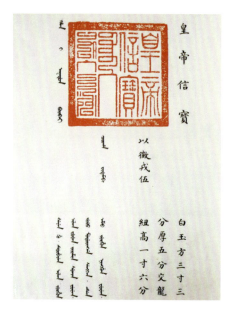

皇帝信宝

以徵戎伍

白玉方三寸三
分厚五分交龙
纽高一寸六分

皇帝信宝玺文

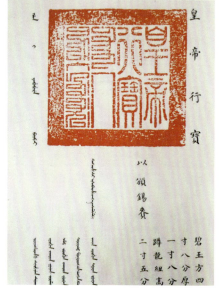

皇帝行宝

以颁锡赍

碧玉方四寸
八分厚一寸
八分蹲龙纽
高二寸五分

皇帝行宝玺文

416

二十五宝玺各有所用，乾隆皇帝定皇帝奉天之宝为清朝的传国玉玺，作为君权神授、代天牧民的象征，平常基本不用。紫禁城大朝会时，皇帝奉天之宝放在印匣内，摆到御案上，作为政治象征物。此外，大清受命之宝"以章皇序"；大清嗣天子宝"以章继绳"；皇帝奉天之宝"以章奉若"；青玉皇帝之宝"以布诏赦"，栴檀木皇帝之宝"以肃法驾"。对照存世的清代档案，二十五宝中栴檀木皇帝之宝使用频率最高，广泛用于颁发诏书、进士皇榜等皇帝敕谕，其他诸宝实无法与之相比❶。

乾隆皇帝指定紫禁城后三宫之一的交泰殿专门存放二十五宝。交泰殿坐落在乾清宫与坤宁宫中间、后三宫台基的中腰。乾坤代表天地，天地交合，康泰美满。交泰殿由此得名。明代，交泰殿为圆形攒尖建筑，现存为面阔进深各三间、单檐攒尖顶的方殿，是清代重修的。清代，皇后在大婚之日和每年的元旦、冬至、千秋（皇后生日），在交泰殿升座，接受后宫妃嫔的朝贺。

清代宝玺原本也由尚宝司管理，后改为宫殿监管理。使用者须请示皇帝许可后取用。

二十五宝玺平时密藏于交泰殿的宝盝中，一宝一盝。宝盝为两重，木质，制作精美。宝盝置木几上，外罩绣龙纹的黄缎罩，分列于殿中御座之后及两侧。如今，交泰殿已经成了故宫博物院的"网红打卡地"，一群群游人在殿门口拍照留念。而宝盒，仍按两百多年前的位置，安静地列于殿中，只是再也接不到开启使用的任务了。

遥想当年，30多岁、年华鼎盛的乾隆皇帝，细致梳理并确立了紫禁城的御玺制度。他编撰了《宝谱》，御笔写了序言。在《御制交泰殿宝谱序》中，乾隆祈求上苍保佑大清江山能延续二十五代。可惜，在乾隆身后，皇位只在爱新觉罗家族传了六代。玉玺自然不能成为江山永固的凭借，希望与祈祷也不能帮助国祚绵延、王朝长久。

❶ 琦枫. 交泰殿二十五宝. 紫禁城，1981（5）：8-10.

《四库全书》

——中国历史上最大的文化工程

　　乾隆三十七年（1772年）十一月，安徽学政朱筠上奏，提出了一个文化倡议。

　　朱筠提出了《永乐大典》的辑佚问题。《永乐大典》是明朝于永乐五年（1407年）征集天下书籍后分类编纂的一套类书[1]，22 877卷、3.7亿多字。在明末清初的战乱中，该部鸿篇巨制散失严重。大清承平日久，文化出版事业蓬勃发展，新作频出，也需要归纳整编。盛世修典，朱筠认为有重修大典的必要。

　　从明朝开始，文化界就存在整编儒家典籍的声音，此起彼伏，到乾隆中期，小有名气的山东书生周永年正式提出了"儒藏说"。周永年提倡梳理天下之书，集合儒书与"释藏""道藏"鼎足而立。几千年中华思想文化蓬勃生长，博大精深，此时也确实需要进行系统的梳理。

乾隆皇帝爽快认可了朱筠的建议，而且根据中国传统"经史子集"的典籍分类，将筹划中的全书定名为《四库全书》。乾隆雷厉风行，迅速在第二年（1773 年）二月建立了专门的修典机构四库全书馆。中国古代最后也是最大的官方文化事业，就此拉开帷幕！

"盛世修典"四个字，最能打动乾隆皇帝。好大喜功的乾隆皇帝需要给康乾盛世树立文化标识，一部囊括所有文化典籍的丛书就是最闪亮的标识！好胜的乾隆还有一丝私心，他要用一套前无古人的——最好也是后无来者的——大型丛书来彰显自己震古烁今的功业，擦亮自己"千古明君"的光辉形象。除了明成祖永乐皇帝，乾隆还想超越祖父、父亲的功业。早在 70 余年前，乾隆崇拜的祖父康熙就下令三子胤祉、翰林陈梦雷等编纂大型类书《古今图书集成》。这同样是一项大工程，开始于康熙四十年（1701 年），完成于雍正六年（1728 年），父子两代接力了 28 年，最后留下目录 40 卷、正文 10 000 卷，共计 5 020 册、1.6 亿字的百科全书。

乾隆皇帝是幸运的，有珠玉可资借鉴，又有强盛富庶国力可供调遣，可谓在最恰当的时刻启动了一项雄心勃勃且成果可期的大工程。

《四库全书》工程从大规模征集书籍开始。乾隆下诏征集之前大典辑佚图书，命令各省广泛收集古籍善本和本朝著作，陆续送到北京。这里必须提及和康乾盛世相伴随的另一项文化"工程"——"文字狱"。康熙年间"文字狱"便已兴起，清廷有意识地搜罗、甄别各种著作，认识到了"寓甄于征""征删结合"的必要性。之前各地已然高度紧绷的搜书、甄书工作，客观上有利于《四库全书》工程的推进。《四库全书》一开始，便与"文字狱"结下了"不解之缘"。

各个途径的图书汇集到四库全书馆，仿佛溪流汇聚到水库，静静沉淀，等待着庞大的编书队伍的遴选。四库全书馆的主要负责人多由郡王、大学士以及六部尚书、侍郎兼任，其中不乏大名鼎鼎的人物。担任过总裁官的有著名的皇室书法家、成亲王永瑆，名臣刘统勋、阿桂、于敏中、英廉、和珅等；担任过副总裁官的有梁国治、刘墉、王杰、董诰等；总纂官相当于总编辑，主要是纪昀（纪晓岚）、陆锡熊、孙士毅三人。馆内设纂修处、缮书处和监造处。纂修处类似于现代出版社的编辑部门，主要负责编辑、校勘图书；缮书处类似于出版社的缮写、校对部门；监造处相当于印制部门，负责刊刻、印刷、装订图书。为此，乾隆皇帝征调了天下最有学问的人，在四库馆任职并且列名的多达 360 人，因故革职、身死除名、调任他职的还不在此列。乾隆皇帝还破格录用了周永年、戴震等低级官员。人才云集，为《四库全书》的编撰奠定了人才基础。

数以百计的文人士大夫的全职工作，就是清理、编选各种图书。之前力倡"儒藏说"的周永年，为大学士刘统勋所推荐，于乾隆四十年（1775 年）由乾隆特旨改庶吉士，入四库馆任修撰。同僚们都选择那些容易出成绩的书籍，不愿意费力搜寻遗漏、辑录疑难。周永年却迎难而上，不放过任何图书或版本。后来一遇

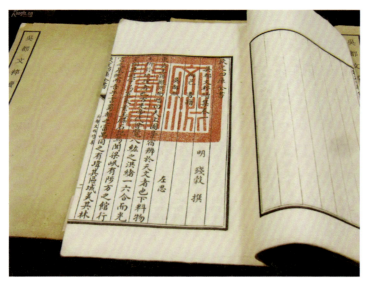

《四库全书》书影

到难处，同僚们"尽举而委之书昌（周永年）"，后者不畏艰辛，"无间风雨寒暑，目尽九千巨册，计卷一万八千有余，丹铅标识，摘抉编摩"。晚清学问家李慈铭认为，《四库全书》虽然是纪昀、陆锡熊总其成，但是经部提要由戴震主笔，史部提要由邵晋涵主笔，子部提要由周永年主笔。这一群学有专长且认真负责的文化人，保证了成书的高质量。

修书过程，除了正常的文字编辑校对工作外，还根据乾隆统治需要检查了所有图书，进行了大规模的删改，乃至销毁。毁改的标准大致有这么几条。

严夷夏之防，删改贬低满族或者直书满族"黑历史"的内容。部分确实是汉族作者歧视少数民族的内容，更多的则是乾隆君臣捍卫清朝统治合法性的需要——毕竟清朝是从关外入主中原的少数民族政权。明朝揭露满族阴谋诡计、原始蛮荒、嗜血屠戮的，肯定难逃噩运，上溯涉及契丹、女真、蒙古等少数民族政权的文字也都进行删改，甚至"胡""夷""胡服""胡人"等字眼也挑动了乾隆的敏感神经，以至于岳飞的"壮志饥餐胡虏肉，笑谈渴饮匈奴血"便成了"壮志饥餐飞食肉，笑谈欲洒盈腔血"。

禁反清复明，删除明清更迭之际抗清史实，波及反清复明的历史人物和不忠贰臣。开始是黄道周、张煌言、黄宗羲、顾炎武等人的抗清历史及个人著作都要删禁，后来部分人物的著作只需删改相关内容，逃过了全本销毁的命运。但钱谦益、吕留良、戴名世、王锡侯、尹嘉铨等人的作品依然严格刊发。乾隆皇帝特地下令："钱谦益，在明已居大位，又复身事本朝。而金堡、屈大均则又遁迹缁流，均以不能死节，腼颜苟活。乃托名胜国，妄肆狂狷，其人实不足齿，其书岂可复存？"

扬封建礼教，那些格调低劣、诲淫诲盗的作品自然要销毁。与此同时，四库全书馆也删除了许多宣传男欢女爱、现实自由的著作。《红楼梦》《水浒传》《牡丹亭》《西厢记》等赫然在列，没有逃过禁毁噩运。非常可惜的是，禁毁书目还有《军器图说》《海防纂要》《历代舆图》等介绍当时先进的思想观念、科学技术和域外情况的图书。这部分造成了中国近代的闭塞愚昧，堵塞了开眼看世界的可能。

据统计，四库全书馆查剿禁书 3 000 多种、15 万多部，焚毁图书超过 70 万部，禁毁图书几乎与收录书籍相等。除了焚毁书籍，清廷还系统销毁了明代档案。

侥幸躲过一劫的图书，修书队伍对照原本，缮写后反复校对，尽量杜绝文字差错。四库全书馆每人每天抄写 1 000 字，每年抄写 33 万字。5 年期满，抄写 200 万字者，列为一等；抄写 165 万字者，列为二等。每抄错一字记过一次，字体不工整者记过一次，查出原本错误一处记功一次。各册末尾开列校订人员的职务和姓名，以备追责。缮写校对工作费时费力，是修书过程中持续时间最长的工作，前后共用了 14 年之久。缮校者多达 4 200 余人，出馆时根据功过分别授予州同、州判、县丞、主簿等官职。

乾隆四十六年（1781 年）十二月，第一部《四库全书》缮竣，藏于紫禁城内的文渊阁。

《四库全书》收录上自先秦下至乾隆年间两三千年间的重要书籍 3 500 多种，装订成 36 000 多册、200 多万页。如果一页一页将图书连接起来，可以绕地球赤道一圈多。

《四库全书》装帧质量优良。正文用浙江产的上等开化纸缮写。开化纸是浙江西部开化县出产的，以无帘纹为最大特点。封面用江南织造局的特等绫绢。至于颜色，总纂官陆锡熊建议，并经乾隆御批，"经、史、子、集四部各依春、夏、秋、冬四色"装潢。《四库全书总目》是全书纲领，封面用黄色，代表皇家；经书是儒家经典，居群籍之首，用葵绿色，象征万物复苏的春天；史部为历史典籍，著述浩博，适合日长夜短的夏天阅读，采用象征夏天的红色；子部采撷诸子百家之学，用浅蓝色，象征收获的秋天；集部是诗文荟萃，采用灰褐色，寓意冬藏。

《四库全书》没有印刷，一共誊抄了八套，其中正本七套、副本一套。先抄的四份正本贮藏在"北四阁"中：故宫文渊阁、奉天文溯阁、圆明园文源阁、热河避暑山庄文津阁。后抄的三份保管在"南三阁"：扬州大观堂文汇阁、镇江金山寺文宗阁、杭州圣因寺文澜阁。"北四阁"都是宫廷禁地，不对外开放，更多是为了永存文化；"南三阁"在文教发达的江南，典籍对社会开放，允许士人入阁抄阅。"南三阁"与"北四阁"图书略有差别，"南三阁"中的子部为玉色，集部为藕荷色。第八套是《四库全书》的副本，由翰林院保存，也允许抄阅。

乾隆五十年（1785 年）正月，四库全书馆正式闭馆。中国历史上这一空前绝后的文化事业正式落下帷幕。

由于是手抄本，《四库全书》每一套原本都是独一无二的。现存的 200 多年前的原本只有三套：紫禁城文渊阁本现存台北"故宫博物院"，文津阁本现存国家图书馆，文溯阁本现存甘肃省图书馆。另外，文澜阁本在战乱中散失了三分之二，后经三次补齐，勉强可算全本，现存杭州。文宗阁本、文汇阁本、文源阁本及翰林院副本都消失在了战火之中。

《永乐大典》《古今图书集成》《四库全书》并列为中国历史上三大皇家巨作。

三大巨作中，《永乐大典》毁于战火或在近代被侵略者掠往国外，摧毁殆尽，存世仅剩 810 卷，不足 4%；《古今图书集成》非常幸运地保存完好，是现存规模最大、保存最完整的类书；《四库全书》是现存最大的丛书，无论规模还是价值都高于前两者。

尽管边修边毁，《四库全书》依然是对三千年中国文化最系统、最全面的总结。三千年中华文化凝固在了繁冗的典籍之中，博大精深的中华思想的源头和血脉流淌在字里行间。

❶ 类书是大型资料性书籍，辑录各种书中的材料，按一定体例编排以备查检，是古代的"数据库"。

大禹治水图

玉山 — 乾隆的明君梦

乾隆五十八年（1793年），英国使臣马戛尔尼跨过山和大海，穿越人山人海，终于挤进了遥远的东方宫殿，完成了大英帝国与大清帝国的第一次握手。

在清朝的宫殿中，马戛尔尼发现爱新觉罗皇室特别钟爱一种神秘的东方石头，不仅宫殿里随处摆设着这种石头制作的装饰物，就连乾隆皇帝赠送给维多利亚女王的礼物也是一柄这样的石头。翻译说它叫"玉如意"。马戛尔尼得知这份礼物在中国寓意和平与兴旺，满含祝福，但是置身中国社会之外的他很难透彻理解玉这种石头在中国文化中的特别含义，很难理解中国统治阶层与富裕群体对玉器趋之若鹜的心理。

石之美者方为玉，在中国人眼中，玉石是温婉含蓄的美女、灵动优雅的精灵。

玉器在中国宫殿中无处不在，既是生活用具，也是主要的室内装饰物，更是闪耀后世的艺术品，五颜六色、琳琅满目。紫禁城多宝格中的陈设，八成是玉器。

马戛尔尼入宫之时，正是玉器在中国宫殿的高光时刻，无论是数量还是质量都达到了巅峰。他幸运地见证了玉器的辉煌绽放。这得益于掌控中国将近一甲子的统治者——乾隆皇帝。

乾隆皇帝一生酷爱玉器，号为"玉痴"。他搜集从远古至今的玉器文物佳作，编撰了专门的鉴赏图书《玉谱》；他壮大了内务府玉作的制作力量，命令能工巧匠们贯彻自己的意志精雕细刻；就连儿子们取名，乾隆也全都以玉器的名字命名，比如日后的嘉庆皇帝名为颙琰，"琰"是美玉的一种。紫禁城现藏的三万多件玉器，覆盖了从新石器时代至清代末期的各种作品，其中明朝以前 4 000 多件，明朝作品 5 000 多件，清朝作品 20 000 多件，绝大多数是乾隆这个"玉痴"收藏和下令雕作的。

紫禁城众多的玉器中，有一件世界上现存最大的玉器，与毛公鼎、《清明上河图》等并称为"国宝"的佳作，就是乾隆皇帝从头到尾、亲历亲为的作品——大禹治水图玉山。

乾隆皇帝的一大骄傲，就是亲手彻底平定了西域，将东亚最佳的玉石产地新疆置于朝廷直接管辖之下。以和田玉为代表的新疆玉石源源不断地补充到中原的玉器产业中。其中最上等的原料为乾隆所垄断。成千上万斤玉石定期输送到内务府，进入玉作。玉作终日忙碌，为皇帝制作精巧的雕玉。玉石的主要成品之一是如意，乾隆便另建了如意馆，专做如意。紫禁城的许多玉器精品都出自这两处作坊。

大禹治水图玉山是精品中的精品。它的诞生，折射了乾隆皇帝对珍宝不计成本及其帝王心术。

大禹治水图玉山，成品重达 5 300 多千克，原料应该将近10 吨。它来源于新疆和田密勒塔山近 5 000 米的海拔高处。大自然异常袒护这块天地间的灵石，轻易不愿赐予人类。因此，大自然在玉石的故乡设置了终年积雪和稀薄的空气，只在每年的夏季才给人类三个月进山开采的短暂机会。在两百多年前的原始开采条件下，人们单单将重达 10 吨的玉山原料从山上搬到山下就耗费了两三年时间。移动下山就如此困难，运送到万里之外，跨越千山万水，难度可想而知。沿途军民又花费了三年时间，才在乾隆四十六年（1781 年）将这块玉料送达北京。

将玉石制作成玉器，需要主人灌注灵魂。乾隆皇帝应该多次驻足在玉石面前，冥思苦想如何将石头进化为艺术品。最终，古稀之年的乾隆钦定以宫藏的宋人《大禹治水图》画轴为稿本，命令内务府动工制作。玉作先在玉石上画出大禹治水草样，接着临画，再做成木样，可是在临下刀之前退缩了。紫禁城中的北方工匠对作品的精细度缺乏信心，对于自己能否完成如此巨大的作品也没有把握。当时中国最细腻、最高超的工匠集中在市井繁华的苏南地区。于是，内务府将草样连同玉料一同打包，再次不计成本地劳师动众，经水路运往千里之外的扬州，由两淮盐政使衙门负责召集工匠雕刻。这次江南代工，没有留下详细记载，我们只知道数以百计的扬州工匠花费了整整 6 年时间，大禹治水图玉山

大禹治水图玉山

才大功告成。成品于乾隆五十二年运回北京。

玉山之上，崇山峻岭、层峦叠嶂，散布着治水的古人，瀑布激流、草木苍郁，隐藏着深洞秘穴。远古明君大禹在山腰上以身作则，指挥民众锤打、镐刨、捶击，疏导流水。天上的神灵也被君民的壮举感动了，引来雷公在山顶浮云处开山爆破，一幅天人共治水患的景象。玉匠师傅根据材料的天然材质，运用写实技法，精雕细作，创造出了一件人景合一、精美绝伦的艺术作品。

在古代，器物摆设也是定尊卑、明贵贱的等级标志物，蕴含着深刻的价值观和意识形态。紫禁城中的摆设，更加不会例外。大禹治水的题材，也只有紫禁城才有资格拥有。

乾隆皇帝对大禹治水图玉山非常满意，为它书写了长篇御诗和注文，还将它放置在自己的养老之所——宁寿宫乐寿堂，准备陪伴自己的晚年。既然是艺术佳作，就不能阻挡乾隆皇帝"盖章"的欲望，即便是石头也不能例外。玉山的正面就刻有乾隆皇帝"五福五代堂古稀天子宝"大方印，背面刻有"八征耄念之宝"方印，志得意满、功成名就之感扑面而来。乾隆皇帝还为玉山特制了一个嵌金丝的褐色铜铸底座。青褐色的古朴铜座与晶莹光洁的青白色和田玉，搭配非常成功，更衬托出玉山的雍容华贵。

从原料开采到成品制作，大禹治水图玉山前后耗费十余年时间，征用人力不计其数。它是一次工艺美术史上的壮举，更是中国传统文化的精品佳作。

举天下之力，莫过如此。

只有在大一统的中国，只有在康乾盛世的 18 世纪，这块天赐的巨石才能化身为人世间最大、最精美的玉山。

　　乾隆在玉山前驻足流连，心满意足，为此撰写了《题密勒塔山玉大禹治水图》长诗，命令工匠刻在玉山背面。该诗歌颂了大禹治水的功绩，陈述了玉山制造的来龙去脉。乾隆皇帝告诫子孙，今后绝不允许为了追求珍玩再制作耗费如此巨大的作品。那么，他老人家为什么劳师动众，制作这座玉山呢？乾隆皇帝自述是为了标榜圣主明君大禹的功绩，激励子孙皇帝以之为榜样建功立业。好一个"自圆其说"，暴露了乾隆皇帝数十年来一以贯之的双重标准。明明是他想当千古明君，更希望他人奉承他为"大禹再世"，却欲盖弥彰，说是激励子孙后代当千古明君。

　　乾隆皇帝的一生，自以为将好大喜功的欲望掩盖在大公无私的勤政之下，其实暴露无遗。他或许是中国历史上最失败的撒谎者。

　　暴露乾隆真实心意的，正是大禹治水图玉山的放置地：宁寿宫乐寿堂。

　　宁寿宫是乾隆皇帝在玉山制作数年前便开始规划的养老之所。为了完成对祖父康熙皇帝的一个承诺——不超过祖父的在位时间，乾隆决心于在位 60 年时禅位退休。为此，他在已经非常拥挤的紫禁城中，大手一挥，花费了一年多时间，拆除了这座伟大的宫城东北部的大片旧宫院，平整出一块相当于紫禁城一半长度、占紫禁城总面积六分之一的规整空地。在这块硕大的画布上，乾隆挥洒了帝王气概和文人雅致。从正式宣布筹建颐养之所的乾隆三十五年（1770 年）八月，一直到乾隆四十四年（1779

年）八月，太上皇终老的这群宫院才告竣工。工程耗时将近十年，仅硬装就耗银超过 7 万两。

宁寿宫是缩小版的紫禁城。它前殿后寝，前半部是以皇极殿为核心的行政区，后半部是太上皇乾隆颐养天年的休养所。紫禁城各种功能的建筑，都能在宁寿宫找到对应的建筑，规模有所缩小，但规制并未降低。宁寿宫南是色彩鲜艳的九龙壁，琉璃巨龙栩栩如生；核心建筑皇极殿采用最高等级的重檐庑殿顶，是紫禁城五座重檐庑殿顶建筑之一，另外四座是太和殿（金銮殿）、乾清宫（皇帝住所）、坤宁宫（皇后住所）和奉先殿（列祖列宗的住所）。皇极殿殿中设龙椅宝座，殿内立有四根沥粉贴金蟠龙柱，顶置金蟠龙藻井，都是最高等级的规制，说它是第二座太和殿也不为过。问题来了，一个禅让退休的太上皇，需要第二座太和殿来治国理政吗？他又想理什么政呢？

如果说皇极殿预备礼节性政务所需，为皇家规矩所系，乾隆还能用"身不由己"来加以解释，那么宁寿宫后寝部分养性殿的创建，则完全暴露了乾隆归政而不放权的真实心思。养性殿参照清朝决策中心养心殿而建，是乾隆预备批阅题奏、召对引见之所。一个真心实意想退休养老的太上皇，还需要批阅奏折、与臣工密商吗？

大禹治水图玉山所在的乐寿堂，在养性殿后部，是后寝区域的核心建筑。乾隆皇帝在后寝区域倾注了毕生的审美心得，映射了自己漫长而辉煌的人生，收获了一处世人公认的宫苑精品，后人更愿意用"乾隆花园"来代称该区域。乾隆皇帝把一生中最喜爱的建筑几乎全部仿建到了宁寿宫，将一生的心得喜好都贯彻到了乾隆花园之中。作为核心建筑乐寿堂的核心摆设，大禹治水图玉山自然也映射着乾隆皇帝的心意与追求。

表面上，玉山是在致敬大禹，实际上是乾隆皇帝在嗜权不放、在自吹自擂。

乾隆皇帝晚年自诩为"十全老人"，与千古明君的自我定位只差一步之遥。他像一个渴望他人夸奖的小孩子，期待着自己创建的千古帝国绵延长久。自然，他清楚肉体不能永生，但他希望自己的功业能像大禹治水图玉山一样永生。乾隆皇帝特意嘱托子孙："若我大清亿万斯年，我子孙仰膺昊眷，亦能如朕之享国日久，寿届期颐，则宁寿宫仍作太上皇之居……勿得轻为改作，用垂法守。"

遗憾的是，大禹治水图玉山并没有见证爱新觉罗家族的岁月静好。

乾隆驾崩后，嘉庆皇帝对玉器并无特殊爱好，且觉得父皇的做法劳民伤财，大规模缩减了玉器生产。至于正在进贡途中的玉料，嘉庆下令"就地抛弃"。传到孙子道光皇帝，他下旨新疆停止进贡玉料。

玉器生产衰弱的背后，是大清帝国的日渐衰微，和即将到来的新旧时代的交替。

《万国来朝图》

天朝上国的理想世界

乾隆二十六年（1761年），岁在辛巳。当年元旦，北京无雪，紫禁城寒冷而喧嚣。

这座帝国的宫城，仪仗森然，庄严肃穆，人来人往，盛大的新年朝贺典礼即将开始。

太和门广场，前朝三大殿的前导，也是紫禁城最大的广场，是明清两朝举办大型朝会的地方。当白昼之光触摸到宫殿屋顶的脊兽时，官吏宫人早已经在太和门内外奔波忙碌。监察官员肃立在中轴线两侧，面向空无一人的御道，文武百官则按班次簇拥在广场两侧；宫廷侍卫身着华服、排列整齐，警卫着太和殿内外以及午门、太和门、协和门、熙和门等要害；太监和宫女埋首小碎步疾走，准备物料，预备流程，准备伺候乾隆皇帝上朝……

紫禁城的核心建筑太和殿，俗称金銮殿，极少开启，今日将为朝会前后洞开。

太和门外、金水桥畔，远道而来的各国、各族朝贡使团举旗打幡、骑象牵马，手抱肩扛琳琅满目的贡品方物，热热闹闹地加入清朝官吏行列。当日场面热闹远胜寻常。

这些朝贺的外邦使臣，服装艳丽，外貌气质有别于中原人士，再配合争奇斗艳的贡品，实在引人瞩目。他们聚集在太和门外左右两侧指定区域内，人头攒动，秩序较为混乱，引得御道两旁的几名监察官员转身侧目。有人向朝贺使臣挥手示意，提醒大家不要拥挤，保持秩序。随同引导使节的接待官员，夹杂在使团中，费力沟通协调。这是整个紫禁城典礼中最热闹、最有活力的区域。

为了方便辨识，每个使团都高举一面贡旗，上书本邦国名。有泰西诸国，比如荷兰、英吉利、法兰西等；有周边诸国，比如日本、朝鲜、安南等；也有周边少数民族代表，比如百濮、西藏、回部等。其中，荷兰、英吉利、法兰西等都带口字旁，以示贬低。在大清君臣眼中，大清是天朝上国，位居天下的核心，掌握最繁荣的物质和最先进的文化，是已知国际体系的领导者、主持人。周边政权和藩属不能与天朝上国平起平坐。基于发展程度和文化心理，清朝主持的国际体系是不平等的。紫禁城朝贺的这一幕，是清朝天朝上国心态的典型反映。

使团队伍前面有两头精心装扮的大象。大象高大威猛，神气十足，又象征着吉祥，是朝廷大典的祥瑞之物。清朝专设了象房，在偏寒干旱的北京城饲养大象。但此处的大象应该是热带国家进贡的，大象的引导者和驾驶者服饰不似中土人士。

太和门是警备森严之所，已经由宫廷侍卫接手。穿黑白纹袍的是一等侍卫，穿豹纹袍的是二等侍卫，穿黄袍的是三等侍卫和蓝翎侍卫，身挎鲨鱼皮绿腰刀，东西相对而立。太和门内，面北陈放着中和韶乐，这是帝国最高规格的乐团，届时将演奏皇帝的出场乐。器以载道，每逢朝廷大典，紫禁城便化身仪仗的海洋。旗伞幢盖、车辂轿舆等全套卤簿仪仗从午门陈列到太和殿。

经过太和门，进入太和殿广场区域。王公贵戚和部院大臣，也穿着最高等级的礼服，排列在指定区域恭候圣驾光临。只有皇帝近臣和核心权力圈的大臣，才有资格进入太和殿直接面圣；普通王公站在太和殿外的丹陛上；丹陛下是百官区域，通常是文东武西。太和门外候场的朝贺使节们，进入太和门后排在西班大臣之后。

晨曦之中，所有人都在紧张有序地迎接新年第一场盛大典礼的到来……

我们之所以能够复述当日的筹备情形，得益于乾隆皇帝下令宫廷画师集体创作的《万国来朝图》。这是一张紫禁城的鸟瞰图，采取中国画典型的散点透视法，在宫廷画师精湛的工笔技法的表现之下，全景式再现了大典画面。万国来朝的朝贡使团安排在画面前端的右下角，虽然面积比例很小，且没有表现出所有的使团，但成功展现了宏大热闹的场景。画作右上有乾隆帝御题：

累洽重熙四海春，皇清职贡万方均。

书文车轨谁能外，方趾圆颅莫不亲。

那许防风仍后至，早闻干戈已咸宵。

涂山玉帛千秋述，商室共求百禄臻。

拒是索疆恢此日，亦帷漠烈赖前人。

唐家右相堪依例，画院名流命写真。

丹青非为夸声教，保泰承麻慎扮循。

　　乾隆皇帝全诗志得意满，辛巳年也确实是个大庆之年，值得纪念。

　　上一年，西域准噶尔部和回部动乱平定，朝廷成功开疆拓土。乾隆皇帝追古纪功，于新落成的紫光阁大宴功臣，并绘制功臣画像悬挂其中。这一年，乾隆皇帝生母崇庆皇太后七十大寿，孝治天下的乾隆积极筹备大庆；这一年，乾隆皇帝年富力强，试图带着雄心壮志、旺盛精力和丰富阅历去经营心目中的理想世界。

　　乾隆的理想世界，最宏观的莫过于围绕天朝上国的朝贡体系。中华文明自身就是以黄河流域的中原文明为核心，逐步融合周边发展而成的。中华文明相对于四周的文明，始终保持着物质和思想文化等全方位的优势。中华民族在此过程中形成了华夷

《万国来朝图》

观念、天下观念。古代亚洲的国际秩序便建立在此种观念之上，由中国主导、以朝贡为显性内容。

朝贡图景，实在是太符合好大喜功的乾隆皇帝的胃口了。

早在乾隆之前，历朝历代就创作了诸多朝贡题材的画作，主要是描绘朝贡场景，并兼有宣传皇威和猎奇科普目的的职贡图（或称番客入朝图、王会图）。一个个朝贡使团特色鲜明，携带贡品，谦恭地赶来中华。国家博物馆藏有南朝梁代萧绎所绘《职贡图》的宋代摹本。故宫博物院藏有唐代大画家阎立本的《职贡图》，该图表现了异邦使臣拜见大唐天子的情景。使节们列队行进在前往长安途中，使臣穿白色长袍、骑高头大马，随从们有的手捧珊瑚、有的肩扛象牙、有的怀抱假山钉、有的抬箱顶罐，形象各异，姿态不一，或长须连鬓，或肤色黝黑，或大袍裹身、或赤膊袒胸、仅围短裙，带有明显的异域色彩。明清两代也创作过《职贡图》卷，图文并茂，对使节及其国家或地区有详细的文字介绍，是研究当时对外交往和人文地理的宝贵资料。

乾隆辛巳年的《万国来朝图》，作为一张宫廷画家集体创作的政治宣传画，带有明显的职贡图的元素。尤其是太和门前的朝贡使节，形象装扮多照搬清代之前职贡图中的人物。该幅《万国来朝图》并非乾隆指示创作的唯一作品，仅故宫就收藏有多幅，网络上能搜索到的乾隆朝《万国来朝图》还有两幅，都是绢本设色，纵约3米、横约2米。后两幅作品，背景都是银装素裹，大雪中的紫禁城更显巍峨庄严。第一幅视觉线

《万国来朝图》局部

为左上 - 右下斜线，后两幅则改为左下 - 右上斜线。都没有款印，但在后宫中都出现了皇帝后妃，不仅表现了群臣藩属朝贺情形，也表现了紫禁城的皇家欢度新年景象。根据画中乾隆皇帝的老年姿态判断，后两幅作品应该晚于乾隆辛巳年的《万国来朝图》。

对后宫新年图景的描绘，也让后两幅《万国来朝图》带有浓郁的真实烟火气。这在宫廷政治画中相当罕见。

画家通过适当挪位、变换角度和压缩规模，将紫禁城的主要建筑和真实布局都展现在了画作中，为皇室生活提供了场景，展示了宏伟壮观的宫廷建筑群和雄伟高贵的皇家气派。太监宫女们各司其职，奔走在庭院宫道，为新春准备工作忙碌着。其中有太监在搬抬花木，手捧水仙、万年青，准备装饰某座宫殿，传递皇家瑞气和春天的气息。

老年乾隆皇帝以一个细小的形象——而非主角——端坐在画面中部偏左上的宫院回廊上。他穿着用黑狐或紫貂制成的端罩，没有换上大朝会应该穿戴的朝服，极可能是刚完成之前的元旦礼节，在大朝会之前短暂休憩。身后的年轻太监，手捧如意、唾盂，小心伺候着。其中一幅，乾隆皇帝安静地注视着积雪压弯的松枝；另一幅，怀中还抱着一名小皇子或者小皇孙，含笑注视着院子里的皇子皇孙放花炮。乾隆皇帝多子多孙，画家在万国来朝的宏大叙事之下插入了其乐融融的子孙欢娱，应该是揣摩乾隆皇帝欲享天伦之乐，投其所好。

清制，元旦皇帝在太和殿接受朝贺后，在乾清宫接受皇后率皇贵妃、贵妃、妃、嫔的拜年。画面中的后宫嫔妃则聚集在宫院回廊，大多身着石青色团龙褂，也不是向皇帝拜年的朝服。妃嫔们极可能刚行过祭神礼，而又没到乾清宫拜年的时辰，所以还穿着上一个典礼的衣服。这也符合万邦使团准备参加大朝会的时间点。另有倚在廊柱旁的便装女子，是级别最低的答应、常在等，她们没有参加祭神礼、穿龙褂的资格。

画面中，童稚阶段的皇子皇孙们高高兴兴地燃放花炮。按照制度，在皇帝面前，即便是皇子也不能随便走动，更不用说放炮了。画家照搬了民间市井春节燃放鞭炮的场景，却是不符合宫廷制度的。

这三幅乾隆朝《万国来朝图》都是成功的宣传画。画家们将各种元素巧妙集合，将各邦使团巧妙组合，表达祥和、热闹之意。画面层次丰富，刻画细腻，带有典型的宫廷画风。两百多年后，观者还能感受到紫禁城元旦朝贺庆典的兴旺气氛，感受到万邦来贺的优越和志得意满。

定格在绢本上的"万国来朝"，中外和谐、岁月静好，真实的朝贡又如何呢？

四海同庆、万邦来朝的情形，在中国历史上确实存在过，往往与一个强盛的时代和一个热衷此道的帝王密不可分。最早的记载或许是《隋书·音乐志》："每当正月，万国来朝，留至十五日于端门外建国门内，绵亘八里，列戏为戏场。"彼时在位的是奢求"大业"的隋炀帝杨广。杨广下令免费供应朝贡使臣美食佳酿，并将都城树木都用丝绸包裹装饰，引得外邦使臣好奇地询问："我看贵国尚有百姓衣不蔽体，为何不将这些丝绸给他们做衣服呢？"

唐代自李世民到中唐帝王，都为周边政权奉为"天可汗"；再到宋元明清，朝贡者络绎不绝。天朝威震四方的实力与威望，就体现在这一来一往、一叩首一起身之中。

在儒家文化的琅琅书声之中，隐藏着朝贡者千里迢迢而来的现实考量。承认中国的核心地位可以获得其政治上和军事上的强大庇护，确保本国的国家安全，提高自身的政治合法性。置身于一个超级大国主导的国际秩序中，小国最务实的选择就是承认超级大国的主导权。这也是朝鲜、越南等国频繁殷勤入贡的最现实考量，也是朝鲜遭遇日本入侵后首先向中国告急的主要原因；以朝贡之名开展的国际贸易令朝贡政权收益丰厚，这是各国朝贡不绝于途的又一重现实考量。有朋自远方来，礼轻情意重，中原王朝对朝贡政权的贡品"厚来薄往"。各使团的贡品虽然中原罕见，却是当地方物，运到中国出售利润丰厚。此外，朝廷对使团赏赐丰厚，赏赐物品的价值远超进贡物数倍甚至数十倍。明清推行海禁后，朝贡成为周边政权与中国开展国际贸易的唯一合法途径。这也是琉球、越南等国不顾限制，频繁进贡，甚至一年两贡的主要原因。

在中原王朝看来，花费有形的有限物质利益换取无形的无限稳定、和平与威严，安享世界中心的尊贵，弘扬中华文化于四方，也是一本万利的好事。体现在文物器具上，各朝除创作职贡图等画作外，还铸有"天下太平，万国来朝"纪念铜钱、烧制"八蛮进宝"青花碗、兴建"万国来朝"雕塑……紫禁城便收藏有明代寿山石异兽纽"万国来朝"印、象牙管"万国来朝"毛笔等。其中值得一提的有以下两件藏品。

明代《西旅贡獒图》(绢本设色,纵160.4厘米、横102.5厘米),描绘西部羌人手牵藏獒,坐在皇宫外的汉白玉台阶上等待进贡的情景。獒犬是中原人眼中的异域猛兽,《贡獒图》歌颂帝王的武功,隐含征服四方之意。

康熙朝地球仪,清代造办处制作,通高135厘米,球径70厘米。它无可辩驳地证明地圆学说已经在清代传入中国,清人掌握了制作地球仪的能力。该地球仪明确设置了黄赤交角、经纬度、南北回归线、南极圈、北极圈,还标记了中国的十二时辰、二十四节气名称;既标注了北京、太原、宁夏、南昌、苏州等清代城市,也标明了火地岛、亚马孙河、澳大利亚、菲律宾等。地球仪下端宽阔的海域里,绘制奇形怪状的水兽、帆船、航海线等。地球仪安放在工艺精湛的紫檀木雕花三弯腿支架上。明清两朝制造的地球仪现仅存3件,其中2件藏于故宫、1件存于英国的博物馆。

尽管近代科技已经潜移默化地进入紫禁城,却没能润物细无声,撼动根深蒂固的天下观念与朝贡体系。

尽管康熙皇帝就已经掌握了西方地理大发现的新知识,但是他的孙子乾隆皇帝依然沉浸在万邦来朝的岁月静好中不可自拔,年复一年地指示创作《万国来朝图》之类的艺术品。为了虚幻的尊荣威严,乾隆甚至不惜"虚构"了诸多内容。

《西旅贡獒图》

据《大清一统志》，清朝中期，中国有 57 个藩属国和 31 个朝贡国。乾隆二十六年（1761 年）元旦，前来北京朝贡的仅有十多个国家，远少于《万国来朝图》中所示。英国、法兰西、荷兰等更是朝贡体系的闯入者，关系若即若离，乾隆依然固执地将它们纳入朝贡叙事之中。更需指出的是，大年初一，乾隆在太和殿受朝，照例作乐宣表，之后仅邀请蒙古王公、紫光阁功臣聚餐，根本没有"万国来朝"的盛典。还有一个小细节，三幅画中都绘有祥瑞麒麟，龙头狗身、体积矮小，突出在朝贡群体之前。麒麟是中国人想象中的祥瑞，现实中并不存在。

乾隆五十八年（1793 年），英国马戛尔尼使团风尘仆仆来到乾隆面前，希望建立中英外交关系，开展通商贸易。乾隆皇帝亲自接见使团，饶有兴趣地赏玩了英国"贡品"，但拒绝了使团全部要求。中英两国，东西两大文明在近代的第一次正式碰撞，戏剧性收尾，仅留下了诸如"跪拜礼节之争"的谈资。

当年贡品之一——马戛尔尼进自来火鸟枪完好保存在故宫仓库之中。枪体金碧辉煌，枪管铁质，嵌在木槽内，下为木托，枪管下部附通条一根，长 159 厘米，枪管口径 2 厘米，体现了 18 世纪英国兵器制造工业的最高水准。火枪装饰精良，枪管和木托上均錽金西洋花蔓草纹，并浮雕枪炮、刀盾、剑号等兵器纹饰。扳机嵌有一个木质军人半身像。枪管正中处錽一行英文："H.W.MORT IM □□.LONDON.MAKER.TO HIS.MAJESTY"，注明了制造者、制造地点以及呈献给皇帝的用途。不过，这杆当时世界上最先进的武器，在清朝君臣眼中就是"五十八年八月进自来火鸟枪一杆"。

不到半个世纪后（1840年），积压在库房中的那杆火枪早已无人问津，而英国人挟工业化的威风，携坚船利炮，气势汹汹而来。以中国为核心的东亚国际体系即将分崩离析……

各种釉彩大瓶

——中华文化的瑰丽帷幕

枕着长江的涛声、吸收东南丘陵的精华，景德镇崛起于江西东北部的山河之间。

景德镇周边光照充足、温和湿润，特有的高岭土洁白细腻、松软可塑，具有陶瓷生产的一系列便利条件。于是，早在汉代当地就燃起了陶瓷烧制的青烟，到北宋景德元年（1004年），宋真宗因当地产青白瓷质地优良，赐以年号为名，"景德"镇沿用至今。

景德镇实现突飞猛进的发展，并最终一骑绝尘，独领瓷业风骚，则发生在明朝。农民出身的朱元璋建立大明王朝之后，舍弃金银玉器，以瓷器为宫廷主要用具，引领了官府衙门和王公士大夫们的生活取向。瓷器的市场需求剧增。明朝肇基于江南，朝廷就近在景德镇建立御窑厂，大规模生产贡瓷、官瓷。起初明朝委派中官督造官窑，后设官分司掌管其事，景德镇在完美的制度和稳定的供需的保驾护航之下一跃而成中国瓷业的主阵地。清朝初期，朝廷延续将景德镇置身地方官府序列的做法，不过很快收归中央直辖。御窑厂由内务府司官专任其事。内务府是清朝主管皇家事务的衙署，既是御窑厂，隶属皇家机构也在情理之中。

景德镇御窑厂也不负众望，生产的瓷器"白如玉、薄如纸、声如磬、明如镜"，还带动了当地民用窑厂的兴盛。

时间来到雍正、乾隆年间，这座百万人口的江南大镇的实际主事人叫作唐英。

唐英是正白旗汉军旗人，16 岁即入紫禁城当差，二三十年间经过内务府多个岗位的历练。雍正六年（1728 年），正当盛年的唐英从内务府员外郎奉命调任景德镇御窑厂。初到江南的他不会想到，自己的余生都将在这座丘陵环抱、溪流穿行的城池中度过。直至乾隆二十三年（1758 年）临终，唐英职位有升有降，但一直实际主持御窑厂的生产管理。

三十载光阴足够将一个陶瓷门外汉培养成行业专家。唐英迅速成长为制瓷专家，主持烧制的瓷器得到了为人严苛的雍正皇帝的赏识。

雍正时期是中国瓷器发展的又一个高峰。雍正瓷器淡雅含蓄、简洁清秀，器型质朴古拙，"增一分则拙，瘦一分则陋"，以通体纯色素釉为主，极少装饰和雕刻，别具中国审美意蕴。后世对雍正瓷器评价极高。这种成功自然有主导者雍正皇帝的功劳。雍正继承了宋徽宗的高水平审美，个人品位超凡脱俗，似乎也没有干涉御窑工匠们的创作。当然，唐英出色地将雍正的审美化为现实，也居功甚伟。

然而，乾隆元年（1736 年）前后，已经对差事驾轻就熟的唐英遭遇了巨大的职业挑战！

继位的乾隆皇帝完全没有继承父亲的审美，反而走到了对立面。乾隆狂热地钟爱瓷器，下达了加大生产的命令。他心目中的好瓷器，用色一定要艳丽，器型一定要复杂，内涵一定要吉利，技术一定要难以实现，最好是要举决泱大国之力、耗费无数人力物力财力才能实现的那种。唯有这样，才能体现大清王朝的雄厚国力和高超科技，才能配得上其自诩的千载难逢的康乾盛世。面临天翻地覆一般的反差，唐英起初进贡的御瓷不出意料地遭到了冷遇与否决。

作为一名成熟的官员，唐英没有自怨自艾，没有故步自封，而是根据新皇帝的喜好调整创作，烧制出了另一套风格截然不同的瓷器。

乾隆瓷器仿佛浸入了五颜六色的缤纷世界，复杂多变的器型上装饰着华丽富贵的纹饰、雕镂，祥云、莲花、双鱼、灵芝等吉祥物常常填满了瓷器。比如，唐英曾生产粉彩像生瓷果品盘，简直是制造了一个陶瓷果盘：盘子以螃蟹为中心，四周散落核桃、红枣、荔枝、荸荠、石榴、花生、莲子、瓜子、樱桃、菱角等，口沿模印缠枝莲花纹。螃蟹和所有果品都满是乾隆期望的吉祥含义，一只螃蟹寓意"一甲"，即科举进士前三名；荔枝象征长寿；核桃、石榴寓意多子多福，枣、花生、瓜子等相连则是"早生贵子"。

陶瓷果盘只满足了乾隆皇帝的初步预期，唐英率领工匠，刻苦攻关，又研发出了转心瓶、转体瓶和交泰瓶等陶瓷新品种。

转心瓶、转体瓶通称"转瓶"或"钮转瓶"，即在镂孔大瓶内部套装一个小瓶，通过榫卯结构连接内外瓶。内瓶最上部就是外露的瓶口，瓶身绘制四季景物、山水花鸟、仕女书生等。观者可以通过转动外瓶或内瓶，透过镂孔看到内瓶上变化的内容。内瓶转动的为转心瓶，外瓶转动的为转体瓶。有的转瓶还在内外瓶壁上绘制分体图案，转动后构成完整图像，或者分书天干地支日月星辰等，转动而成一本日历。

转瓶的制作难度很大，内外瓶需分开烧制，结合处的钮和槽要绝对吻合。在手工烤瓷时代，不同瓷器部件烧制的温度、干燥率、收缩率稍不注意，就可能造成榫卯结构或者钮槽不能吻合，前功尽弃。因此，说每一件成功的转瓶都是百里挑一，毫不为过。

交泰瓶是一种上下组合的瓷器。交泰瓶的中腹部通常镂雕成如意云纹形状，分成上下两部分，上下纹饰相互钩套，连为一体。交泰瓶可以作微小移动，但无法拆分。这种中心对称、交错衔接的设计对应《易经》"天地交泰"的说法，寓意"上下一体，天下太平，万事如意"。中华文化以天象征君、以地象征臣，君臣同心，上下合力，天下无所不治，太平可期。当然，交泰瓶的成功率也很低，成本高昂。

乾隆八年（1743年），唐英将研发、制作成功的夹层玲珑交泰瓶等9件作品，进献给乾隆皇帝。夹层玲珑，即为转心瓶。夹层玲珑交泰瓶，即为交泰转心瓶，在一个瓷器上汇集了套瓶、转心和交泰等技法，堪称史上设计最复杂的瓷器。在手工制作时代，瓷器烧制工序越多、组装越繁复，失败的几率就越大，成品的成本就越高。交泰转心瓶的成本自然又上了一个台阶。唐英坦陈："工料不无过费，故未敢多造。伏祈皇上教导改正。"连御窑厂都不敢多造，可见交泰转心瓶之费工费料。乾隆皇帝相当中意唐英进贡的 9 件作品，对交泰转心瓶尤其动心，但也留意到了成本问题，在唐英奏折上批复："不必照随常瓷器一样多烧，嗣后按节进十数件。"每年仅生产十几件。

从此，转瓶、交泰瓶等成为景德镇御窑厂专供紫禁城的御瓷珍品。生产规模本就非常有限，传世作品就更加稀罕了。御窑厂生产转瓶、交泰瓶都登记在册，全球有档案可查的此类瓷瓶在二三十种之间。北京故宫和台北"故宫博物院"藏有 16 件转瓶、交泰瓶，还有屈指可数的少量瓷瓶存在于中国大陆和英国的博物馆中。2010 年，乾隆年间粉彩镂空吉庆有余转心瓶在英国伦敦以约 5.5 亿元人民币的天价成交，该瓷瓶是乾隆三十年后御窑厂的作品，于近代流落海外。

北京故宫博物院藏有乾隆斗彩交泰瓶、粉青釉印花夔纹交泰尊、粉彩描金云蝠转心瓶等 7 件此类珍品。其中，黄地粉彩镂空干支字象耳转心瓶（高 40.2 厘米，口径 19.2 厘米，足径 21.1 厘米），瓶口外撇，短粗颈，颈两侧堆塑象耳，垂肩鼓腹。颈部绘有"万年""甲子"及篆书天干名，肩部篆书地支名，上下相对。瓶子转动后，肩颈对合组成一部万年历。此外，透过瓶体腹部镂空出的四组四季园景窗，可以看到内瓶绘制的"婴戏图"，童子们或骑马、或打太极旗、或持伞盖、或击鼓、或打灯笼，千姿百态。瓶之象耳、口沿及镂空景窗边缘部位均施金彩。乾隆八年（1743年），唐英奏称"工匠人等以开春正当甲子万年之始"，"复敬谨造得万年甲子笔筒一对，循环如意，蝠辏连绵"。这个镂空转心瓶上也有"万年""甲子"字样，应该是乾隆八年唐英最早制成并进献的9件作品之一。

也就是在乾隆八年，或许是出于嘉奖，或许是为了及时总结科技成果，乾隆皇帝命令唐英将陶瓷生产编绘成册。唐英编成了《陶冶图》，从采石制泥、淘炼泥土到炼灰配釉，再到束草装桶、祀神酬原，一共20幅相对独立又前后衔接的图画。每幅图画都附有详细的解说，备注工序，作为后来者的教科书。这是中国第一部陶瓷生产工艺著作。

唐英在陶瓷生产实践和理论两方面都达到了前所未有的高度。《清史稿·唐英传》给予了他极高的评价：

> 讲求陶法，于泥土、釉料、坯胎、火候，具有心得，躬自指挥。又能恤工慎帑，撰陶成纪事碑，备载经费、工匠解额，胪列诸色艳釉，仿古采今，凡五十七种。自（宋至明）……诸官窑，及哥窑、定窑、均窑、龙泉窑、宜兴窑、西洋、东洋诸器，皆有仿制。其釉色，有白粉青、大绿、米色、玫瑰紫、海棠红、茄花紫、梅子青、骡肝、马肺、天蓝、霁红、霁青、鳝鱼黄、蛇皮绿、油绿、欧红、欧蓝、月白、翡翠、乌金、紫金诸种。又有浇黄、浇紫、浇绿、填白、描金、青花、水墨、五彩、锥花、拱花、抹金、抹银诸名。

《陶冶图》局部

　　这段传记文字，初看在写人，其实是清中期景德镇生产盛况的写照。唐英能够名垂史册，与陶瓷、与景德镇密不可分。故乾隆年间的景德镇官窑也称"唐窑"。

　　即便如此，好大喜功或者说持续追求新奇的乾隆皇帝还不满足于此。他渴望一件更加美艳夺目、更为高贵闪耀的瓷器，体现蒸蒸日上的大清王朝的尊荣与威仪。这个任务，自然又落在了唐英头上。

　　乾隆十三年（1748年），唐英迎合乾隆的旨意，全力以赴地创作一件集当时制瓷科技之大成、立中国瓷文化之标杆的伟大瓷器。这将是年近古稀的督陶官的最后一役，也将是大清王朝软硬实力的盛大检阅。

景德镇的官吏工匠们纷纷前往哥窑、汝窑、钧窑、定窑、龙泉窑等各大名窑考察学习，搜罗配方、采集瓷片，仔细研究文献叙述，群策群力，反复试验，最终烧制完成了名称有些直白的"各种釉彩大瓶"。

各种釉彩大瓶（高86.4厘米，口径27.4厘米，足径33厘米），瓶洗口、长颈、长圆腹、圈足外撇。颈两侧各置一螭耳。大瓶最鲜明、最引人注目的特点是自上而下装饰的釉彩多达15层（一说17层）。釉的类别有仿哥釉、松石绿釉、窑变釉、粉青釉、霁蓝釉、仿汝釉、仿官釉、酱釉等。釉上彩装饰手法有金彩、珐琅彩、粉彩等；釉下彩装饰品种有青花；还有釉上彩与釉下彩相结合的斗彩。尽管人们可以对这种浓墨重彩的堆砌行为持保留意见，但不能否认各种釉彩大瓶是古代官窑瓷器中装饰层次最多、釉彩用料最考究的产品。不同的釉彩诞生在不同的温度中，比如青花、窑变釉等需要高温，而珐琅彩、松石绿釉等只能在低温中焙烧。这就意味着仅烧釉一道工序，各种釉彩大瓶就需要反复烧制，每一层釉彩都需要进出火炉一遍。制作难度如此之高的瓷器，也只有在技术高度成熟、物资保障充分的乾隆时期才能启动生产线。

我们假设每一层釉彩烧制成功的几率是百分之五十，则15层釉彩最终诞生的几率是万分之零点三。这是极小的概率，理论上一个大瓶是以三万多个试验品的失败为代价的，相当于搬空一座山丘的黏土才有可能烧出一个瓷瓶。事实上，万分之零点三依然是一个乐观的数据。大瓶颈部的暗红色窑变釉，清代烧制成功率仅为百分之二十；如果算17层的话，成功率将降为四万分之

粉彩描金云蝠转心瓶　　　　　　　黄地粉彩镂空干支字象耳转心瓶

粉青釉印花夔纹交泰尊

各种釉彩大瓶

零点三。更何况，上述推测还仅仅局限在釉彩这一点上。

成功几率类似于大海捞针，各种釉彩大瓶传世仅此一件。

我们几乎可以断定，景德镇御窑厂也只生产成功了这一件。

对于这件"天降宝物"，乾隆、唐英和工匠们寄托了诸多祝福。各种釉彩大瓶腹部绘制着霁蓝釉描金开光粉彩吉祥图案，六幅为写实图画，分别为"三阳开泰""吉庆有余""丹凤朝阳""太平有象""仙山琼阁""博古九鼎"；六幅为锦地，分别是"卍"字、蝙蝠、如意、蟠螭、灵芝、花卉，分别对应"万""福""如意""辟邪""长寿""富贵"的寓意。此外，大瓶装饰有胭脂紫地缠枝宝相花纹、青花、金彩回纹、金彩卷草纹等，无不体现着君臣官民对美好生活的向往、对大清江山的祝福。

各种釉彩大瓶内壁及圈足内施松石绿釉，瓶底中央署青花篆书"大清乾隆年制"六字三行款。

如此设计精密、工艺繁复、釉彩奢靡、寓意华贵的瓷器，完全符合乾隆皇帝的思想理念。乾隆龙心大悦，这样的杰作是表彰盛世的勋章，是标识盛世的丰碑。

乾隆时期的紫禁城是瓷器的天堂，各种釉彩大瓶是其中最炫目的花朵。

宋徽宗和乾隆这两位皇帝，都是中国传统文艺的狂热拥趸，都对中国瓷器的发展产生了重要的影响，他们俩都搜集、鉴赏甚至亲自指导瓷器的创作。中国瓷器在两人在位期间取得了重要发展。但是，乾隆皇帝和宋徽宗还是有本质的区别，宋徽宗是披着皇帝外衣的艺术家，而乾隆皇帝是披着艺术家外衣的皇帝。宋徽宗

各种釉彩大瓶腹部图案

461

追捧瓷器的目的是创作出符合自己艺术审美的器皿，他具有相当高的艺术造诣，他所秉持的清静无为、含蓄内敛等艺术理念深植于之前中国艺术文化的土壤，代表了北宋的艺术发展主流和水平。而乾隆皇帝热衷瓷器创作的目的是彰显皇权，扬扬得意地夸耀所谓的康乾盛世。乾隆时代的瓷器是为政治服务的，没有体现当时中国文艺发展的主流和水平。这也是和乾隆时期中央集权与君主专制水平大幅度提升的政治现实相一致的。最终，宋徽宗时代和乾隆时代的瓷器大相径庭。后人一般认为，宋徽宗时代的瓷器，尤其是汝瓷，代表了中国瓷文化的巅峰，而乾隆时代的瓷器虽然令人叹为观止，但是艺术水准并不高。

以审美水平著称的雍正皇帝面对那些五彩斑斓的硕大瓷器时，极可能会为儿子退化了的艺术水准摇头哀叹，但仍不得不为各种釉彩大瓶叹为观止。后者的社会意义不容低估。它封存了中国古代顶尖的瓷器制作工艺，展现了中国文化的自信和内涵，证明着中国传统社会晚期的强盛与辉煌。

如今，各种釉彩大瓶享有"瓷母"的美誉，摆在故宫陶瓷馆的显要位置。

不计成本、费时费力的乾隆瓷器折射着乾隆时代好大喜功、志得意满却在实质上无甚进步的现实。再精美硕大的器具都不能掩盖瓷器脆弱易碎的本质。当中国进入近代，西方文明呼啸而来，如此状态的中华文化如何经受中西方剧烈的碰撞，令人担忧。各种釉彩大瓶就好比一块绚丽的帷幕，静静地矗立在近代中国的前夜，见证了这一切。

人生是一场从出生走向死亡的单程旅行，每个人都面对相同的自然规律，不同的是各自经历的家长里短、悲欢离合和价值实现。人生大者，无非婚姻冷暖和家庭幸福。紫禁城既是帝国最高的权力场，又是朱明家族和爱新觉罗家族的居所，中国人对家庭与生活的梦想和设计，潜移默化地影响着故宫藏品。故宫的百万级藏品中，最多的是衣物、瓷器、图书和文房四宝等生活用品，便是明证。

它们寄托着皇家子孙的心愿与祝福，也集纳了中华民族有关家庭与生活的所有美好设想。《张好好诗》卷、《渔村小雪图》中有两段并不圆满的婚姻往事，反衬完美爱情的不可得；《分岁词图》中有中国人理想的家族模样；翠玉白菜和金瓯永固杯则饱含中国人对子孙和岁月的美好祝福。

中华民族既看透了无常而现实的红尘俗世，又始终对人世间保持热情与梦想。

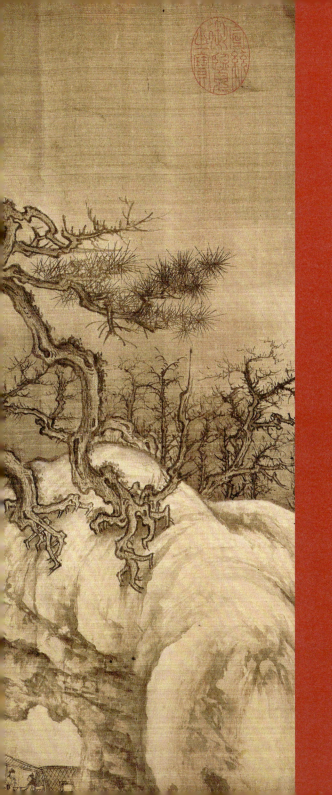

红尘俗世

古人的家庭与生活

《张好好诗》卷

杜公子，别来无恙？

　　唐文宗大和三年（829 年），洪州（今江西南昌）城外的滕王阁又迎来了一场觥筹交错、珍馐美馔的盛宴。

　　唐代歌舞成风，胜地欢聚更是不能没有歌舞助兴。13 岁的豫章舞女张好好，羞答答地上前候场。她垂首不语，略微紧张地摆弄着长长的前襟；一双发鬟高下相宜，乌亮的发辫恰好遮过青色短襦。"娉娉袅袅十三余，豆蔻梢头二月初"，张好好正处于唐代女子最曼妙的年纪，刚刚涉足新奇美好又充满未知的现实世界。

　　乐声响起，张好好翩翩入场。她一开口，就成了当日滕王阁绝对的主角。张好好嗓音清亮凌云，声震栋梁，竟使伴奏的乐器很快难以为继，最后竟至于琴弦几乎要迸散关钮、芦管即将随声破裂。袅袅歌韵，驱逐了所有的杂音，缠绕在殿阁，盘踞上云衢；婀娜舞姿，冲淡了所有的美景，充溢着眼眸，俘获了宾客。

来自长安的贵公子杜牧，就是众多"俘虏"之一。

杜牧时年 27 岁，出身著名的京兆杜氏，为故相杜佑之孙。一年前（大和二年）接连进士及第、考中贤良方正直言极谏科，释褐为校书郎，当年以试左武卫兵曹参军身份入江西观察使幕府为团练巡官。年轻的杜牧出身名门，春风得意，风流倜傥，来到江东不久即流连于勾栏瓦肆、脂粉花丛，渐渐赢得青楼薄幸名。

奇怪的是，走过"春风十里扬州路"的杜牧，目光一触及张好好便挪不开了。眼前似乎出现了一只鲜艳耀眼的凤凰，那清润圆美的歌声、婀娜灵动的身姿，令他年轻的心沉醉其中。杜牧听说过唐德宗贞元年间名伎关盼盼的传闻，可惜无缘得见，但想来大唐帝国最绚烂的明星便是张好好的模样。那一甩袖一启足、一颦一笑，莫不直达杜牧的心底。

在"落霞与孤鹜齐飞，秋水共长天一色"的滕王阁，杜牧的眼中只有张好好。

不仅杜牧成了张好好的倾慕者，满堂宾主何人不是张好好的"粉丝"？盛宴的主人公、江西观察使沈传师喜出望外，没想到属下乐籍中竟然有相貌、歌喉、舞姿三者俱佳的角色。他当众夸耀张好好，赞为天下一流，并赐天马锦、水犀梳等厚赏。一场盛宴，宾主尽欢而散。

拜唐朝开放宽松的社会风气所赐，富贵才子与官府乐女迅速开始了甜蜜交往。杜牧、张好好几乎日日相见，两天不见就觉得生疏。花前月下、湖畔溪边都留下了两人的身影，张好好的绛唇轻启、云步徐转，杜牧的挥毫泼墨、指点江山，想必在两人的心底都埋下了情愫，也在洪州城内外平添了些许闲言碎语。

张好好身隶乐籍。乐户在传统社会结构的士农工商之外，类似贱民。张好好虽然身姿出众，能追求的最好出路，也便是做个富贵人家的姬妾。如果是一位内外俱佳的年轻英豪，那便是最理想的郎君了。与杜牧这样的风流才子耳鬓厮磨，张好好很难说没有以身相许的念头。唐代社会蓄姬纳妾成风，杜牧纳了张好好，并不存在法律或者舆论的障碍。

或许是杜牧风流成性，尚不想为一番形式所束缚；或许是两人的交往始于观感，止于好感，或干脆两个年轻人都沉浸在冬去春来、春华秋实的岁月静好里，在交往的数月时间里两人关系没有发生质变。

大和四年（830年）九月，沈传师调任宣歙观察使，移驻宣城。

杜牧作为幕僚，随同幕主迁往宣城。沈传师对张好好念念不忘，将她的乐籍也移往宣城。杜、张两个年轻人的身影从鄱阳湖畔转移到皖南丘陵的秋景之中。张好好的陪伴，冲淡了杜牧的离乡之情，似乎皖南的月亮都更圆了。在杜牧眼中，有了张好好的陪伴，身外事任由它沦为尘土，人生的欢娱只在美酒金樽之间。

但是，在宣城，杜牧和张好好的关系却由密转疏了。

杜牧，世家子也，治国平天下之心与生俱来，流淌在血液之中。他倾慕美人，更寻求入世追逐权力。世人可能以为杜牧继承世家余绪，又有科举出身加持，必将前程似锦、青云直上。事实上，杜牧虽是宰相杜佑之孙，可惜 10 岁时祖父病逝，15 岁时久病的父亲也去世了，早已失去家族的荫庇。且杜牧所处的时代，门阀政治势微，世家豪门不再具有天然的政治优势。杜牧要想施展胸中抱负，最大的凭借只有真才实学了。

为了谋求前程，晚唐低级官员常入藩镇幕府"曲线救国"。幕僚将前程与幕主绑定，谋求与幕主同进退、共荣辱。杜牧入仕之初即能得到沈传师的提携，确实受到了一些家族余绪的帮助。沈杜两家是世交，沈传师本人入仕之初便得到过杜佑的提携，还娶杜佑的表亲为妻。沈传师出镇江西，便提调年轻的杜牧协助自己。杜牧对幕主沈传师是心存感激的，更希望与幕主和谐共处、迈步向前。事实上，这也是竞逐仕途最大的希望。

杜牧入幕、求官的另一大原因是沉重的家族压力。杜牧的父亲生平没做过大官，又欠债早丧。父亲去世后，杜牧与弟弟卖屋偿债，居无定所，8 年中搬了 10 次家。又因年幼，生计无着，奴婢纷纷逃散，只剩下一个老仆人不离不弃。兄弟们四处借贷，刻苦攻读，好不容易才出仕当官。可叹的是，弟弟杜顗不幸生病失明，只能退出仕途。杜牧毅然接过弟弟家庭的生活重担，杜顗"但能识某声音，不复知某发已半白，颜貌衰改。是某今生可以见顗，而顗不能复见某矣，此天也，无可奈何"（杜牧《上宰相求湖州第二启》）。杜牧几乎以一己之力扛起了家族供养乃至复兴的重任。

在风流浪漫的表象之下，是一个负重前行的年轻人。

张好好毕竟是追求小幸福的小女子，并不懂得宏大的政治叙事，也没有沉重的家族遗产与期望。儿女情长并非杜牧的一切，却是张好好的全部。当最初的激情淡去之后，杜牧与张好好的亲密关系也就渐渐疏远了。归根结底，张好好没能融入杜牧的人生规程。或者说，张好好对杜牧的前程缺乏助力。茫茫人海中，一男一女能否携手一生，并非两情相悦便已足够，它不仅是一门玄学，还充满可以理解的现实考量。

两年后，一桩突发事件彻底拉开了杜牧、张好好两人曾经握在一起的手。

自古才子爱佳人，杜牧不能带给张好好期待的生活，其他人可以。幕主沈传师的弟弟、集贤殿校理沈述师见到张好好后，惊为天人，当即要纳为姬妾。惊诧之余，杜牧于情于理都不能阻挠。沈述师也是才子，名气与官职都在杜牧之上，能够带给张好好更好的生活。沈述师又是杜牧的好友，两人诗书往来不绝，私交甚好。杜牧恰好又在沈述师哥哥幕府里赚前途，实在不能阻挠他的"好事"。

沈述师对张好好是真心喜欢，以金玉下聘、以高车迎亲。沈传师对弟弟的婚事也很认可，将张好好脱离了乐籍，还以平民之身。不出意外，张好好没有拒绝，事实上乐女也没有挑选的权力。她的人生，犹如一叶孤舟随波逐流，能够漂流到哪个港湾，完全听天由命。沈家这个港湾，已经是命运对她的恩赐了。

一场颇为隆重的婚宴后，沈述师携张好好北归河洛。杜牧写了一首《赠沈学士张歌人》送故友远行：

拖袖事当年，郎教唱客前。断时轻裂玉，收处远缥烟。
孤直缄云定，光明滴水圆。泥情迟急管，流恨咽长弦。
吴苑春风起，河桥酒旆悬。凭君更一醉，家在杜陵边。

全篇铺陈张好好的好，落笔于借酒浇愁。这是大和六年（832 年）的事。皖南的山水突然失去了灵光，宣城的月亮从此再未圆满。杜牧也于第二年与宣城离别。他离开了沈传师的幕府，转入淮南节度使牛僧孺幕下……

大和九年，杜牧 33 岁，内征为监察御史。这本是年轻士人的好官职，前途无量，可惜朝廷沉疴遍地，外有藩镇跋扈，内有宦官为害和党争加剧，已不是年轻人博取功名的好环境。杜牧落了个"分司东都"，也就是调往洛阳过起了半赋闲的二线生活。就是在洛阳东城的市场上，杜牧偶然间盯住了一个身影窈窕的女郎，那是一个当垆卖酒的女郎，更是自己脑海中念念不忘的女郎。她不就是张好好吗？

命运就是如此无常，剧情发展得令人猝不及防。

四目相对，杜牧和张好好都愣在了原地。千言万语堵在心头，还是张好好打破了沉默：

"杜公子，别来无恙？多年不见，怎么须发都有些发白了？杜公子苦恼些什么，往日同游的故友们如今都怎么样了？"

岁月对人最大的改变，就是面对昔日的密友无言以对。杜牧没有回答张好好的问话，眼泪却顺着脸颊流淌了下来，慢慢发展成站在门馆前失态恸哭。这一哭，泪满衣襟，愁绪漫天。

唐代蓄养姬妾成风，抛弃姬妾现象也很普遍。姬妾不是妻子，地位更接近婢女，当家道中落或者主人病逝的时候，她们往往被变卖或再嫁。如果不幸遭遇妒忌心强的女主人，姬妾遭到虐杀也是常事。张好好跟随沈述师北返后，后者几年后病逝，她可能被扫地出门，也可能被转卖他人，最终流落到洛阳东市的酒铺。

浮生恰似冰底水，日夜东流人不知。除了感慨时光无情、造化弄人外，杜牧无话可说。后人不知道两人是如何分开的，能够确定的是杜牧花了不少时间走出当日的伤情。回家洒尽伤心泪后，杜牧抽纸研墨，为张好好写了一首诗。

现存《张好好诗》卷，行书，纵 28.2 厘米、横 162 厘米，是杜牧创作的底稿。卷首写"张好好诗并序"，接下来交代了两人的交往："牧大和三年佐故吏部沈公江西幕。好好年十三，始以善歌舞来乐籍中。后一岁，公镇宣城，复置好好于宣城籍中。后二年，沈著作述师以双鬟纳之。又二岁，余于洛阳东城重睹好好，感旧伤怀，故题诗赠之。"再往左是诗作：

君为豫章姝，十三才有余。翠茁凤生尾，丹脸莲含跗。
高阁倚天半，晴江连碧虚。此地试君唱，特使华筵铺。
主公顾四座，始讶来踟蹰。吴娃起引赞，低回映长裾。
双鬟可高下，才过青罗襦。盼盼乍垂袖，一声离凤呼。
繁弦迸关纽，塞管引圆芦。众音不能逐，袅袅穿云衢。
主公再三叹，谓言天下殊。赠之天马锦，副以水犀梳。

《张好好诗》卷局部

龙沙看秋浪，明月游东湖。自此每相见，三日以为疏。
玉质随月满，艳态逐春舒。绛唇渐轻巧，云步转虚徐。

　　这里交代的是两人在滕王阁相识、在洪州留影的美好，超过全诗一半篇幅。在杜牧的心底，人间的底色是美好的，他与张好好的相遇更是如此。

旌旆忽东下，笙歌随舳舻。霜凋谢楼树，沙暖句溪蒲。
身外任尘土，尊前且欢娱。

　　这几句写的是两人从洪州到宣城，其中"霜凋谢楼树"初写

张好好诗

牧大和三年佐故吏部沈
公江西幕好年十三始
以善歌舞来乐籍中后
一岁公镇宣城复置
好于宣城籍中后二年
沈著作述师以双鬟纳
之又二岁余于洛阳东
城重睹好感旧伤怀
故题诗赠之
君为豫章姝十三纔
翠茁凤生尾丹脸
莲含跗高阁倚天半
章江联碧虚此地试君
嗟嗟特侍华莲铺主公

为"霜凋小谢楼",杜牧很快点去了"小"字,在"楼"下方补了一个小小的"树"字,表明该卷是草稿。

> 飘然集仙客,讽赋期相如。聘之碧玉佩,载以紫云车。
> 洞闲水声远,月高蟾影孤。尔来未几岁,散尽高阳徒。

杜牧在"集仙客"下注小字"著作任集贤校理",指沈述师。张好好嫁给沈述师后,杜牧最美好的青春时光戛然而止,围绕在沈传师周围的故友亲朋也逐渐星散了。

> 洛阳重相见,绰绰为当炉。怪我苦何事,少年生白须。

朋游今在否，落拓更能无。门馆恸哭后，水云愁景初。
斜日挂衰柳，凉风生座偶。洒尽满襟泪，短章聊一书。

诗卷最后一句已残，只留"襟泪，短章聊"五个字。后人根据杜牧文集《樊川集》，将缺字补齐。虽然诗卷残缺，但并不有损作品的整体精神。整卷行书，杜牧几乎没有提按，一气呵成，可见还未走出与张好好重逢的内心波澜，感情充沛。全卷笔法劲健，颇多叉笔，诗歌与书法俱佳，是极其罕见的中古作家创作底稿。《宣和书谱》评价"气格雄健，与文章相表里"。

杜牧的仕途，远不如文学创作成功。偶遇张好好后的十一月，长安爆发了"甘露之变"，官僚集团铲除宦官的政变失败，数以百计的朝臣惨遭屠戮。杜牧因祸得福，躲过一劫。不过，对"平生五色线，愿补舜衣裳"的杜牧而言，治国平天下的梦想也破灭了。此后十多年，杜牧辗转郎署州县，多次哀求肥缺，48岁求得湖州刺史一职，50岁升中书舍人，当年病逝。临终前，杜牧回顾一生，亲手焚烧了大量作品，但留下了《赠沈学士张歌人》和《张好好诗》。

《张好好诗》是杜牧仅存于世的墨迹。作品流传有序，乾隆年间入藏内府，后由溥仪携出宫外，流散民间。张伯驹先生收购后，爱不释手，每晚睡觉都置于枕边同眠，还自称为"好好先生"。1956年，张先生毅然将《张好好诗》卷、陆机《平复帖》等8件国宝捐赠给国家，国宝重返紫禁城。

《渔村小雪图》

——失败的皇家婚姻

宋神宗熙宁二年（1069 年），东京汴梁，一桩婚礼正在热热闹闹地举行。新郎是左卫将军、驸马都尉王诜。王诜二十出头，出身名门，是本朝开国功臣王全斌之后，且相貌堂堂、能书善文；新娘是当今皇帝同父同母的胞妹蜀国长公主，年仅十九，温婉贤淑。

这桩皇家婚事，男才女貌，万众瞩目，接受朝野臣民的祝福。

宋神宗视妹妹为珍宝，操办了一场风风光光的大婚，并在寸土寸金的汴梁景龙门外赐予公主府邸。王诜与蜀国长公主可以在此营造幸福美满生活。

毕竟是皇家婚姻，不可能与寻常百姓娶亲相比。王诜是"尚"公主，婚后入住公主府，公主是"下嫁"，婚后并不搬进王家。

这不是一场对等的婚姻，自古公主婚配都是如此。照耀着皇家的光芒，公主在婚姻和家庭生活中都是强势的。从两汉到唐朝，公主与驸马闹矛盾，乃至家暴，甚至公主蓄养面首等故事不绝于书。驸马与公主的幸福生活，不能说绝无踪迹，也是寥若晨星。

北宋的情况有所好转，这是建立在妇女地位下降基础上的。宋朝社会环境渐趋压抑，女性受到的束缚越来越多，几乎不可能参与社会事务，只能与家庭和丈夫绑定在一起。性情内向温和、依附男权，成为女性新风尚。而缠足或许就是在北宋推广，普及于南宋。蜀国长公主也没有置身大环境之外，她性情温和，文静居家。王诜由寡母抚养成人，公主对婆婆非常孝顺，在婆婆生病期间陪伴左右，亲自做饭调药，得到内外一致肯定。当然，她不用向婆婆行礼，日常也不和婆婆共同居住，而是住在公主府，以至于她将婆婆安置在府邸附近，也被外人视作公主的美德。

尚公主，给王诜带来了高官厚禄和丰硕的家底。他本就喜好书画，婚后在公主府筑宝绘堂收藏历代法书名画，日夕观摩鉴赏。文人相吸，公主府里的花园西园逐渐成为汴梁文人雅集的据点。熙宁二年（1069 年），苏轼踏入王诜的西园，吟诗作赋。两个意趣相投、年纪相仿的年轻人很快成为挚友。王诜时常馈赠苏轼，有酒食茶果、弓箭包指等。王诜成为北宋文坛著名主持人，号召力与日俱增。就连官居京师十年不游权贵门的著名画家李公麟也来到了西园，将王诜和苏轼、苏辙、黄庭坚、秦观、米芾、蔡肇、李之仪、郑靖老、张耒、王钦臣、刘泾、晁补之以及僧人圆通、道士陈碧虚等十六人聚会的情景描绘成《西园雅集图》。

这应该是王诜一生中最意气风发、最惬意舒爽的时光。年轻的驸马活泼外向，浪漫洒脱，热衷会客，也时常与朋友们外出流连青楼。而这些都与公主温柔贤淑的风格格格不入，为婚姻蒙上了阴影。

王诜与公主婚后一年即生育了儿子王彦弼，可爱的孩子3岁时不幸夭折。公主痛不欲生，身心大受打击，从此再未生育。无子在寻常百姓人家会被休妻，但驸马是不能休妻的。蜀国长公主温和大度，主动劝王诜纳妾，甚至选美貌的婢女与丈夫同房。王诜毫不抑制欲望，频繁宠爱姬妾，日渐招惹非议。

驸马身份，在候选之时便标明了代价。

随着专制程度加强，皇权尝试消除任何潜在的威胁，沟通皇权和朝臣的驸马就成为需要防范、压制的对象。驸马不是皇帝的亲人，而是假想敌。之前，驸马仕途前景较优，掌握实权者众多，有作为者也不少。唐朝开始剥夺驸马的实权，北宋驸马都尉彻底沦为荣誉职衔，尚公主者一任此衔即终身为驸马都尉。朝廷对包括驸马在内的外戚群体严格限制，宋仁宗规定："驸马都尉等，自今不得与清要权势官私第往还。如有公事，即赴中书、枢密院启白。仍令御史台常切觉察，如有违犯，纠举以闻。""如闻戚里之家，多与朝士相接，或漏禁中语，其令有司察举之。"为了捍卫皇权，驸马的私生活都受到了监视，更不用说在政治上有所作为了。

可是，但凡是一个有士大夫情怀、正常接触外界的驸马，都不可能与政治绝缘。王诜召集的文人集团不仅是一个文学群体，也是一个政治团体。大家有着相同的政治立场，有革新政治的欲望，又有自己的理想与坚持。而宋神宗时期，北宋政局激荡在改革还是守旧的纷争之中，新旧党争此起彼伏。宋神宗前期，王安石改革如火如荼，新党势力纵横朝野。苏轼、王诜等人并不认同新党理念，属于需要压制的旧党分子。

元丰二年（1079 年）"乌台诗案"爆发，苏轼的政治命运急转直下，并株连亲友。本就对妹夫王诜不满的宋神宗，两罪并罚，以"交结苏轼及携妾出城与轼宴饮"的理由在当年年底将王诜罢官。表面看起来王诜是无辜的，不过《续资治通鉴长编》说他"收受轼讥讽朝政文字及遗轼钱物，并与王巩往还，漏泄禁中语"。王诜事先探知了朝廷对苏轼的处罚，悄悄告诉了苏辙，苏辙立刻给在湖州的苏轼报信，此事在"乌台诗案"中暴露了。泄露机密确实是朝廷严禁的，王诜罢官并不冤枉。

第二年四月，王诜"特授"庆州刺史，许赴朝参。他官复原职了。原因是蜀国长公主病重，宋神宗亲往探视。兄妹涕泪，公主恳请哥哥照顾丈夫。这才有了宋神宗的特旨。令人惋惜的是，这是宋神宗和蜀国长公主的最后一面，第二天公主就病逝了，年仅 30 岁。

王诜的庆州刺史只当了两天，就又被罢官了。公主病逝次日，宋神宗前来哭丧，乳母趁机告发王诜。乳母控诉王诜待公主不好，主要罪行是宠幸姬妾，尤其令人发指的是在公主大病期间，王诜竟然与爱妾在一旁"宣淫"，简直是彻头彻尾的"渣男"。连带着这些姬妾也不把公主放在眼里，言行不恭。蜀国长公主的婚姻生活，表面光鲜，实质并不如意。

宋神宗龙颜大怒，严加审讯，将王诜的八名姬妾决杖，然后发配给窑务、车营兵为妻。公主葬事结束后，轮到王诜了。宋神宗痛责王诜"内则朋淫纵欲失行，外则狎邪罔上不忠"，其纵欲不忠的行为导致蜀国长公主愤愧感疾而亡，皇太后悲伤过度饮食俱废，罪不可恕，因此剥夺王诜驸马都尉的荣衔——按制，公主死后，不再续弦的驸马可以保留驸马都尉头衔，并继续占有公主遗产，续弦则将丧失头衔和财富。不仅如此，宋神宗还将王诜贬为昭化军节度行军司马，发配均州"安置"，实则是流配并监管了起来。

对于这次重罚，《宋会要辑稿》有"撤诜之睾，义不得赦"的记载，也就是王诜遭受宫刑，只能拖着残缺的身躯了却余生。

王诜先流配均州安置，四年后移置颖州（今安徽阜阳），度过了漫长的 7 年流放生涯。在受监管的漫漫长夜中，王诜只能将身体和精神都托付于书画。在给苏轼的《奉和子瞻内翰见赠长韵》中，王诜承认"爱诗好画本天性"，将之前 30 多年的书画赏鉴、学习的积累转化为创作实践。

四时为我供画本，巧自增损娥与妍。
心匠构尽远江意，笔锋耕偏西山田。

失意的境遇，将一个鉴赏家锻造为了一位实践家。王诜在书画中寻找内心的平静：

《渔村小雪图》

苍颜华发何所遣，聊将戏墨忘余年。

　　看到好友的变化，苏轼评价王诜"以贵公子罹此忧患而不失其正，诗词益工，超然有世外之乐"。王诜代表作《渔村小雪图》（绢本设色，纵44.5厘米、横219.5厘米）便创作于流配期间。

　　《渔村小雪图》描绘了冬季江南小雪初霁的渔村山水。与其他山水画家不同，王诜是阅尽繁华、站到过富贵顶端的，如今却置身茫茫的白雪之中。他的内心不再奔放热烈，而是转向内省，归于清净。虽然保留了笔力果断、景物遒劲等富贵遗迹，整个画面还是寒冷苍凉、寂寥空阔的。

　　全画山峦绵延起伏，石崖上苍松盘根错节，孤桥斜径点缀其间。徐徐展开画卷，《渔村小雪图》大致可以分为三部分。右

边最先映入眼帘的是渔村图景，溪塘芦柳，渔舟叶叶，有渔夫在船上垂钓或塘间布网。渔夫、垂钓，在中国文化中是有特殊含义的，带有入世、求仕的意味。在寒冷冬日垂钓的渔夫，孤独地对抗着世俗的成功标准，特立独行，坚守自我。舒展到中间，溪谷中有一位老者策杖前行，仆人携琴紧随其后。山崖下有雅士泊舟浅酌，自得其乐。二者都是中国画中常见的隐士形象。画面的左部，平江远眺，寂静渺渺，江山咫尺千里。

《渔村小雪图》对山水画多有创新。王诜创造性地将松树融入雪景、渔夫垂钓等场景中，成为后世效仿的对象；将金碧山水的着色法引入水墨画，突破雪景的传统表达方式，用铅粉以示雪飘，在草木上略染金粉，营造雪中山水在阳光下灿烂夺目的感觉。整幅作品笼罩在一片空灵、清逸的氛围之中，乾隆皇帝评价一开卷"已觉冷风拂面浦，又如湿气生银田"。

王诜结束了喧嚣的繁华生活，在朴素清凉的自然山水中自洽、自娱。

元丰八年（1085 年），年幼的宋哲宗即位，祖母高太后临朝，启用旧党。之前遭到贬谪的众人纷纷还朝。王诜"免安置"，允许回京居住，第二年又恢复了驸马都尉称号，授登州刺史。回归荣华富贵的王诜，创作了一首《蝶恋花》：

> 小雨初晴回晚照。金翠楼台，倒影芙蓉沼。杨柳垂垂风袅袅。嫩荷无数青钿小。
>
> 似此园林无限好。流落归来，到了心情少。坐到黄昏人悄悄。更应添得朱颜老。

全词借景抒情，王诜感慨流落异乡、老大无成的惆怅和凄苦之情。大半生已过，青春情怀和家庭团圆不再，满目物是人非。重返旧时园林，景物纵好，只是"心情少"了。王诜一个人坐到黄昏，千般心绪无言以付。王诜《蝶恋花》的墨迹保留至今，也藏在故宫博物院中，可以与《渔村小雪图》相互映衬。

绍圣元年（1094 年），宋哲宗亲政，党争形势再次颠覆。苏轼等亲友再次遭贬。王诜也受到牵连，又遭政治重创，继续以诗书自娱。也就是在这个时候，王诜和刚刚建府的内侄、同样热衷诗词书画的端王赵佶开始密切交往。当时赵佶仅有十几岁，艺术理念和创作实践受到了王诜的重要影响。成年后，赵佶对姑父王

吟徵調商窗下桐
松間疑有入松風
仰窺低審含情客
以聽無絃一弄中
臣京謹題

聽琴圖

赵佶《听琴图》轴

诜推崇有加。

元符二年（1099年），赵佶借王诜的篦刀一用。王诜就派侍
从高俅将篦刀送给赵佶。到端王府，赵佶正在踢蹴鞠，高俅恰好
擅长此技。赵佶发现后大喜，就把篦刀和高俅一起留了下来。一
年后，宋哲宗驾崩，无嗣，端王赵佶意外继位，成为大名鼎鼎的
宋徽宗。当年王诜身边的小厮高俅，青云直上，高居太尉。人世
间万般事，便是如此难料。

在赵佶、高俅的照拂下，王诜尊享了晚年，约在花甲之年逝
世，谥号"荣安"。我们没有查到关于其子孙的文字，王诜极可
能无嗣。王诜的一生，政治上碌碌无为，也并非顶级画家，存世
作品有《渔村小雪图》《烟江叠嶂图》《溪山秋霁图》等。

《渔村小雪图》的最早收藏者应该是王诜的内侄兼学生宋徽
宗。宋徽宗将此画收入内府，以瘦金书亲题"王诜渔村小雪"六
字（"王"字现已残），并钤诸玺。明末，《渔村小雪图》一度现
身庙肆；清代年羹尧曾收藏此画并题跋，年羹尧获罪后画作没入
紫禁城；之后乾隆、宣统等皇帝曾钤玺、题跋。民国初年，宣统
皇帝溥仪携离《渔村小雪图》，1950年患孝同先生购得此画捐赠
给北京故宫博物院。

《纺车图》

——假如命运没有善待你 *

延祐四年（1317年）七月，元朝大都。

著名书画家赵孟頫在古董市场上采购了一幅宋代古画（绢本设色，纵26.1厘米、横69.2厘米），花费白银50两。这笔款项在当时价值两千斤白盐。

这是一幅稍显"异类"的作品，描绘的是乡间野外村姑纺织的情形。画面主要内容集中在右侧，一位袒胸露乳的村姑一边摇动着纺车一边哺乳怀中的幼儿。幼儿头发尚未长全，正握着母亲的乳房吮吸。硕大的纺车仿佛正在吱呀作响，吞吐着细线。村姑身后还有一个尚未束发的孩子，与一只系着的蟾蜍嬉戏，纺车左侧的小黑狗为蟾蜍所吸引，回身展开狂吠。画面的左侧是一个弯腰伛背、双手拉扯线团的老妪。画面中间大部分留白，两根纤细、有弹性的纱线将老妪与纺车相连，也将画面左右连接在一

《纺车图》

起，构思巧妙。

  作品画工精细写实，老媪膝盖上的补丁、村姑脸颊上的倦态，甚至连一条腿被拴住的蟾蜍努力挣脱的动态都描绘得十分生动细腻。科技史学家经常拿画中的纺车来讨论。一方面，这是中国手摇纺车在卷轴画中的最早图例；另一方面，纺车描绘精细，是后人了解古代纺车的上佳参考实证。全画因这架纺车而得名《纺车图》。

　　画中是一架双锭手摇纺车，车座与车架由粗木制成，车架上固定着 23 根扁平木条组成的木轮；手摇柄嵌在两根木条之中，而不是固定在中轴上（有人认为是画家的误画）；一根轮绳圈起开放式边缘的木轮，穿过装在木轮上方车架上的木槽，绕在槽中的两根细长纺锭上。摇动木柄，木轮转动，依次带动轮绳、纺锭，一个卷绕加速器就开始运转了。缠在纺锭上的细线飞速转动起来，粗糙的棉麻纤维化身为棉线、麻线。纺车犹如农田，农夫

《纺车图》题记

耕种田地产出五谷杂粮，女子摇动纺车生产棉麻丝线。

赵孟𬜬认真鉴赏了《纺车图》后，题了一首长诗：

> 春风杨柳色，丽日何清明。
>
> 田家作苦余，轧轧缫车鸣。
>
> 母子勤纺绩，不羡罗绮荣。
>
> 童稚嬉自乐，小龙恬不惊。
>
> 缅思全盛日，万物遂所生。

赵孟𬜬虽然看到了"田家作苦"，但主要是缅怀南宋的太平盛世。作为仕元的赵宋宗室后裔，赵孟𬜬此举是在刺探敏感政治话题的边界。同样，作为贵胄子弟，赵孟𬜬极可能没有男耕女织

490

右北宋王居正紡車圖舊為南
宋室相物元趙吳興購藏見跋記
載錄今題跋俱佚吉素邨太守于
嘉慶丁丑官比部時以舊拓唐楷
碑易之陳玉方侍御重為裒池
道光庚子三月科試東茉薇銀栝
試院之帶經堂為書兩自如此永
豐劉繹識

王居正拙之子也俗以其小字呼為
憨哥學丹青有父風師周昉士女
略得其妙嘗於芜圃寺觀衆游之
委必攜高隄以觀士女格態凡欲
命筆則沈祕思慮故於形似為得
右聖朝名畫評按王拙河東人也
大中祥符間父子以畫駆名海內
延祐四年七月予燕都有持此
卷相示者因以五十金購之乃賈師
相故物也圖雖尺許而氣韵雄

的生活实践，因此在诗中犯了一个事实性错误，将画中纺车误认为"缫车"（缫丝车）。在他看来，《纺车图》或许是画家描绘的一幅男耕女织的写实作品。

《纺车图》并不是一幅田园风格作品，它有着更深的内涵。

当中国画的主题从神话想象进步到世俗生活后，长期霸占画面的是尊贵华丽的内容。以妇女形象为例，汉晋时期是神女、后妃、贵妇，地位尊崇、声势浩大；隋唐时期的仕女，相貌姣好、身材丰腴、服饰华丽，描绘的都是乐舞、游玩场景。而《纺车图》中的两位女子衣服破败、面容憔悴、动作迟缓，与美貌与富贵都不沾边，表现的又是全新的基层劳作内容。她们是宋代社会最普通的底层妇女，生活的艰辛、岁月的沧桑，扑面而来。画家能够将画笔对准这些普通得不能再普通的升斗小民，本身就是绘画史的一大进步。进而，他不遮掩不虚饰，完全写实地表现底层人物的劳动场景，表现了对底层社会生活的熟悉，也表达出对老百姓贫苦生活的同情、对勤劳刻苦的生活态度的赞赏、对朴实无华的劳动场景的认可。这些在之前的画作中都是很罕见的。

对纺车的进一步解读，也能挖掘出新意来。纺车的手摇柄、轮绳、纺锭的方向极可能与事实不符，更重要的事实是，更先进、效率更高的脚踏纺车已经在两宋时期发明，并在南宋开始流行。脚踏纺车可以同时纺五锭棉纱，而且脚踏板可以解放劳动者的手，极大提高效率。《纺车图》中老媪的角色便可以由解放出来的手代替。画家没有绘制当时时兴的脚踏纺车，而是细致描绘手摇纺车，很可能是有意为之。他要表现的不是高效的生产，而是普通百姓自给自足的简易生产。老百姓不能及时采纳先进技术，依然使用着自制的传统工具，依然耗时耗力、全家上阵。时间是底层百姓最充沛的资源。村妇左手臂弯怀抱着吃奶的婴儿，也说明了她无法腾出时间和精力来从事高效的专业化生产。这何尝不是升斗小民的生存现实？

人生是一门玄学。人与人没有高低贵贱之分，却生而不平等。有的人是汉唐画作中的盛装贵妇，锦衣玉食，歌舞升平，有的人却只能是《纺车图》中的老媪与村姑，终日劳作，却未必能换得温饱。若非有翻天覆地的社会变革，普通人几乎没有阶层跃升的机会——即便隋唐以后有了科举通道，普通人中的成功者也是万里挑一。老媪和村姑，想必她们少年时也怀揣勤劳致富乃至富贵荣华的梦想，可惜人生劳碌过半，梦想也好、理想也罢，都在柴米油盐中消磨殆尽，只能希望生活一日好过一日。老媪的今天，估计就是村姑的明天，而她怀抱的幼儿的明天，又是自己的今日。日复一日年复一年，一个人、一代人、几代人的人生便如此循环往复。人生如草木，枯荣无人知，几乎是所有古代普通百姓的残酷宿命。

每个人都满怀着热情投身生活，命运却未曾善待过他们。

好在，画家在表现冷冰冰的现实之余，在画作中注入了温情与暖意。

横贯画面的两根丝线不仅连接了老媪与村妇，而且是画面的主角。老媪、村妇以及玩耍的孩童，祖孙三代人的视线全都聚焦在两根丝线上。丝纶在中国文化中有特殊含义，《礼记·缁衣》有言："王言如丝，其出如纶。"后世用丝纶之制比喻圣旨，用掌管丝纶比喻位列中枢、操持实权。纺线出现在全家人共同劳作的《纺车图》中，或许寄托着家族兴旺发达、世代绵延的心愿。"纺车与纺线所联系的，不仅是协作劳动，也是一种血缘的象征，从年老的奶奶（婆婆）到年轻的母亲（媳妇），再到尚未长大的乳婴，一共三代人，是一个完整的家族概念。……女性的乳汁，哺育了一代又一代家族成员的成长，是家族人丁兴旺的保证，而从老媪到村妇之间的那两根纺线，便是家族荣耀的希望，寄托着家族昌盛的愿望。"❶ 具有类似寓意的则是左侧的蟾蜍。蟾蜍是中国文化中的辟邪物，也是多子的象征。儿童戏蟾是家族幸福美满乃至兴旺发达的典型形象。画面最右侧的孩童戏蟾，不仅丰富了画面内容，而且增强了希望家族绵延发达的寓意。

赵孟頫判定《纺车图》作者是北宋宫廷画家王居正（一说该画是南宋摹本）。王居正生卒年不详，河东（今山西永济）人，从社会底层成长为宫廷画家，凭借的是对社会现实的熟识，以及敏锐的观察力和写实的画风。大中祥符年间（1008—1016 年），王居正受募至汴梁参与皇家宫殿营造，进而成为宫廷画师。他的画作往往脱胎于对社会的细致观察，创作时力求真实再现客观对象。

王居正的创作未能成为北宋宫廷画的主流，《纺车图》没有收入宫廷画谱，之后也没能跻身宫廷藏品之列。但是，此图传承有序、记录明确，画作中有多达 29 方藏印，从贾似道到赵孟頫再到盛宣怀，直到近代归张大千所有。20 世纪 50 年代，中国政府在香港购得此画，调拨入藏故宫博物院至今。

宫廷并不钟爱《纺车图》，毕竟二者距离太远，但是这幅作品体现了一种可贵的趋势。两宋时代，在埋葬贵族社会的历史土壤之上盛开出来世俗生活的鲜花。市井百态、百姓悲欢成为绘画等艺术创作的新题材，虽然没能成为主角，但也和王公贵戚并驾齐驱。商品市场的壮大，使得那些描绘真实的普通生活的绘画作品大受欢迎。一批职业画家、工匠带着浓浓的世俗生活气息，描绘出鲜活的人间百态、城乡炎凉，街市、食肆、医患、农耕乃至横征暴敛等都可入画。名为"风俗画"的新流派开始出现，大放异彩。有人说两宋风俗画的代表作品当数张择端的《清明上河图》，不过该画对市井，尤其是基层生态表现得并不详细。它更像是呈献御览的市井繁华图。相比之下，燕文贵《七夕夜市图》、李嵩《货郎图》、李唐《灸艾图》、苏汉臣《秋庭戏婴图》等更能体现两宋社会的生态，更受百姓的喜爱。而王居正的《纺车图》便是这类风俗画的杰作。

《七夕夜市图》现已失传，其他几幅都藏在"故宫系统"之中。李唐《灸艾图》（绢本设色，纵 68.8 厘米、横 58.7 厘米）现藏台北"故宫博物院"：树荫下，一个走村串巷的又老又穷的游方郎中坐在小板凳上，用艾条熏灼患者的背部。常年行走行医，风雨艰辛压驼了他的脊背，却没有换来富足的生活。相反，郎中倦容满面、衣衫破旧，手中不停熏灼，嘴里喃喃自语，又似乎在安慰患病的老者。年老的病人紧皱眉头、双目圆瞪、袒露上身，浑身肌肉绷紧，一个老妇和一个少年紧紧拽住他的双臂、踩住他的双脚，另一个少年牢牢地摁住了他的身子。老人家张大着嘴，痛得嗷嗷叫，浑身大汗淋漓，甚至连髭须都根根竖立，无奈四肢被人牢牢控制，动弹不得，只能听凭艾火熏灼背上的疮伤。郎中未必能够药到病除，但这极可能是老人家能够得到的最好的治疗了。画面右侧，一个药童捧着一大贴膏药，呵着湿气，预备着等师傅灸艾完就贴到病人的疮口上去。地上的行医道具有膏药的幌子，有招揽生意的铜环铃，还有盛着膏丹丸散的袋子。

《灸艾图》对底层劳动人民的描绘生动、直白，甚至直白得有些赤裸裸。人们衣衫散乱，补丁摞补丁，面容消瘦，毫无富态，神情愁苦忧郁，处处展现着困苦气息。创作者李唐是两宋之交的著名画家。他约在北宋宣和年间入宫廷画院供职，靖康巨变后南渡流落临安，以八十高龄再入南宋画院，俨然是南宋画院的

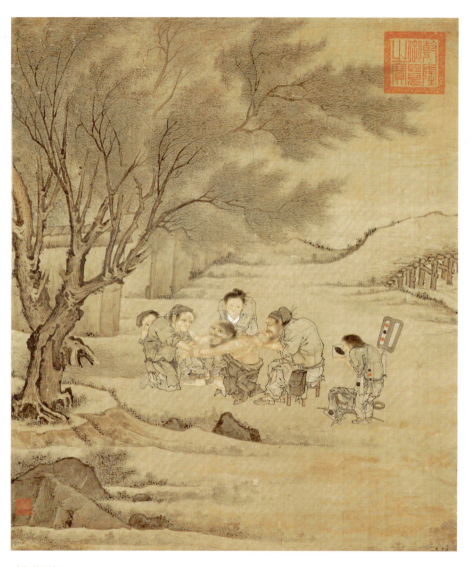

《灸艾图》

领军人物。李唐是一个全能型的画家，除了《灸艾图》等风俗画，还有《晋文公复国图》等政治画，更有《万壑松风图》《江山小景》等传世风景画。李唐晚年自成一家，与刘松年、马远、夏圭并称"南宋四家"。

现藏北京故宫博物院的南宋李嵩《货郎图》（绢本设色，纵25.5厘米、横70.4厘米）是又一幅风俗画佳作，描绘的是货郎来到乡村叫卖的场景。一个以蝇头小利为生的货郎挑着沉重的杂货担，弯腰新到一处乡村，早有孩童们欢呼雀跃，奔走相告。杂货担商品琳琅满目，堪称一个移动的小百货商店，从锅碗盘碟、儿童玩具到瓜果糕点，无所不有。南宋商品经济蓬勃发展，但由于交通和科技条件的限制，物品流通还相当粗糙，甚至有些支离破碎，全靠这些走街串巷的货郎畅通市场。这些辛苦的底层商贩的活动轨迹，犹如市场经济的毛细血管；这些无名商贩不仅为商业乡村带去日杂百货，也传递着各种信息。货郎的到来就是一个节日，给底层社会带来最朴素的喜悦。

创作者李嵩，钱塘（今浙江杭州）人，是南宋中期宫廷画家，创作了许多描绘底层社会图景的风俗画。他最著名的作品或许是《骷髅幻戏图》（绢本设色团扇画，纵27厘米、横26.3厘米，现藏北京故宫博物院），一具头戴幞头、穿着透明纱袍的骷髅席地而坐，右手提着一个控线小骷髅，吸引着一个小儿爬地来抓。小儿身后似乎是着急伸手阻拦的年轻妈妈。大骷髅身后坐着一个袒胸哺乳的青年母亲。这具大骷髅似乎也是一个货郎，一旁放着满载商品的货担。后世对于《骷髅幻戏图》的解读，众说纷绘，但都不否认作者是用一种谐谑方式来表达社会的困苦。

在风俗画中，没有达官显贵，没有歌舞升平，终日为生计而奔波的升斗小民成为主角。他们终生与喧闹繁华无缘，他们深陷谋生困局，他们用尽微弱的力量对抗无情的宿命，他们情感不够细腻、为人不够体贴，甚至粗糙简陋，但他们就是中国的一员。他们的生活才是生活真实的面貌。《纺车图》中的老妪与村妇就是我们的外婆与妈妈，孩童与幼儿就是我们的兄弟姐妹，或者他们就是我们本人。画家创作他们，就是在白描生活；后人解读他们，又何尝不是在品察各自的人生？

---

* 本文参考黄小峰．丝线与家国理想：传宋人王居正《纺车图》的考察．艺术设计研究，2013（4）：48-52；张彩霞．王居正《纺车图》的人文精神和现实批判精神．兰州交通大学学报（社会科学版），2005（4）：67-69.
❶ 黄小峰．丝线与家国理想：传宋人王居正《纺车图》的考察．艺术设计研究，2013（4）：52.

《分岁词图》

家的 ——
理想模样

春节，中国人最重要的节日，是属于家人的日子。

无论冷暖得失，寒冬飘雪季节，中国人都会不约而同地返家过年。农历除夕夜，家家户户常明灯烛，合家欢聚，坚守到凌晨，是中国人的重要风俗，称为守岁、熬年或者照岁。中国的春节风俗还扩散到朝鲜、越南等地，成为儒家文化圈的一大民俗。

零点来临，新旧两岁交替，中国人告别过去一年的悲欢离合，祈祷新一年的好运。晋朝周处《风土记·岁时》记载这一刻："除夜祭先竣事，长幼聚饮祝颂而散，谓之分岁。"在新旧交替时，我们要赶在吉时祭祀祖先，祭毕分饮祭酒，由幼至长，还有燃放鞭炮、家人互贺等民俗，一家人祝颂而散，各自睡去。这就是分岁。

《分岁词图》轴，纵 112.9 厘米、横 28.7 厘米，清代董邦达所画，现藏台北"故宫博物院"，描绘的就是一户普通农家除夕分岁的场景。茅屋内，长者将祭酒分与晚辈；茅屋外，孩童欢快地燃放鞭炮，一派阖家欢乐的景象。

全图的重心，在中部左侧的茅屋内。屋内悬挂着两个大灯笼，祖孙三代围坐在方桌旁，桌上摆满菜肴和果盘，边上的蜡烛闪烁着光芒，突出照亮一家人一年中最丰盛的一餐。祖父举杯，看向一旁的儿子，似乎要开怀畅饮。而对面的三个孙辈，已经按捺不住，一个爬上椅子，趴到桌子上，小手向食物伸去；一个稍大的孩子似乎在向祖父作揖，讨要酒水；还有一个拽着正向桌上端酒的母亲的衣裙，吵着也要。

门口内摆着一只火盆，另一个女眷在一旁撩起屋帘，或许是担心趁机而入的寒气扑灭了火焰，她转头盯着盆内燃烧的松枝、秸秆等物。旺盛的火焰，勾连起了屋里屋外。

门口，两个孩童正在兴高采烈地燃放鞭炮。一个手持焚香，蹲踞在地上，小心翼翼去触碰爆竹引信；另一个捂住双耳，紧张地向树后躲去。这个兼具礼节和游戏色彩的习俗，最受孩子们喜爱。早在汉代，中国人就在节日或喜庆日用火烧竹，竹节噼啪作响，以驱逐鬼怪或迎神，称为"爆竹"。爆竹因其强烈的喜庆色彩，很快发展为庆祝喜庆和辞旧迎新的象征性符号，燃放鞭炮成为春节期间最具代表性的民俗。

画面右侧是厨房，一位女子正踏门而出，双手端着的可能是醒酒汤。一派三代同堂、阖家团圆、岁月静好的景象。

画面上下部是典型的山水图景，山石虬木，远山掩映在雾霭

首期本祠今古同吴傩用昏
盖土风禅戚疲傩末艾饮
福之馀为分岁地煴火暖茗
术香付盐采倾为蜂房鲵
中晚借尊菖物四座卢顿酤
邺霜小沈俚喜新年至颐角
长家秉气叟老翁把盂心莅
钛傩年翻是戚吾年荆叙易
酒仍视酦但颐菅吾高且键
君秀午篆友秋方多人名
比杯令老翁傲罢笑拟颖
朝重末醉居埏眠
分岁词

《分岁词图》

之中。左下侧一行小字："臣董邦达恭绘。"

董邦达，浙江富阳人，雍正十一年（1733年）进士，乾隆朝官至礼部尚书。董邦达书画双精，尤善山水，是当时著名的文人画家，与董源、董其昌并称"三董"。乾隆皇帝颇为喜欢董邦达工整精致、充满文人情趣的画艺，收藏了其不少画作。现在，故宫还藏有四五十幅董邦达画作，以山水册、拟古诗意图册居多。而董邦达的存世作品有不少"臣"字款的作品，极可能是针对皇帝需求的"按需生产"。

图轴上方，有乾隆御笔题写的范成大《分岁词》：

质明奉祠今古同，吴侬用昏盖土风。

礼成废彻夜未艾，饮福之余即分岁。

地炉火软苍术香，钉盘果饵如蜂房。

就中脆饧专节物，四座齿颊锵冰霜。

小儿但喜新年至，头角长成添意气。

老翁把杯心茫然，增年翻是减吾年。

荆钗劝酒仍祝愿，但愿尊前且强健。

君看今岁旧交亲，大有人无此杯分。

老翁饮罢笑撚须，明朝重来醉屠苏。

古人有多篇《分岁词》作品，最受欢迎的就是范成大这篇白描作品。范成大，南宋平江府吴县（今江苏苏州）人，晚号石湖居士，是南宋名臣、文学家。范成大属于一直"畅销"的作家，在清初尤其受欢迎，有"家剑南而户石湖"之说。"剑南"指陆游，他著有《剑南诗稿》，"石湖"就是范成大了。范成大的作品清新浅显，描写了乡村人家的普通日常，或许正是这个原因，他的作品流行了数百年。这首《分岁词》是他的《腊月村田乐府》十首中的第八首。

乾隆之所以定制图轴，并御笔题写长篇词作，是因为它是中国人心目中"家"的理想模样。

"家"是一个会意字，上部的宝盖头表示房屋，替人遮风挡雨，下面的"豕"（猪）是中国人最早驯服的家畜之一，二者合并表示家，体现的是中国人小富即安的生活状态。能遮风挡雨、能解决温饱、一家人共同生活，就是先人设想的家了。

中国经历了漫长的农耕社会，家是最基本的生产单位，也是中国人最基本的生存方式。数千年来，一代代中国人把一生都奉献在田间炕头，发展出了精耕细作的农耕文化和男耕女织的家庭生活。中国人梦想的生活状态是，一间小院、数栋房屋，不远处有几亩农田，家里夫妻和睦、双亲健在、子女听话，忙碌一年后略有余粮。《分岁词图》中的主人公家庭，就是这样的理想家庭，院落不大但齐整，不在闹市但有青山绿水，院前的道路极可能指向画面外的耕田。这是一个清贫而温馨的家庭——而清贫或许正是文人君子期望的状态。当这一家的后代里出现一两个读书种子，而经济盈余又能支持他读书赶考的话，这户人家还有社会地位跃升的机会。这样的家庭，是社会运行最基本的细胞，是中华文明稳健向前的基础。

《分岁词图》局部

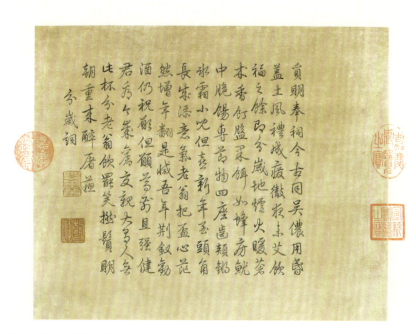

乾隆御笔题写的范成大《分岁词》

家的核心是人，家人履行与家庭身份相当的权利和义务，为亲人奉献，维系家庭运转与壮大。这看似小事，却和国家大事紧密相连，无家不成国。在儒家文化中，人有"五伦"，即君臣、父子、夫妇、兄弟、朋友五种关系。"五伦"中有三种植根于家庭关系：父子、夫妇和兄弟。而君臣关系比照的是父子关系，朋友关系比照的是兄弟关系。数千年中国传统社会的伦理关系，是以家庭关系为基础的。"家国天下""修身齐家治国平天下"等价值观，便建立在此种逻辑基础之上。

一个家事一塌糊涂的人，是不可能在社会生活和政治生涯中有大作为的。

一个不孝不悌之人，怎么能希望他公忠体国，成为社会栋梁呢？

古代中国人的宿命，几乎由两大因素决定：一个是社会身份，比如"士农工商"；另一个是家庭关系。中国人的一生都离不开一个"家"字。由此，中华文明也是最重视"家"的。

紫禁城里的《分岁词图》是皇权对"家"的宣扬与渴望。定制《分岁词图》的乾隆皇帝是一个"顾家"的皇帝，一生渲染自己与康熙的祖孙之情，为自己继位渲染合法性；为生母多次举办盛大的万寿庆典，以母子情深宣扬孝治天下；他将登基前的潜邸乾西三所改造为重华宫宫殿群，封存自己与故去的发妻、夭折的长子的记忆。当然，他也废黜过皇后，痛骂过儿子，严格约束后宫与外戚，与在世的两位兄弟的关系也不佳。不知，他看着画中其乐融融的一家人，会作何感想？

翠玉白菜
翡翠上的『多子多孙』

　　玉，石之美者，自古为中国人所钟爱。

　　早在河姆渡文化时期，玉器就广泛出现在中国人的祭祀、丧葬和权力场合之中。玉文化在中国源远流长。

　　玉石的细腻温润、含蓄清雅，契合了中国传统文化，日益融入中国人的生活。君子比德于玉，文人士大夫尤其喜欢玉器，赋予了玉石"玉德"，比如玉石"润泽以温"象征无私奉献，"宁为玉碎不为瓦全"展现爱国气节，"冰清玉洁"象征清正廉洁、洁白无瑕。玉器，安置在书房，垂挂在腰间，耸立在庙堂。

　　中国人长期喜欢的是奶白色、半透明、温润如羊脂的软玉，尤其是产于西域的和田玉。东汉年间，一种来自缅甸地区、有着赤橙黄绿青蓝紫各种色彩的硬玉开始零零星星地进入中原地区。人们用一种雀鸟的名字来命名这种外来的硬玉。这种雀鸟毛色鲜亮，同样拥有红绿蓝棕等五光十色的色彩，雄鸟赤羽，称为"翡"；雌性羽毛呈绿色，谓之"翠"，合称"翡翠"。这种硬玉就得名"翡翠"。

翡翠自缅甸传入中国后，起初并没有广泛传播。或许是缅甸与中原相距遥远，受到交通和时局的影响，或许是中国人的审美尚需时间来接受这种五颜六色的硬玉，中国人对翡翠的接受度并不高。长期以来，翡翠在中原指的仅仅是一种绿色的玉石。

明末清初，翡翠越来越多地涌入中国，清朝政局稳固后涌入量越来越大。中国社会生活中翡翠的身影越来越频繁。乾隆皇帝钟爱翡翠，上有所好，下必甚焉，翡翠工艺品开始在中国蓬勃发展。经验丰富、技艺高超的琢玉工匠们，把精美绝伦的制玉技艺和对传统文化的理解，转移到了翡翠身上，雕制出丰硕的翡翠制品。乾隆之后，紫禁城及王府豪门对翡翠的需求持续高涨，王公贵戚都以家藏翡翠的质量与数量来衡量财势。翡翠异军突起，颇有从玉器中分离出来，凌驾于各种宝玉之上，一统玉器江湖的趋势。

清朝中期，翡翠从边缘玉石崛起为玉中之王。当时的翡翠依然以绿色为上品，特别是鲜亮浓郁的翠绿色翡翠最珍贵。常见的翡翠则是白绿相间的。现存台北"故宫博物院"的翠玉白菜便是清代后期翡翠制品中的珍品。

该作品长 18.7 厘米、宽 9.1 厘米、厚 5.07 厘米，由一整块白绿翠玉雕琢而成。

白色翡翠部分雕琢为洁白的菜帮，绿色部分制作了翠绿的菜叶。菜叶上还有两只栩栩如生的昆虫，分别是蝗虫与螽斯。小

翠玉白菜

虫子的每一根触角都清晰可见。螽斯类似于中国北方俗称的蝈蝈，它和蝗虫在当今社会的名声并不好，但在古代中国，蝗虫与螽斯寓意多子多孙，是吉祥物，新婚馈赠中常用其形象。诗经中有《螽斯》一首：

螽斯羽，诜诜兮。宜尔子孙，振振兮。

螽斯羽，薨薨兮。宜尔子孙，绳绳兮。

螽斯羽，揖揖兮。宜尔子孙，蛰蛰兮。

白菜也有寓意。白菜，大江南北最常见的蔬菜、国人餐桌上最朴素的食材，清清白白，不攀附不倾轧。虽然其貌不扬，但片片菜叶包裹着鲜嫩洁白的菜心，含有出淤泥而不染、清廉自守的意蕴。大诗人杜甫曾以白菜隐喻读书人不畏环境、怀才不遇的心境。传统文人画也常以白菜为主题，表达自身的清白、暗谏政治的昏暗。白菜与草虫相结合的题材，起初出现在元朝画作中，到明朝之后越来越受欢迎。中国人视白菜草虫为吉祥题材。

翠玉白菜题材，尤其适合白绿相间的翡翠。中国手工艺创作讲究"量材就质"，充分利用材质的特性，发挥材质的特点，不做人为改造，讲究的是在螺蛳壳里做道场、在枯木表面雕江山。上述翠玉白菜就是这种思路的典型作品，白菜帮和翠绿叶浑然天成，毫无雕琢痕迹。

中国工艺品的另一个鲜明特征是"寓道于物"，工艺品不是简单的摆设装饰，往往蕴含着传统文化和精神寄托。工艺品中常见的骏马、蝉、竹节、梅兰竹菊等题材，都蕴含深意。传统文化给它们灌注了灵魂，它们才得以登堂入室，陈列在庙堂和书斋，把玩在文人士大夫的手中。成功的传统工艺品，都是量材就质、寓道于物二者结合的产物。

台北"故宫博物院"藏翠玉白菜翡翠，自然材质、人工雕琢和文化韵味和谐搭配，造就了一件不可多得的珍品。

翠玉白菜原是紫禁城东六宫之一永和宫的陈设品。晚清时期，永和宫是光绪皇帝妃子瑾妃的寝宫。因此，人们公认此翡翠是瑾妃的嫁妆，象征她身家清白，并祈求入宫后多子多孙。

瑾妃是光绪皇帝三个后妃中最不知名的一位。光绪的皇后是隆裕，慈禧太后的亲侄女，第二位是大名鼎鼎的珍妃。瑾妃是珍妃的亲姐姐，15 岁时与妹妹一同入宫。从光绪十五年（1889 年）入宫到 1924 年逝世，瑾妃一直默默无闻地居住在永和宫，长达35 年。这 35 年是冷清无助的，瑾妃不像隆裕那样有慈禧太后的保驾护航，也不像妹妹珍妃那样活泼欢快，深得光绪皇帝的宠爱，基本上是紫禁城的透明人。瑾妃一生持守唯谨，与世无争，却是三人中寿命最长的。她中年后身体发福，宫中称为"胖娘娘"。虽然婚姻徒有虚名，生活如同出家，瑾妃却是幸运的，躲过了清末紫禁城的残酷争斗，最后以皇太妃身份颐养天年。1924 年 10 月20 日，瑾妃病逝在永和宫，幸运地躲过了 1 个月后溥仪被驱逐出宫的变故，避免了晚年流离失所的命运。

不过，翠玉白菜多子多孙的寓意，并没有发生在瑾妃身上。

自咸丰六年（1856 年）春同治皇帝生于储秀宫以后，紫禁城再也没有诞生一个皇子。瑾妃入宫时,紫禁城已经30多年没有听到婴孩的啼笑声了。祈求子嗣,是晚清紫禁城的头号大事。子嗣绵延与王朝强盛之间,似乎存在正相关关系。嗣子空虚,不正是晚清国势衰微的折射吗?此时此刻,翠玉白菜出现在永和宫,恰当其时。无论是瑾妃本人,还是紫禁城内外,都希望永和宫能够诞下一个欢蹦乱跳的新生命。遗憾的是,这座宫殿只是再一次吞噬了一个鲜活的生命,而没有任何"产出"。

瑾妃逝世之后,翠玉白菜来不及清理腾挪,第二年为故宫博物院接管。1948年战火绵延,翠玉白菜被运往台湾。在迁台途中,因为运送不慎,菜叶上螽斯的一根长须断了一小截,特别可惜。有人将断了须的螽斯和没有根系的白菜,分别解释为"断须虫"和"无根菜",认为是隐喻帝王不以民为本,君无道则民反君。这应该是过度解读了。

如今,这尊翠玉白菜成了台北"故宫博物院"的象征物、镇馆之宝,出现在各种宣传品和研究文献中,市场上有诸多仿制工艺品。除了它,台北"故宫博物院"还有两件翠玉白菜藏品。一件是黄绿相间的翠玉白菜,体量较小,高度约13.4厘米,材料质地稍差,颜色偏黄,菜叶上也雕有小虫,昵称"翠玉小白菜";第二件翠玉白菜的菜心刻了一个洞,有人据此认为它应该是一个花插。

翠玉白菜,一个无名能工巧匠的祝福之作,跟随瑾妃在紫禁城度过了30多年光阴,如今化身为紫禁城的耀眼名片。

金瓯永固杯

天下第一祝福神器

元旦子时，紫禁城还笼罩在浓郁的辞旧迎新氛围之中。

在岁月新旧交替之际，四九城的爆竹声此起彼伏，满汉官民阖家团圆，尊长慈祥地注视着行礼的晚辈，孩子们揣着糖果红包欢蹦乱跳，全家人一道向新的一年许下心愿与祝福。这一刻，人们无论尊卑贵贱，无论际遇好坏，在慷慨的自然和无常的命运面前都是完全平等的，在祈求幸福方面更是出奇地一致。千百年来，这是芸芸众生奔忙琐碎的日常之余最闲暇惬意的一刻，也是对抗未知磨难最舒心、最有仪式感的措施。

在略显宁静的深宫，盏盏宫灯映照着雍正皇帝胤禛。他净面拈香，来到养心殿东暖阁明窗前，开始新的一年的第一项行程。

民间有"元旦开笔"的习俗，由一家之长书写新年心愿，寄托美好祝福。紫禁城也效仿行之，由皇帝御笔亲书吉祥语，称为

"明窗开笔礼"。

在雍正以前，皇帝的寝宫在乾清宫。雍正皇帝继位后，宣称为了避免在乾清宫触景伤情——父亲康熙在乾清宫生活了 60 多年——移居养心殿。从此，养心殿成为皇帝的寝宫与办公室，也是帝国的权力核心。明窗开笔礼就选在了养心殿。

雍正坐在明窗前，亲手点燃蜡烛，然后挑选一支万年青毛笔。这种毛笔笔端镌有"万年青"三个字。万年青原本是青绿植物，因为与"万年清"同音，寓意大清万年长存，为清代君臣视为"嘉征"。雍正选中一支万年青毛笔，握笔在案旁的古铜吉祥炉上熏了熏，然后搁下毛笔，在一旁的酒杯上斟上屠苏酒。民间有春节饮用可祛风寒的药酒的年俗，人们相信大年初一饮用药酒可以"屠绝鬼气，苏醒人魂"，保佑新的一年无病无灾，故取名为"屠苏酒"。雍正皇帝缓缓将屠苏酒倒入酒杯，默默祈祷后端起酒杯大饮一口，然后拿笔濡墨挥写。他先用朱笔，后用墨笔，在黄纸上祈求家国新年风调雨顺、国泰民安。写毕，雍正还会象征性地翻阅钦天监进呈的新年历书，表示天子已经为天下苍生授时省岁。新年的历书将很快发行到清朝的每一个州县，以及众多藩属政权，并将得到严格的遵行，作为奉行中华正朔的一大象征。

新年伊始，明窗开笔礼圆满完成，神州大地也翻开了崭新的一页。

雍正皇帝生性俭朴，为人务实，对明窗开笔礼及相关的用具并没有特别的要求。乾隆皇帝继位后，素来好大喜功的他在经历

金瓯永固杯

了几次明窗开笔礼后，决心营造一个富贵的仪式。其中的重头戏就是命令内务府制作斟饮屠苏酒的金杯。

乾隆四年（1739年），乾隆下令内务府造办处制造金杯。他投入了巨大的热情与精力，参与了从纸样到制作完工的全部过程。事先，内务府召集了数以千计的金匠，遴选技术最高超的80人，专司制作金杯。内务府事事不敢专擅，各道工序都要反复上呈图案御览；乾隆皇帝不厌其烦，从尺寸、款式、装饰到精细度等都一一把关，反复修改，直至满意为止。乾隆皇帝可谓是金杯制作的总设计师、总工程师。至于黄金、宝石等原材料，内务府更是不吝支出。祝福之诚，在心更在形。乾隆相信，富丽堂皇的器皿更能传递心愿与祝福，更配得上伟大的乾隆盛世。

聚天下之力，成就心目中的完美，这种风格很鲜明，很"乾隆"。

最终完工的金杯，处处承载着中国传统文化的祝福，寄托着制作者的美好心意。

金杯呈圆鼎形，象征社稷稳固、江山鼎定。鼎的起源就是盛酒器，是先秦代表性的青铜器，后来象征王位、帝业。乾隆以鼎来定义金杯，多少回归了先秦的文化传统，致敬中国文化源头。

金杯口沿錾回纹一周。一面中部錾篆书"金瓯永固"，金杯由此得名。瓯的起源是杯、盂一类的饮酒器，后来古人常以"金瓯"指代江山社稷。"金瓯永固"即社稷永保、江山永固的意思。另一面刻"乾隆年制"四个字。

金杯外壁饰满宝相花。"宝相"是佛教徒对佛像的尊称，中国人发挥拟物传统，集合莲花、牡丹、菊花等现实花卉的元素，创作出圣洁、端庄、华美的理想花形，便是"宝相花"。伴随着佛教的流行，宝相花越来越频繁地出现在器物之中，成为中国传统吉祥纹样之一。金瓯永固杯壁地宝相花，花蕊由珍珠及红、蓝宝石镶嵌而成，更显富丽堂皇。杯子两侧各有一条向上奔腾的夔龙，龙头镶嵌珍珠。夔龙象征皇家威严，奔腾向上代表着勃勃生机。龙头的珍珠，寓意旭日高照，大清帝国蒸蒸日上。

金杯采用了点翠和金丝镶嵌的工艺。为了那鲜亮的蓝色羽毛，不知道剥夺了多少翠鸟无辜的生命。内务府储备了足够数量的经验丰富的金匠，反复制作与比较，精中选精，最终挑中一尊制作最精良的金杯。熠熠生辉的黄金线条之间，填满了翠蓝的、毛茸茸的羽毛，这是金杯最初的模样。

金杯有三足，都是卷鼻象首式。大象在中国传统文化中也有吉祥的寓意，意指太平有象、吉祥如意，可惜不如龙、凤等吉祥物具有神话色彩并广为人知。大象作为吉祥象征，在清朝开始普及，一方面是因为它作为佛教圣物，随着清朝佛光普照而越来越多地出现在中国人的视野中；另一方面，象因谐音"祥"而为紫禁城采纳为装饰物。紫禁城清代文物中有相当比例的大象元素。金瓯永固杯的三头大象，长牙卷鼻，以鼻为脚，象额顶及双目间嵌有珠宝，奢华无比。以象为足，乾隆是希望清朝稳固的江山社稷以吉"祥"为根基。这种以象鼻为足的作品，极为少见。

乾隆四年制作的金瓯永固杯是一件上乘倾心之作，凝结着乾隆皇帝希望基业长青、富贵永恒、江山万年的美好祝愿。

这是一件完全配得上乾隆盛世的伟大作品，乾隆皇帝显然相当满意，又于第二年下令制作一个金质、一个铜鎏金的同规格金瓯永固杯。它们的使用频率极低，仅仅在元旦子时用于明窗开笔礼。嘉庆二年（1797年），已经成为太上皇的乾隆觉得金瓯永固杯不再鲜亮如新，且有细微伤损，又下旨内务府造办处重新打造一只金杯。仅此一只杯子，造办处便从库房领取了黄金20两、珍珠11颗、红宝石9块、蓝宝石12块。

在金瓯永固杯之外，乾隆皇帝还同时制作了玉烛长调烛台、万年青毛笔。玉烛长调，寓意风调雨顺。三者共同组成了皇帝明窗开笔礼的主要道具。如今在《乾隆岁朝行乐图》中，我们还能

《乾隆岁朝行乐图》中的金瓯永固杯

看到金瓯永固杯和玉烛长调烛台的模样。

乾隆对开笔礼的道具都如此重视，那么，他在新年伊始会许下何种心愿呢？

中国皇权，家国一体。国家就是皇家的扩大化，皇帝既是皇家的宗长，又是天下的统治者、万民的父母。皇帝元旦开笔的吉祥语，要照顾到家国天下，注定不如寻常人家那般简单。清朝皇帝开笔吉字，多则上百，少则几十，大多是祈望国家和平、风调雨顺、江山永固。乾隆四年（1739年），乾隆的开笔祝愿是"贤才汇征，为邦家光"，表明他求贤若渴、积极求治；乾隆二十一年是"天下太平，捷音早报……永靖海边，化洽中外"，当时忙于用兵西域的乾隆渴望平定边患、四海一家；乾隆二十五年西北大定，乾隆便希望"武成功定，休养生息"；接下来几十年的开笔心愿几乎都是"万事如意，三阳启泰，万象更新，和气祥瑞"等陈词套语，表明乾隆志得意满，故步自封，已经从锐意进取的青年走向稳定安逸的晚年。开笔吉语并不公开，无须公告臣民，皇帝也就无须故作激昂或爱民之语。它们真实反映了乾隆的内心，见证了皇帝从青年走到中年，再步入人生迟暮。

奉行开笔礼的皇帝，或许处于最接近寻常人的时刻。这一刻，皇帝真正是与民同乐。

自诩文采不凡的乾隆皇帝，在开笔之后习惯于创作试笔诗——尽管作品质量不高，但乾隆皇帝乐此不疲，留下了数以万计的诗作。乾隆创作的《元旦试笔》自我激励："日励自心强不息，敬天勤政又从头。"乾隆四十一年（1776年）创作的《丙申

嘉庆元年（1796年）皇帝开笔祝福

元旦》自述"纪元四十方开一，勤政惕乾敢负初"，牢记皇帝使命，"饱食暖衣恒愿众，盈持泰保益殷予"。不得不承认，乾隆皇帝是一个非常勤勉的皇帝，长年累月的治国理政非但没有消磨他的心力，反而将他塑造成了一个符合皇权要求的合格皇帝。中国历史上只有乾隆等极少数帝王，才做到了这一点。

嘉庆四年（1799年），89岁高龄的太上皇乾隆创作了最后一首试笔诗《己未元旦》：

乾隆六十又企四，初祉占丰滋味参。

八十九龄兹望九，乾爻三惕敢忘三。

虽云谢政仍训政，是不知惭实可惭。

试笔多言今可罢，高年静养荷旻覃。

　　希望高年静养的乾隆，最终没有逃离自然规律的命运。乾隆驾崩以后，明窗开笔礼成为紫禁城的定制。之后，每年新年钟声刚刚敲响，乾隆的子孙都第一时间来到养心殿明窗隔间里，把乾隆皇帝制作的金瓯永固杯放在紫檀长案上，亲手斟倒屠苏酒，再点燃玉烛长调烛台，挑选一支万年青毛笔，放在吉祥炉上熏，然后开始在纸张上祈求社稷平安、江山永固，最后浏览新年历书，完成授时省岁之仪。

　　在年复一年的明窗开笔礼中，金瓯永固杯成为爱新觉罗家族世代相传的传家宝，也成为华夏儿女寄托祝愿的民族瑰宝。

　　如前所述，金瓯永固杯一共有4件，其中乾隆四年造一件、乾隆五年造两件（其中一为铜鎏金）、嘉庆二年造一件。北京故宫博物院收藏的是嘉庆二年制造的最后一件金瓯永固杯，高12.5厘米，口径8厘米。金杯繁复精致，代表了中华民族贵金属加工的巅峰水平，是故宫"镇馆之宝"之一。可惜的是，金杯外壁的点翠蓝色多有脱落，只残存少许蓝色。台北"故宫博物院"所藏金杯为乾隆五年所制，二者形制基本相同。

　　英法联军火烧圆明园时，侵略者掠走了藏于圆明园的两只金瓯永固杯（一金、一铜鎏金）。经历辗转流落，两只金杯如今藏在伦敦华莱士博物馆。这两只金杯保存较好，点翠蓝色基本完整，且陈列于两个镶螺钿、染色象牙及红玛瑙的木座上。该样式与清代宫廷行乐图描绘的木座金杯相同。合理推断，故宫所藏金杯原本也有木座，只是后来遗失了。

　　如今，金瓯永固杯是故宫知名度最高、最受参观者欢迎的藏品之一。金杯凝聚的传统文化精华、饱含的吉祥祝愿内涵，使它超越了器物本身的价值，上升为中华文化的瑰宝。

　　如今，中国人已经无须在元旦的零点离开温暖的被窝，履行繁复的仪式开笔书写吉祥祝愿，但是中国人祈求平安、渴望幸福的心理没有丝毫改变。中华民族渴望幸福的心理常在，金瓯永固杯的价值就永存。

国家文物局于 2002 年、2012 年、2013 年共发布三批《禁止出国（境）展览文物目录》，规定共计 195 件（组）一级文物为禁止出国（境）展览文物。现将收藏于北京故宫博物院的 40 件（组）禁止出国（境）展览文物罗列如下：

文物名称	年代	类型	批次
莲鹤铜方壶	春秋中期	青铜器	第一批
陆机《平复帖》卷	西晋	书法	第二批
王珣《伯远帖》卷	东晋	书法	第二批
冯承素摹王羲之《兰亭序》卷	唐	书法	第二批
国诠书《善见律》卷	唐	书法	第二批
杜牧《张好好诗》卷	唐	书法	第二批
杨凝式《神仙起居法帖》卷	五代	书法	第二批
林逋《自书诗》卷	北宋	书法	第二批
蔡襄《自书诗》卷	北宋	书法	第二批
文彦博《三帖卷》	北宋	书法	第二批
黄庭坚《诸上座》卷	北宋	书法	第二批
米芾《苕溪诗》卷	北宋	书法	第二批

文物名称	年代	类型	批次
展子虔《游春图》卷	隋	国画	第二批
韩滉《五牛图》卷	唐	国画	第二批
周昉《挥扇仕女图》卷	唐	国画	第二批
周文矩《重屏会棋图》卷	五代	国画	第二批
胡瓌《卓歇图》卷	五代	国画	第二批
顾闳中《韩熙载夜宴图》卷	五代	国画	第二批
卫贤《高士图》轴	五代	国画	第二批
黄筌《写生珍禽图》卷	五代	国画	第二批
王诜《渔村小雪图》卷	北宋	国画	第二批
梁师闵《芦汀密雪图》卷	北宋	国画	第二批
祁序《江山放牧图》卷	北宋	国画	第二批
李公麟《临韦偃牧放图》卷	北宋	国画	第二批
张择端《清明上河图》卷	北宋	国画	第二批
王希孟《千里江山图》卷	北宋	国画	第二批
马和之《后赤壁赋图》卷	南宋	国画	第二批
赵伯骕《万松金阙图》卷	南宋	国画	第二批
宋人摹阎立本《步辇图》卷	宋代	国画	第二批
吴"永安三年"款青釉堆塑谷仓罐	东吴	陶瓷	第三批
唐青釉凤首龙柄壶	唐	陶瓷	第三批
唐鲁山窑黑釉蓝斑腰鼓	唐	陶瓷	第三批
北宋汝窑天青釉弦纹樽	北宋	陶瓷	第三批
北宋官窑弦纹瓶	北宋	陶瓷	第三批
北宋钧窑月白釉出戟尊	北宋	陶瓷	第三批
宋登封窑珍珠地划花虎豹纹瓶	宋	陶瓷	第三批
北宋灵鹫纹锦袍	北宋	衣物	第三批
战国石鼓（1组10只）	战国（秦国）	杂项	第三批
宋拓西岳华山庙碑册（华阴本）	宋	杂项	第三批
唐写本王仁煦《刊谬补缺切韵》	唐	杂项	第三批

　　故宫是世界上现存最大的宫殿建筑群，也是世界顶尖博物馆之一。

　　故宫博物院是中国最大、藏品最丰富的博物馆。五千年中华文明的结晶荟萃于此，每一件珍宝都闪耀着历史文化的光芒。

　　故宫博物院现有藏品总量已达 1 863 404 件（套），分绘画、法书、碑帖、铜器、金银器、漆器等 25 种大类别，一级藏品 8 000 余件（套）。其中文物数量最多的前三大类分别是古籍文献 601 971 件（套）、陶瓷 377 174 件（套）、织绣 181 704 件（套）。人们比较关注的绘画和法书，分别有 52 558 件（套）和 75 527 件（套），数量并不算多，却是珍品含量最高的。

　　如此丰富、精良的藏品，是如何汇聚到紫禁城，又是如何形成如今的藏品结构的？紫禁城珍宝，经历了什么样的时光考验，才走到今天？

　　作为明清的皇宫，紫禁城在皇权的加持之下不遗余力地搜罗、收储天下珍宝。这是帝制时代紫禁城文物最主要的来源。

乾隆因为编纂《四库全书》而持续向全国征求图书，尤其是古籍善本，是这种来源最典型、最著名的表现。各地藏家，或攀附皇权，贪图荣华富贵，或屈服于强权，弃藏品以求自保，或干脆因为交易价格合适，陆陆续续将藏品"进献"紫禁城。一般情况下，国家繁荣、皇权鼎盛时，也是文物潮水般涌入宫廷之时。其中，以艺术家自诩的乾隆在搜罗传世书画方面不遗余力。乾隆时期，民间书画瑰宝几乎都流入内府。乾隆皇帝得到了王珣的《伯远帖》，合并紫禁城原藏的王羲之《快雪时晴帖》、王献之《中秋帖》，在养心殿专辟"三希堂"收藏；他还收齐了顾恺之的《女史箴图》和传为北宋李公麟的《潇湘卧游图》《蜀川胜概图》《九歌图》，在建福宫花园静怡轩辟出专室存放"四美"，取名"四美具"。也只有紫禁城才有能力聚齐"三希四美"。

相对平和的"进献"，"抄家"这种方式就要暴力得多。罪臣家产中的银两田产还可以拨付给户部，书画等文物则只能归于内廷。明朝嘉靖年间，严嵩被抄家，抄出数量惊人的书画，其中晋唐以下名画 3 201 件、书法 101 件。进入清朝后，抄家事件更加频繁。雍正朝抄家事件骤然增加，市井斗牌发明了"抄家糊"名目。雍正皇帝得知后，发布上谕痛斥"公然于赌博游戏之中讥刺朝政，甚属可恶"。乾隆皇帝继位后，屡兴大狱，抄家更为频繁和彻底。浙江巡抚王亶望因贪腐被抄家，乾隆皇帝亲自查看家产名目，发现漏了之前自己退回王亶望曾进献的米帖墨拓。彻查下去，竟然是负责抄家的闽浙都督陈辉祖中饱私囊。结果，陈辉祖的家产也进了紫禁城。同时期的云南布政使钱度贪腐案，抄出包含米芾、刘松年、赵孟頫、王蒙、文徵明、唐寅等诸多名家作品在内的书画上百幅，全部送入紫禁城。此外，年羹尧、明珠家族、和珅、毕沅等都惨遭抄家，掀起了一波波不大不小的文物涌入潮。这些显赫一时的罪臣，相当于珍宝的中转站、二传手。

紫禁城既是一个贪婪的消费者，也是一个勤劳的生产者，自产自销。宫廷造办机构的产品，质量精良，艺术高超，是紫禁城文物的第二大来源。

明朝开国后，改宫廷日用器皿、明器、礼器的主要材质为瓷器。瓷器牢固树立了在紫禁城器皿界的主角地位。为了保障宫廷用瓷需求，明朝于洪武二年（1369年）在景德镇设置了御窑厂。这是中国历史上第一家真正意义上的官窑。从朱棣开始，宫廷瓷器都在底部刻制"永乐年制"的字样，这是中国官窑瓷器第一次出现皇帝年号款识。此后，每一代皇帝都会在新生产的瓷器上刻上自己的年号。年号款识是官瓷最显著的特征。这些标记着皇帝年号的瓷器，专供紫禁城，民间禁止拥有与买卖。

明朝绝大多数宫廷造办机构及设施设置在皇城内、紫禁城外，环绕着宫城，清代则将这些机构迁入紫禁城。康熙早期，紫禁城创建了养心殿造办处，下设若干工艺品厂，分门别类，制作宫城所需各项工艺品。随着需求、生产两旺，生产主体从养心殿移到了慈宁宫东南部区域，更名为"内务府造办处"。造办处是清代紫禁城内最大的机构之一，到乾隆朝下属作坊有40多处：裱作、画作、广木作、匣作、木作、漆作、雕銮作、刻字作、灯作、裁作、花儿作、镶嵌作、牙作、眼镜作、如意馆、做钟处、硯作、铜作、杂活作、风枪作、玻璃厂、铸炉处、炮枪处、舆图房、弓作、鞍甲作、珐琅作、画院处等。持续旺盛的需求、永不枯竭的供应、严明完善的制度，配上从全国征调的能工巧匠，宫廷造办机构成了重要的艺术品创新源头和制作中心。今日紫禁城里的珠宝、玉石、黄金、珐琅、钟表等珍宝，很多出自宫廷造办处。

值得一提的是，紫禁城造办机构中活跃着一批外国人。意大利传教士郎世宁，不远万里来华传教，却因为绘画才能在紫禁城作画 50 年，历经康雍乾三朝，硬生生从传教士"转型"为著名画家。类似的传教士还有汤若望、刘松龄、鲍友管、戴进贤、巴多明、费隐等。他们服务于画院处、如意馆、珐琅作、做钟处等，鉴定西洋制品、西洋图书，传授近代工艺技巧，并制作、修理西洋工艺品，给紫禁城艺术品带来了新鲜气息。此外，文人艺术家气质浓重的王公大臣也会进献自己创作的书画，其中不乏珍品。

清代紫禁城还创办了"皇家出版社"——武英殿修书处，编撰、印刷皇家图书。武英殿书籍以编校精良、印制华贵而享誉天下，其中又以康熙时期的书籍为最。康熙朝版本字体秀雅、布局疏朗，使用内务府精制纸张印刷，史称"康版"，是藏书家手中的奇珍善本。乾隆中期，武英殿修书处奉旨刻制铜活字，乾隆皇帝赐名"聚珍版"。聚珍版书籍，是清代书界最珍视的版本。乾隆皇帝在位的 60 年里，武英殿修书活动无一日停歇，每年都有新书问世。《四库全书》是乾隆朝武英殿修书处的编撰重点，当时为了将一些敕撰本纳入《四库全书》，一度出现了 16 种新书同时编修的盛况。

全力搜罗加日夜生产，紫禁城珍藏在乾隆时期达到巅峰。乾隆皇帝登基之初就组织人员清点紫禁城藏宝，分门别类，陆续编辑完成了《秘殿珠林》《石渠宝笈》《西清古鉴》《天禄琳琅书目》。其中，《石渠宝笈》《天禄琳琅书目》名字分别来源于中国最早的国家图书馆——汉代未央宫的天禄阁与石渠阁。

最先编成的是《秘殿珠林》，记录了紫禁城佛教、道教内容的书画藏品。按照先佛后道、先书后画的原则，《秘殿珠林》将这些书画分为上、次二等。

《石渠宝笈》整理、登记了紫禁城所藏的帝王、名家书画。根据作品质量高下，也将书画分为上、次二等，上等作品详细记载作品名称、质地、书体、本人款识、印章、他人题跋、收藏押缝诸印等。次等作品则简略许多。凡有御笔题跋的，无论上等、次等都记录全文，置于各项内容之后。

《西清古鉴》整理记录的是紫禁城内商周至唐代青铜器 1 529 件，共 40 卷，另附《钱录》16 卷。每个器物都有绘图，详细记载高度、重量等信息，并附有考释。该目录此后多次更新。比如，《西清古鉴》之后有《西清续鉴》，甲编 20 卷，补录铜器 975 件；又有乙编 20 卷，再收录铜器 900 件。此后还有《宁寿鉴古》16 卷，再录了 701 件青铜器。以上四本名录统称为"西清四鉴"。

《天禄琳琅书目》是紫禁城所藏宋元以来精刻精钞的善本书

籍，多达 1 000 余部。随着藏书增加，也因为嘉庆初年藏书的乾清宫区域毁于火灾，已经成为太上皇的乾隆又组织编纂了《天禄琳琅后编》。

乾隆皇帝梳理了紫禁城的家底。但是区区四种目录并没有涵盖所有的艺术品，比如宫中常见的两类物品玉器、瓷器。尽管如此，对从先秦到乾隆时期的珍藏做一个系统梳理和记录，是相当必要的，也是中国文化领域的标志性事件与善举。

帝制时代的紫禁城藏宝，显现出皇权的鲜明色彩。现代博物馆收藏文物是以系统保存历史文化、开展公民教育为目的，而紫禁城藏宝则体现了皇权的意志，以皇帝的喜好为转移。文物涌入紫禁城呈现出盛衰不定乃至时断时续的特点，品种、数量都随着皇帝的更迭而起伏。书画收藏在乾隆时期异常火爆，就与乾隆醉心书画有关。至今，书画作品依然是故宫珍藏的主要内容。曾经，代表皇权的典制器物、皇家日常生活用品等，或许是司空见惯，并没有视同文物。如今，那些彰显皇权威仪的帝后玺印、卤簿仪仗、武备器具，那些反映奢华宫廷生活的地毯、帷幔、药品、衣物等，都是不折不扣的宝贵文物。需要指出的是，墓葬出土文物是不可能进入明清紫禁城的。魂瓶、羽人、唐三彩、金缕玉衣等明器、随葬品是皇帝妃嫔极忌讳的，为宫廷所摒弃。最终，紫禁城形成了以明清宫廷艺术类藏品、图书、皇家生活器皿为主的文物风格。故宫博物院成立后，尤其是新中国成立后，故宫入藏文物有所调整，但总体风格并没有改变。

晚清紫禁城随同国家一起风雨飘摇。看似坚固的宫廷不再吸纳新品，其至不能提供坚强的保护。故宫文物开始令人痛惜地流失。从王公贵族到太监苏拉，各色人等盗窃、夹带、讨要文物出宫。1923 年 6 月，建福宫区域大火，烧毁了囤积大批珍藏的库房，令人扼腕叹息。溥仪认为这是太监故意纵火，掩盖监守自盗的事实。事实上，溥仪本人就是清末民初紫禁城文物流失的最大恶人。他以抵押、变卖、赏赐等名义，呼啦啦地向外流出宫廷珍藏。其中，溥仪以赏赐弟弟溥杰的名义向宫外流出宋元珍贵古籍数百部，唐宋元明清古代字画两千多件，其中包括顾恺之《洛神赋图》卷摹本、阎立本《步辇图》、周昉《挥扇仕女图》、顾闳中《韩熙载夜宴图》等无价之宝。1924 年溥仪出宫，以私人财产名义带走大批精心挑选的珍贵文物。这些文物随着溥仪辗转多处，命运多舛，在 1945 年溥仪为苏军俘虏时已经流失殆尽。

战争阴霾威胁着珍宝安全。1933 年山海关失陷，故宫博物院启动了文物南迁工程，累计运走文物 13 000 多箱。其中有书画、瓷器、玉器等易碎品，也有明清两朝帝王实录、起居注的第一手历史档案，更包括《四库全书》、岐阳石鼓等体形硕大的重物。此后 14 年间，文物先后暂住上海、南京、巴县、峨嵋、乐山、重庆等地，流离失所，抗战胜利后于 1947 年运回南京。这批文物大部分返回了故宫博物院，其余的则于 1948 年底至 1949 年初由国民党政府运往台湾，保存于台北"故宫博物院"。同一时间，国民党政府还从北京故宫抢运了部分文物前往台湾。在历史的紧要关头，国民党政府视故宫文物为宣扬其"文化正统性"的重要依据。文物要附着如此重大的价值，非身兼皇权象征和中华文明瑰宝属性的紫禁城藏品莫属。

北京故宫博物院和台北"故宫博物院"，同根同脉，共同组成了中华文明完整、绚烂的谱系。

据中国文物学会统计，鸦片战争以来中国有超过 1 000 万件文物流失海外；联合国教科文组织统计数据显示，47 个国家的 200 多家博物馆中有中国文物 164 万件，而民间收藏的中国文物是馆藏数量的 10 倍之多。这其中就包括已经无法确数的紫禁城文物。

新中国成立后，文物开始回流紫禁城。中国文物事业重逢太平盛世，故宫博物院也迎来了全新发展。

1949 年至今，故宫收到了 3 万多件（组）捐赠文物，尤其是新中国成立初期到"文化大革命"前，捐赠故宫的文物数量多、价值高。捐赠者既有张伯驹、章乃器、王世襄等名士、藏家，也有各行各业的普通人。其中最著名的是"捐赠了故宫顶级书画半壁江山"的张伯驹先生。为了使传世名作免于流落异邦，张先生不惜倾家荡产抢救书画，传说为了购买展子虔《游春图》卷，他一夜之间从世家豪富变得债台高筑。张伯驹先生的藏品还有陆机《平复帖》、李白《上阳台帖》、杜牧《张好好诗》卷、方从义《武夷山放棹图》、范仲淹《道服赞》、黄庭坚《诸上座帖》卷、赵佶《雪江归棹图》卷、钱选《山居图》卷、唐寅《王蜀宫妓图》等，都是中华文明史上如雷贯耳的名品佳作。张先生秉承"予所收蓄，不必终予身为予有，但使永存吾土，世传有绪"的信念，将上述作品全部捐赠给国家，国家又陆续调拨给故宫博物院。同样令人肃然起敬的还有，1985 年河南商水县村民何刚挖出了 19 件元代珍贵银器，全部捐给了故宫。大批捐赠文物的到来，使故宫藏品逐渐恢复了元气。

捐赠之外，国家也主动收购文物。新中国成立后，在国家财政并不宽裕的情况下，时任文化部文物局局长郑振铎成立了"香港秘密收购文物小组"，专门在香港抢救珍贵文物。由于特殊的地缘条件，香港汇聚了相当数量的流失珍品。"三希"中的《中秋帖》《伯远帖》由溥仪携出紫禁城后，颠沛流离，辗转到香港。1951 年收购小组成功购回二帖，拨给故宫博物院收藏。收购小组还抢救回来了韩滉《五牛图》、董源《潇湘图》、顾闳中《韩熙载夜宴图》、赵佶《祥龙石图》等珍品。改革开放后，随着综合国力的增强和国际地位的提高，国家收购流失文物的能力更强了。1995 年，故宫博物院从拍卖公司以 1 800 万元购得北宋张先《十咏图》；2003 年，故宫博物院以 2 200 万元竞得章草书《出师颂》卷。该书法宝卷名列乾隆内府，1922 年溥仪"赏赐"给溥杰，此后散匿民间 80 多年。

随着中国逐步走向世界舞台的中心，中国政府日益运用协商谈判、执法合作、司法诉讼等方式开展流失文物追索工作。再加上藏家捐赠、拍卖收购等方式，文物回流的渠道更加通畅了。最令人瞩目的是英法联军火烧圆明园时流落海外的十二生肖铜首，陆续回家。至今为止，已经有鼠、牛、虎、兔、马、猴、猪 7 尊铜像回归祖国。2019 年，意大利归还了近代从中国掠夺的 796 件文物，不仅解开了两国历史芥蒂，也树立了成功追索文物的可借鉴案例。

紫禁城藏品是中华文明的载体，一件件文物串起了五千年中华史，其聚合离散经历本身就是历史，折射国家的兴衰变迁。

这是一本通过故宫文物（现存的或曾经的藏品）勾勒中国历史概况的通俗读物。可惜的是，除了有幸亲眼看过《虢国夫人游春图》和秦石鼓文、大禹治水图玉山外，书中提及的其他文物我都无缘得见。相关创作都来源于我的阅读与感悟，直接参考的资料除了文中注释说明外，还有故宫博物院官方网站的藏品介绍。当各来源的数据与史实有分歧时，基本以故宫官网介绍为准。感谢所有前人的研究。

本书的出版要感谢中国人民大学出版社的律蕴哲、王琬莹两位老师。本书的选题是律老师的创意，他在我的《故宫传》中敏锐发现了深挖的可能；而王老师的专业与认真细致，为本书的出版增光添彩。我还要感谢中国人民大学出版社同人为本书的出版发行付出的心血与汗水。书中内容难免存在纰漏和错误，我对此承担所有责任。

谢谢大家！

张程

2021 年 5 月于京郊长阳

图书在版编目（CIP）数据

藏在故宫里的中国史 / 张程著. -- 北京：中国人
民大学出版社，2023.6
ISBN 978-7-300-31510-2

Ⅰ.①藏… Ⅱ.①张… Ⅲ.①文物－中国－通俗读物
②中国历史－通俗读物 Ⅳ.①K87-49②K209

中国国家版本馆CIP数据核字（2023）第 038372 号

藏在故宫里的中国史

张程 著

Cang Zai Gugong Li De Zhongguoshi

出版发行	中国人民大学出版社			
社　　址	北京中关村大街 31 号		邮政编码	100080
电　　话	010-62511242（总编室）		010-62511770（质管部）	
	010-82501766（邮购部）		010-62514148（门市部）	
	010-62515195（发行公司）		010-62515275（盗版举报）	
网　　址	http://www.crup.com.cn			
经　　销	新华书店			
印　　刷	北京尚唐印刷包装有限公司			
规　　格	147 mm×210 mm　32 开本		版　次	2023 年 6 月第 1 版
印　　张	17.125 插页 2		印　次	2023 年 9 月第 2 次印刷
字　　数	341 000		定　价	178.00 元